ANDI DICK

TOD im SOMMERLOCH

W0235704

ISBN 978-3-95611-090-0

Titelgrafik   Stefan Brunnert, Tobias Lenk & Panico Alpinverlag

ISBN   978-3-95611-090-0

© 2017 by   Panico Alpinverlag
             Gunzenhauserstr. 1
             D-73257 Köngen
             Tel. +49 07024 82780
             Fax +49 07024 84377
             www.panico.de

printed   Druckerei & Verlag Steinmeier GmbH & Co. KG
             Gewerbepark 6
             86738 Deiningen
             Tel. +49 (0) 9081 2964-0
             Fax +49 (0) 9081 2964-29
             www.steinmeier.net

Inhalt

Worüber man nicht lachen kann,
darüber soll man schweigen.
Martl Greinstadler

Prolog

Der liebe Gott hätte sich an die Fünftagewoche halten sollen.

Da hatte er alles so schön hingekriegt: Unter einer strahlenden Sonne und nächtlich glänzenden Gestirnen reckten sich die Felszacken des Oberbergener Landls in einen blitzeblauen Himmel, der mit weißen Wolkenrauten gemustert war. Aus den Firnfeldern rannen fröhliche Bergbäche durch saftgrüne Almwiesen, in denen wohlgenährte Kühe Milch gaben, die sicher ihre vierzig Cent pro Liter wert war, und neugierige Gämsen spähten aus steiler Wand auf sie herab. In schäumenden Kaskaden stürzten sich die Bächlein abwärts in den moosduftenden Bergwald, bevor sie sich auf den weiten Weg zum Meer machten.

Das war wirklich ein rechtes Stück Arbeit gewesen. Aber ganz gut gelungen, fand der liebe Gott. Da hätte er sich eine Pause verdient.

Doch dann machte Gott einen Fehler. Denn nicht ohne einen gewissen Stolz zeigte er sein Werk dem Teufel, und der merkte schnippisch an: „Voll cool, Digger. Aber wem nützt das alles? Eine Schöpfung ohne Wertschöpfung bringt doch keine Wertschätzung, schätze ich. Jemand muss Dich doch loben und preisen dafür. Damit bin ich alleine auf Dauer überfordert, Alter."

Und statt die Samstagsruhe einzuhalten, erschuf Gott am sechsten Tage den Menschen.

Ein letzter warmer Strahl der Abendsonne streifte das Gesicht von Heiner Kniebrich, dann verschwand sie hinter den zwei Felszacken von Almspitze und Hundshorn, den Postkartenbergen von Kirchgaden, die den berühmten Wintersportort an Winterabenden schon früh in Schatten tauchten. Draußen hinter dem Knaglfinger Moos glommen die Voralpenseen noch einmal golden auf, darüber spannte der Himmel sein Farbspektrum von Grün-Orange am Horizont über ein unwirkliches Lilablassrosa bis zum tiefen Lapislazuliblau.

Kniebrich seufzte. „'S is hoid so viel schee, unsa Hoamat", hätte Wolfgang Ambros sagen können. Als Jugendlicher hatte er jede Zeile seines Kult-Alpenmusicals „Der Watzmann ruft" auswendig gekannt; die Bergleidenschaft hatte ihn mit siebzehn, nach der Mittleren Reife, aus Nordrhein-Westfalen nach Kirchgaden und in eine Stelle als Mechatroniker bei der Liftgesellschaft getrieben. Doch das einst erregende Gefühl, wie Django auf dem Mustang seinen Ratrac über die Pisten zu reiten, es war Routine geworden. Heute hing Django am Windenseil des Schnacklerhangs, ein Löwe in Ketten.

„Wenn du deine Aufgaben in Achtsamkeit versiehst, kann auch aus Routine Zufriedenheit wachsen", hatte Sabine gesagt. Sabine … Dass sie zu ihm wechselte, ihren Mann seinetwegen verließ? Noch so ein schöner Traum …

Scheiß drauf! Dann mach ich's halt achtsam. Heiner löste die Bremse und ließ den Ratrac, von der Seilwinde gehalten, den Hang hinabrollen. Du liebe Zeit, dort drüben stieg einer mit Tourenski auf. Hatte der noch nie davon gehört, wie gefährlich es war in Hängen, die mit Winde präpariert wurden? Wenn das Drahtseil vom Gewicht der Pistenraupe wie eine Bogensehne quer über den Hang geschnalzt wurde, da war schnell die Rübe ab. Na, vielleicht gehörte der Typ zum Verein der Pistentourenfreunde, die vor Gericht das

Recht erklagt hatten, auf allen Pisten aufsteigen zu dürfen. Seine eigene Entscheidung, wenn er die Warnung und Sperrung nicht beachtete.

Früher hätte man hier gar nicht walzen können, erst die Windentechnologie machte das möglich. Früher, da war der Schnacklerhang die gefürchtete Schlüsselstelle der Weltcupabfahrt gewesen. Wenn sie fürs Rennen vereist war und man von oben runterschaute, konnte einem Angst und Bange werden. Ein Vierzig-Grad-Steilhang, darunter ein Schrofenabbruch hinab in den dunklen Seckeltobel. Starke Fangzäune an der Hangkante sicherten die gefährliche Stelle ab. Knapp über der Kante wendete Heiner den Ratrac, der Windenarm schwang über der Führerkabine nach oben und das starke Aggregat zog den Z15 problemlos den Steilhang hinauf.

Der Schnacklerhang… Kaum war das Weltcuprennen vorbei, waren die Pistenfuzzys eingefallen und hatten den Hang zu einer gefürchteten Buckelpiste zerschrubbelt, in der es dem durchschnittlichen Holländer sofort alle Bandscheiben neu sortierte. Heiner hatte die Kuhlen ausgeritten und die Kuppen in Tiefschwungtechnik geschluckt und weggedrückt. Früher… Als Naturhang war der Schnacklerhang eh grenzwertig geworden. Bei den schlechten Wintern der letzten Jahre war das bisschen Schnee oft schon im Januar weggekratzt und das Juwel von Kirchgaden musste gesperrt werden. Mit der Winde konnte er die weiße Pracht planieren und den Betrieb vielleicht bis Fastnacht retten. Um den Preis, dass ein Tiger von Steilhang in einen Bettvorleger umgebügelt wurde – damit ja keine russische Skikante den Pfad der Gerechten verließ. Denen würden die Knie schlackern, wenn sie so wie er mit seiner Maschine am Steilhang über dem Abgrund kleben würden!

Heiner saugte die feuchtkalte Luft ein, die nach Schnee roch. Der vorhin noch so klare Himmel hatte fast alles an Farbe verloren, hinter Almspitze und Hundshorn tauchten Wolkenfetzen auf, vom letzten Licht in Dunkelviolett getunkt. Zwanzig Zentimeter waren von gestern auf heute schon gefallen, fast ein halber Meter sollte heute Nacht dazu kommen, sagten die Wetterfrösche. Zeit wär's ja. „Wenn nicht bald der Schnee kommt, ist's gelaufen für dieses Jahr", hatte der Sepp, sein Chef gesagt, „und wie's dann weitergeht – frag mich nicht." Also die erste Ladung schön vorbereiten, und morgen gleich wieder früh raus und die weiße Pracht festwalzen, bevor die Carvingrutscher alles zusammenschieben.

Zwei Stunden später fehlten nur noch zwei Reihen am äußersten Rand. Heiner war am unteren Hangende angekommen, wendete und ließ sich wieder bergauf ziehen. Mist! Das Räumschild hatte sich festgefressen. Die aktive Zugkraftkontrolle stoppte den Antrieb, wenn die Spannung am Spillkopf zu groß wurde. Er ließ den Bully ein Stück zurückgleiten, schob den Joystick wieder vorwärts. Immer noch verhakt! Scheiß drauf! Django lässt sich doch nicht von einem eingeschneiten Felsbröckerl bremsen, schließlich war das ein Ratatrac Z15, gerade drei Wochen im Einsatz, seine 500 PS mussten mit so einem Hindernis doch fertig werden! Heiner schaltete die Automatik aus und gab Vollgas – plötzlich ging ein Ruck durch die Maschine und ein gewaltiger Schlag traf seinen Rücken. Sein Kopf schlug hart auf die Lenksäule, als der Ratrac nach hinten ruckte, dann warf es ihn zurück in das Sitzpolster. Mit weit aufgerissenen Augen sah er in den Nachthimmel, wo die Almspitze in die Wolken ragte. Etwas in ihm schlug Alarm, quetschte ihm den Magen zusammen: Er sollte raus aus dieser Kabine, der Z15 rutschte mit zunehmender Geschwindigkeit die hartgepresste Piste hinunter. Wie funktionierte nur das verdammte neue Sicherheits-Gurtsystem? Und warum gehorchten ihm seine Finger nicht mehr? Sie ließen sich nicht bewegen…

Mühelos durchbrach die schwere Maschine den Fangzaun, schoss über die Abbruchkante, vollführte einen eleganten halben Salto.

Gefesselt vom Gurt und mit gebrochener Wirbelsäule starrte Heiner Kniebrich in die Schwärze unter ihm, wie im Rückblick auf ein verkorkstes Leben. Das dann am Grunde des Seckeltobels unter zehn Tonnen Stahl ein Ende fand.

2   Dienstag, 15. Dezember, 8 Uhr

Eine dunkle Mauer bäumte sich aus dem Nebel über Felix Liebergsell, als wolle sie auf ihn herabstürzen. Dann zerriss eine Windböe die Wolken und er erkannte Felsen: schwarze Pfeiler, dunkle Spalten, gelbe Überhänge. Die Gelbschrofenwand, nur noch zweihundert Höhenmeter zur Bergstation. Und das Schneetreiben ließ auch nach, gut. Dann konnte er sich umziehen, ohne dass das trockene Unterhemd gleich nass würde. Hatte nicht in einem Buch, das er mal rezensiert hatte, gestanden, dass man im Winter versuchen solle, nicht ins Schwitzen zu kommen? So langsam konnte er gar nicht gehen, dass er nicht ins Schwitzen kam – und das lag sicher nicht an schlechter Kondition. Hatte nicht sogar jemand anders geschrieben, dass starkes Schwitzen Zeichen eines gut funktionierenden, also gut trainierten Organismus sei? Jedenfalls ging er immer total leicht bekleidet los, im Gegensatz zu den anderen, die die ganze Skitour im Anorak machten (gerade, dass sie nicht schon beim Aufstieg den Helm aufsetzten, aber die gab es ja mittlerweile auch), und trotzdem stand er spätestens nach einer Viertelstunde unter Wasser.

Sei's drum, so funktionierte er halt. Und nach fast zwanzig Jahren Skitourenerfahrung – seine Eltern hatten ihm mit vierzehn die ersten Tourenski gekauft, weil er immer drängelte und mitwollte – kam er auch gut mit seinem Körper zurecht.

Eigentlich hatten ihn die Berge sein ganzes Leben lang begleitet. Wenn man als Kind eines bergbegeisterten Ehepaars in Mingelham aufwächst, also kaum eine Fahrstunde von den ersten Gipfeln entfernt, wird man entweder vom Virus voll infiziert – oder zum Totalverweigerer. Ihm hatte das Wandern mit Mama und Papa immer gefallen, vor allem wenn es ein bisschen felsiger war; folgerichtig war aus ihm das geworden, was man heute einen klassischen Bergsteiger nannte: nicht extrem, aber auch nicht auf ausgetretenen Wegen. Er sollte mal wieder etwas gemeinsam mit ihnen unternehmen; beide waren ja noch ziemlich fit dafür, dass sie schon um die sechzig waren, und ihm machte es nichts aus, auch mal einen Tick gemütlicher zu gehen. Es brauchte nicht gerade eine Pistenskitour sein, sie waren genau wie er lieber in unverbauter Natur unterwegs; aber heute war Felix froh, dass er sich überhaupt von der Arbeit losgerissen hatte, da waren die Kirchgadener Pisten die schnellste Option.

Es hatte keinen Sinn, ständig zu hadern, ob man sich ein paar Stunden Frischluft-Action gönnen dürfte. Natürlich lebte man als Selbständiger mit dem Gefühl, selbst und ständig arbeiten zu müssen. Aber von dem durfte man sich nicht versklaven lassen. Ohne Berge wäre man nur ein halber Mensch und die Arbeit ein Joch, für das die Motivation des realen Erlebens fehlen würde. Das hatte sogar Elmar so gesehen. Der konnte auch einmal spontan für zwei Tage unter der Woche zum Biancograt fahren, wenn Wetter und Verhältnisse stimmten; dafür powerten sie dann das Wochenende im Büro durch. Elmar, der Visionär, der Workaholic, Freund und Vorbild...

Tja, jetzt war er halt öfter allein auf Tour. Und allein im Büro. Aber für den Computer war nachher noch Zeit. Pflücke den Tag, Felix! Ein Sonnenstrahl brach durch die Wolken und ließ die weiße Pyramide der Almspitze aufleuchten, über der Gelbschrofenwand brach eine Wächte und stäubte als weißer Wasserfall die Wand hinunter, wurde vom Wind zu einer Federwolke verblasen.

Was war das? Ein Klackern in seinem Rücken, das rhythmische Geräusch von Skitourenschuhen auf dem Ski. Es passierte ihm nicht oft, dass er überholt wurde. Nicht dass ihm das viel ausmachte; er sah Bergsteigen nicht als Wettbewerb. Freute sich, wenn er flott unterwegs war, bewunderte aber vorbehaltlos jeden, der noch besser drauf war. Im Gehen drehte er sich halb um, spähte über die Schulter. Hey, das war ein Mädel! Ein kleines Kraftpaket im Rennstretch, unter einer Bommelmütze schauten ein paar rote Haarsträhnen heraus, an der Stupsnase baumelte ein Tropfen, aber ohne großes Keuchen zog sie mit Riesenschritten heran.

„Hey, griaß di, hast den Tiger im Tank?"

„Nee, weißt du, das sind die neuen E-Tourenski; die kommen erst nächste Saison auf den Markt, aber ich hab ein Prototypenpaar bekommen. Muss nur schauen, dass sie mir nicht davonlaufen. Pfüat di!" Und schon war sie vorbeigezogen; Felix konnte ihr gerade noch ein: „Na dann: Berg Eil!" hinterherrufen, schon war der Mini-Trailrunrucksack mit dem Bergführer-Aufnäher in der Ferne verschwunden. Aha: Von einem Bergführer überholt zu werden, war kein Wunder, egal ob männlich oder weiblich. Die machte wahrscheinlich eine Trainingsrunde – vielleicht war es sogar schon die zweite – bevor der Dienst in der Skischule anfing.

So jemanden als Freundin… da gäbe es keine Streitereien, ob das Wochenende mit Ausschlafen und Party oder am Berg zu verbringen wäre. Wenn in einer Beziehung nur einer der Partner eine so starke Leidenschaft hatte wie die Berge, das war immer ein Handicap. Bei Elmar hatte keine Freundin länger als ein halbes Jahr durchgehalten, und auch Felix hatte das Phänomen schon öfter schmerzlich erfahren müssen. Auch seine derzeitige Lebensabschnittspartnerschaft mit Nicole trudelte anscheinend ihrem Verfallsdatum zu; verständlich, dass sie nicht wirklich glücklich war, wenn die gemeinsam verbrachte Zeit sich im Wesentlichen auf die Abend- und Nachtstunden konzentrierte. Aber was half's? Mit der Arbeit konnte er nicht leiser treten, auf die Berge wollte er nicht verzichten; entweder Nicole würde sich arrangieren, oder es würde das gleiche Ende nehmen wie mit ihren Vorgängerinnen. Was wohl das Wahrscheinlichste war. Und dann? Auf den einsamen Pfaden, die er am liebsten ging, traf man leider nur selten auf Frauen. Sollte er vielleicht mit dem Bouldern anfangen? Der Spruch „Knackarsch gefällig? Und ein Latte Macchiato dazu?", mit dem eine Boulderhalle in Mingelham warb, klang ja verlockend. Aber in seinen Alpträumen sah er von Magnesiastaub und Schweißgestank erfüllte, hallende Hallen vor sich – seine Freiheit der Berge sah anders aus. Musste er womöglich eine Bekanntschaftsanzeige im Mitgliedermagazin des Deutschen Bergvereins schalten? Mit Mitte Dreißig?

Dumme Gedanken, Felix! Schluss damit! Wenn du schon in den Bergen bist, dann genieße sie gefälligst! Immerhin war er unter dem Gegrübel mittlerweile in Sichtweite der Bergstation gekommen; die Bergführerin war schon mit weiten Carvingschwüngen an ihm vorbeigeschossen. Er legte die letzten Meter am Pistenrand zurück, spurte noch ein paar Höhenmeter durch knietiefen Pulver zum Knoblerkopf hinauf, trat sich eine Fläche in den Schnee und spulte die Routine ab: Fell abziehen, Bindung umstellen. Trockenes T-Shirt, Anorak, Mütze, Handschuhe – das war fast, wie in die schützende Wärme einer Berghütte einzutreten.

Felix nahm einen Marzipan-Baumstamm und die Halbliter-Thermosflasche aus dem Rucksack, setzte sich drauf und gönnte sich einen Blick auf die Aussicht. Als Fortsetzung der Gelbschrofenwand schwang sich die Almspitze über ihm in den Himmel, der jetzt immer mehr blaue Flecken zeigte, draußen war das Knaglfinger Moos zu erahnen, drüber das Brudergebirge, im Osten die Felsketten der Königsgauer Alpen – alles so vertraut, und trotzdem konnte er nie genug bekommen davon. Gut, dass er sich diese Stunden gegönnt hatte. Um die nächste Meldung, die nächste Fotostrecke, die nächste Anzeige kämpfen, das konnte – und würde – er später wieder. Jetzt galt es erst einmal, vierzig Zentimeter Neuschnee korrekt zu nutzen. Natürlich fielen die steileren Skitouren aus bei Lawinenwarnstufe drei („a gspannter Dreier", hätte er sogar gesagt), aber nach dem Aufstieg auf der gesicherten Piste konnte er vielleicht bei der Abfahrt ein paar Meter Unverspurtes rausschinden. Vielleicht auf der Weltcupabfahrt? Die Kirchgadener Liftgesellschaft war zwar finanziell am rumkrebsen, wenn man den Gerüchten Glauben schenken durfte, aber sie kümmerten sich doch um ihr weißes Kapital. Sicher hatten sie die Pistendecke gestern abend schön strukturiert, damit der Neuschnee sich gut verband. Und das, was in der Nacht gefallen war, war vielleicht noch nicht komplett planiert.

Felix packte zusammen und machte sich abfahrtsfertig. Der obere Hang unter der Bergstation war normalerweise immer fett eingefahren, da konnte lawinenmäßig nichts anbrennen. Er ließ die Ski laufen, bis sie aufzuschwimmen begannen, drehte an und ließ sich fallen – weich fing ihn das Pulverbett auf, hob ihn wieder in die Höhe, wo er sich zur anderen Seite neigte und der nächsten Welle hingab. Ein Jauchzer brach aus ihm heraus; er konnte nicht anhalten, auch wenn die Oberschenkel brannten, schwer atmend ritt er den Hang bis ans süße Ende. Gab es irgendein Hochgefühl am Berg, das mit dem rhythmischen Tanz im Tiefschnee vergleichbar war, mit diesem Urgefühl von Flow, von Einswerden mit der Natur?

„Weltcupabfahrt gesperrt" stand auf einem Schild an der Abzweigung. Aber das „Achtung Lawinen!"-Schild mit der abwehrenden Hand war das nicht, und der Schnee war locker, kaum Windeinfluss festzustellen. Sicher hatten sie das Sperrschild nur aus Haftungsgründen aufgestellt, und Felix hatte nicht vor, jemanden verantwortlich zu machen, wenn er sich im Tiefschnee die Haxen brechen sollte. Für ihn bedeutete das Schlagwort Eigenverantwortung noch etwas. Nur eine einzelne Ratracspur führte auf die Weltcupabfahrt, daneben fand er Platz genug für weite Turns. Bald stand er an der

Kante zum Schnacklerhang. Was war denn da los? Der von oben gekommene Ratrac stand hier geparkt, am Hangfuß ein zweiter, im Hang lag der Windenkasten einer Pistenraupe mit seinem Greifarm, und drum herum stapften Leute vom Pistendienst, als ob sie im Tiefschnee etwas suchten. Mit einem Kribbeln im Magen schwang Felix den Steilhang hinunter zu dem Suchteam.

„Hey, was ist los? Kann man helfen?"

„Schaug dass d' weiter kommst", schrie ihm einer zu, „hast ned gsehn, dass de Abfahrt gsperrt is? Schleich di, aber flott!"

„Schon recht, bleib locker, alter Grantler", brummelte Felix vor sich hin und fuhr weiter zum Hangfuß, zur Abbruchkante über dem Seckeltobel. Das Kribbeln in seinen Eingeweiden fühlte sich nun an, als ob eine Ratte daran nagen würde: Da unten lag etwas! Ein Ratrac! Halb eingeschneit und von einem kleinen Schneerutsch teilweise zugedeckt. Er zog die Kamera aus der Tasche – ein Journalist geht nie unbewaffnet außer Haus – und fotografierte die Szene, zoomte die eingedrückte Fahrerkabine heran, mit Firmenlogo und Modellnamen: „Ratatrac Z 15". Saß da womöglich jemand drin? Er fummelte am Fokusring.

Wummmmm! Das unheilvolle Geräusch eines anbrechenden Schneebretts fuhr Felix durch die Glieder, seine Rücken- und Beinmuskeln spannten sich fluchtbereit an, sein Kopf zuckte nach oben, dem Geräusch entgegen. Ein Spalt durchriss die Schneedecke des gegenüberliegenden Hanges, sie zersplitterte wie eine Fensterscheibe, die Schollen setzten sich in Bewegung. Felix riss die Kamera hoch und drückte ab, wie ferngesteuert, während die Trieblahner-Lawine den Seckeltobel mit zweitausend Tonnen Schnee auffüllte.

„Sauwetter, verrecktes!"

Dicke Schneeflocken wehten über die Windschutzscheibe von Kriminaloberkommissar Max Haderbichler. Doch nicht nur deswegen schimpfte er. Es war der erste Fall mit einem Toten in seinem neuen Revier. Er war zurück in den Bergen – ob der neue Anfang auch neues Glück bringen konnte? Und ob es überhaupt ein „Fall" war? Nicht eher doch nur ein Un-Fall? Die Umstände jedenfalls klangen so, dass ein Kriminaler zur Aufnahme fahren sollte. Gerne hätte er einen Kollegen „von hier" dabeigehabt, der die Leute kannte. Aber bei diesen Schneemassen musste seine gesamte Mannschaft den uniformierten Kollegen beim Organisieren des Verkehrschaos helfen. Und er war allein unterwegs.

Vierzig Zentimeter Neuschnee in einer Nacht! Das war zwar gut für den Wintersport, von dem Kirchgaden lebte, denn seit November hatte es kaum nennenswerte Niederschläge gegeben; nur die beschneiten Pisten waren in Betrieb, eine denkbar schlechte Situation so kurz vor den Weihnachtsferien. Aber vierzig Zentimeter Schnee waren eine Herausforderung für den Räumdienst. Um nicht ehrlicher und einfacher zu sagen: ein Problem. Da konnte der Wetterbericht die weiße Pracht noch so genau vorhersagen, die Zahl der Räumfahrzeuge und ihrer Bediener war eben begrenzt – und die Straßen waren verstopft; primär vom Schnee, dann von Autos. Eine halbe Stunde hatte er für die drei Kilometer vom Revier hierher gebraucht, stellte er fest, als er auf den noch kaum belegten Parkplatz der Almspitz Skiwelt GmbH einbog. „Na denn man los!", ermunterte er den gealterten George Clooney mit buschigen Augenbrauen, der ihm aus dem Rückspiegel entgegensah, rückte die Schiebermütze zurecht und stieg aus seinem Dienstwagen.

Haderbichler musterte das Gebäude, das aussah, wie eine Seilbahnstation laut Werbeprospekt wohl aussehen sollte: dick in weiße Neuschneekissen verpackt, wie eine alte Dame in ihren Hermelinschal. Eine ziemlich alte, ziemlich hässliche alte Dame allerdings, vielleicht doch nicht so ganz prospekttauglich. Die Fassade – schönster Sechziger-Jahre-Betonbarock – ließ an einigen Stellen die Armierungen durchsehen, auch der letzte Anstrich lag schon einige Jahre zurück. Gut, dass der Neuschnee manches gnädig zudeckte.

Das Innere des Gebäudes passte zum äußeren Eindruck. Kaltes Neonlicht, mit Rollsplitt gefüllte Lochgummibeläge auf dem Fußboden, zu den Kassen führten Stahlrohrlabyrinthe wie im Schlachthof, um die erhofften Wintersportler-Warteschlangen zu bändigen. Immerhin waren die Grünlilien vor den Kassentresen gut gepflegt, und mitten im Raum stand ein Christbaum. Am Ende eines hallenden Flurs im zweiten Stock fand Haderbichler eine Tür, deren Blau auch schon bessere Tage gesehen hatte. Daneben hing ein Schild: Josef Seegrübler, Geschäftsführer Almspitz Skiwelt GmbH. Er klopfte und trat ein.

Der Endfünfziger, der sich hinter einem mit Akten, Papieren und Notizzetteln übersäten Tisch erhob, hatte silberne Schläfen, eine hohe Stirn und blaue Augen, die zusammen mit dem markanten Kinn wohl normalerweise Energie ausgestrahlt hätten, heute aber trüb aus faltigen Höhlen lugten. Der Körper war der eines Sportlers, doch der Händedruck schlaff, die Haltung gebeugt.

„Kommissar Haderbichler, nehme ich an? Guten Tag, ich bin Josef Seegrübler. Setzen Sie sich doch bitte."

„Guten Tag." Haderbichler landete hart auf einem reichlich fadenscheinigen Polstersessel vor Seegrüblers Schreibtisch. „Ja, ich bin der Neue; im Oktober bin ich von Nordlingen als Leiter zur Kripo Kirchgaden versetzt worden." Ein „Schön haben Sie's hier" oder ähnlich flapsige Anmerkungen zur Ästhetik der Räumlichkeiten verkniff er sich. „Bei Ihnen gab es einen Unfall?"

Seegrübler schluckte. „Es ist ein Schock, Herr Haderbichler. Unser Mitarbeiter Heiner Kniebrich ist mit dem Ratrac tödlich abgestürzt. Er war seit fast zwanzig Jahren dabei; ihn einzustellen, war eine meiner ersten Aktionen als Geschäftsführer. Ein verlässlicher Mitarbeiter und eine ehrliche Haut; ich habe ihn richtig gern gemocht."

„Das tut mir Leid. Können Sie mir sagen, wie der Unfall passiert ist?"

Seegrübler sank in seinem Sessel nach hinten. „Heiner war gestern abend als letzter vom Pistenservice noch draußen; er walzte oben den Schnacklerhang mit unserer nagelneuen Raupe mit Seilwinde. Der Winden-Aufsatz ist offensichtlich ausgerissen, der Ratrac über die Piste hinuntergerutscht und über einen Felshang kopfüber in einen Bachtobel gestürzt. Die Kollegen von der Frühschicht haben die Maschine heute früh um fünf dort liegen sehen, die Führerkabine zerquetscht, Heiner hatte keine Überlebenschance. Aber sie konnten nicht zu ihm runter und ihn aus der Maschine rausholen."

Bilder wirbelten durch Haderbichlers Kopf: ein Felsenschlund, eine reglose Gestalt... Er richtete sich auf. „Aber Sie können ihn doch nicht dort liegenlassen!"

„Meine Leute haben mich sofort angerufen; sie wollten Seile aus dem Materiallager holen und sich über den Schrofenhang zu Heiner abseilen. Aber direkt über dem Tobel ist der Trieblahner-Hang, berüchtigt für Lawinen. Und nach dem Neuschneefall gibt der Lawinenlagebericht die Warnstufe Drei aus; soweit ich mich mit Schnee auskenne, würde ich sogar sagen: ein gespannter Dreier. Das heißt, der Hang kann jederzeit abgehen und alles verschütten – ich kann es nicht verantworten, jemanden da runterzuschicken."

„Das ist bitter." Haderbichler versuchte, die grausige Vorstellung zu schlucken. „Aber wie konnte es überhaupt zu dem Unfall kommen? Ich bin früher viel in den Bergen gewesen, aber ich habe noch nie davon gehört, dass ein Ratrac abgestürzt ist."

Seegrübler seufzte. „So was dürfte eigentlich gar nicht passieren. Das schwächste Element im System ist das Drahtseil – aber die Windensteuerung stoppt, bevor die Bruchkraft erreicht ist. Der Windenkasten inklusive Drahtseil und Motor wird am Ratrac festgeschraubt; das ganze Trumm liegt jetzt auf der Piste. Anscheinend sind die Schrauben gebrochen, obwohl sie eine viel höhere Nennfestigkeit haben als das Seil. Man müsste die Bruchstücke untersuchen, um feststellen zu können, ob sie sich gelockert hatten oder ein Materialfehler vorliegt; aber die Stümpfe stecken im Ratrac, der jetzt in der Schlucht liegt, die abgerissenen Schraubenköpfe sind im Skihang verstreut; unter dem halben Meter Neuschnee können Sie da ewig suchen. Ich habe ein paar Leute raufgeschickt, aber die Chancen dürften minimal sein."

Der Seilbahnchef wirkte am Boden zerstört; doch es half nichts, Haderbichler musste eine schmerzhafte Frage stellen: „Sabotage? Hat vielleicht jemand die Schrauben gelockert?"

Sein Gegenüber sackte noch tiefer in seinen Sessel. „Das kann man auch nur durch Untersuchung der Bruchstücke feststellen. Aber Sabotage gegen uns braucht's eigentlich gar nicht mehr. Wir sind eh schon fast erledigt. Schauen Sie sich doch um: Unsere Nachbarorte im Westen rüsten auf wie die Weltmeister – Schneekanonen, Speicherteiche, vollverkleidete Sessellifte mit Sitzheizung. Ich habe immer versucht, die Natur nicht mehr in Anspruch zu nehmen als nötig, aber vielleicht haben wir zu sehr an Nachrüstungs-Investitionen gespart. Jetzt sind unsere Lifte veraltet, Schneekanonen fehlen, und am Oberbergener Hornkamm schneien die Tiefdruckgebiete aus Westen das meiste ab, bevor sie uns erreichen. Die Talabfahrten, die für Familienurlauber wichtig sind, hatten bei unserer niedrigen Meereshöhe oft zuwenig Schnee, und nur vom Medienrummel um die Weltcupabfahrt können wir nicht leben. Der miese Saisonauftakt heuer hat es uns ganz schwer gemacht. Die neue Pistenraupe konnten wir nur per Leasing finanzieren. Und jetzt liegt sie im Seckeltobel."

„Aber sie war doch hoffentlich gut versichert?"

Seegrüblers Gesicht drückte einen Seelenschmerz aus, der jedem Oberammergauer Jesusschnitzer als Vorlage hätte dienen können.

„Ich habe mir gerade den Vertrag rausgesucht: Gezahlt wird nur bei eindeutigen Unfällen. Und wenn schon Sie von Sabotage reden … Klarheit können wir erst kriegen, wenn wir zum Ratrac kommen, wo die abgerissenen Stümpfe der Schrauben stecken müssten. Aber wenn jetzt womöglich noch die Trieblahner-Lawine drüber geht, kann das bis Pfingsten dauern."

„Tja, Herr Seegrübler, da stecken Sie echt im Schlamassel; tut mir Leid. Und ob und wie wir helfen können, da möchte ich nichts versprechen – so wie Sie die Sache schildern …"

Der Mann war ein Bild des Jammers. Aber würde ein Unternehmer, ein abgebrühter Tourismusprofi, so offen vor ihm klagen? Oder wollte er nur einen eiskalten Versicherungsbetrug, der über Leichen ging, verschleiern? In seinem Kriminalistenhirn bimmelte leise ein Glöckchen. Ganz unzerkaut würde er diese Geschichte nicht schlucken. Und es gab ja auch eine noch weitergehende Option: „Falls es wirklich Sabotage war, könnte natürlich auch Herr Kniebrich das Ziel gewesen sein."

Seegrübler schrak auf: „Sie meinen, jemand wollte Heiner ermorden?"

„Wüssten Sie denn jemanden, der ein Motiv haben könnte?"

„Der Heiner war eher in sich gekehrt, Single. Seit einem Unfall vor zehn Jahren, der seine Skirennläuferkarriere beendete, kam er mir auch ein bisschen grantig vor, schwermütig vielleicht. Aber er war deswegen nicht böse oder aggressiv, sondern ein ehrlicher Kerl, der eigentlich mit jedem konnte."

„Und uneigentlich?"

„Jetzt legen Sie doch nicht jedes Wort auf die Goldwaage. Nein, mir fällt niemand ein, der dem Heiner das hätte antun wollen."

„Ihr Wort in Gottes Ohr. Jedenfalls sollten wir sicherheitshalber feststellen, wer die Gelegenheit gehabt hätte. Wo waren denn Sie gestern abend?"

Seegrüblers Gesichtszüge froren ein. „Das heißt, ich stehe auf einer Liste potenzieller Verdächtiger?"

„Naja, wir fangen eben mal in Kniebrichs Arbeitsumfeld an, alle Alibis zu checken. Also, wie steht's bei Ihnen?" Haderbichler bemühte sich, nicht allzu scharf dreinzuschauen, aber die Reaktion seines Gegenüber trotzdem mitzubekommen.

Der schaute ihm offen in die Augen, ein perfektes Bild der Unschuld. „Leider nicht zum Besten. Ich war alleine zu Hause. Meine Frau ist gestern nach Mingelham gefahren, für eine Besprechung zur Genehmigung unseres Windkraftprojektes. Sie haben vielleicht davon gelesen: Wir wollen auf die Vorberge Windräder bauen, um die Liftanlagen und auch Kirchgaden mit ökologischem Strom zu versorgen. Das ganze soll als Bürgerprojekt aufgezogen werden, finanziert von Einheimischen und mit einer attraktiven Dividende."

„Ja, ich habe davon gehört", gab Haderbichler zurück, „die Windrotoren auf den Bergen gefallen nicht jedem."

Der Liftchef nickte: „Stimmt. Deshalb gestalten sich die Verhandlungen langwierig und zäh. Nach dem Termin gestern abend hat meine Frau in Mingelham übernachtet, bis nach dem heftigen Schneefall heute morgen die Autobahn geräumt war. Sie müsste demnächst ankommen."

Als hätte der Seilbahnchef es geahnt: Ein leises Klopfen, die Tür öffnete sich und ein Hauch von Blütenduft über Frühlingswiesen wehte ins Bürozimmer. Seegrüblers Augen leuchteten auf: „Sabine! Gerade haben wir von dir geredet."

Haderbichler wandte sich um. Eigentlich war nichts auffällig Besonderes an dieser Mittvierzigerin: welliges, schulterlanges braunes Haar, ein kantiges und doch volles Gesicht, weibliche Formen, betont durch einen eng anliegenden Strickpullover unter einem stahlgrauen Softshelljacket mit Schulterpolstern. Aber alles passte zusammen, und die hellbraunen Augen strahlten die gleiche Wärme aus, die gerade Seegrüblers Gesicht erfüllt hatte.

„Endlich geschafft, Sepp", sie lief auf ihren Mann zu und gab ihm ein Küsschen. „War das eine lästige Fahrerei, die Räumdienste sind kaum durchgekommen." Plötzlich bemerkte sie den Besucher. „Oh, sorry; ich hoffe, ich störe nicht."

Das Leuchten in Seegrüblers Augen erlosch. „Leider schon, Sabine. Aber ich sollte dich erst mal vorstellen. Meine Frau Sabine, sie leitet bei uns das Controlling. Kriminaloberkommissar Haderbichler."

„Guten Tag." Ein kräftiger Händedruck, offene Augen, in denen Überraschung aufblitzte. „Polizei? Was führt Sie zu uns?"

„Setz dich lieber zuerst", sagte Seegrübler, und als seine Frau sich, nun etwas verunsichert, auf einem weiteren Besucherstuhl niedergelassen hatte, sagte er in sanftem Ton: „Es hat einen schlimmen Unfall gegeben. Heiner ist tot."

„Heiner?" Ihre Augen weiteten sich, scharf sog sie die Luft ein. „Wie … wie konnte das passieren?"

Während Seegrübler seiner Frau in knappen Worten den Unfallhergang erklärte, erschien es Haderbichler, als ob ihr Gesicht allmählich versteinerte. Als ihr Mann geendet hatte, wandte sie sich dem Besucher zu: „Und Sie sollen aufklären, wie es dazu kommen konnte, Herr Kommissar?"

„Oder was dahintersteckt", bestätigte der, „aber lassen Sie mich zuerst mein Beileid ausdrücken. Sie scheinen Herrn Kniebrich auch sehr geschätzt zu haben?"

„Wissen Sie, wir sind kein Riesenbetrieb. Da kennt man jeden Mitarbeiter persönlich. Aber mit manchen versteht man sich eben besonders gut. Und Heiner haben praktisch alle ganz gern gemocht, obwohl er seit seinem Unfall nicht mehr so zugänglich war. Ich kenne ihn noch aus der Zeit vorher, da war er geradezu mitreißend begeistert von den Bergen, vom Sport; ein bisschen was davon war immer noch zu spüren in ihm."

„Ihr Mann und ich waren gerade bei der Frage, ob er vielleicht auch Feinde hatte", ging Haderbichler einen Schritt weiter. „Wenn sie ihn näher gekannt haben, vielleicht ist Ihnen etwas aufgefallen? Oder er hat Ihnen etwas erzählt?"

Die Frau erstarrte: „Sie meinen … es war kein Unfall … sondern Mord? Das kann ich mir nicht vorstellen. Wer sollte so etwas tun?"

„Solange wir nichts Genaueres wissen, dürfen wir keine Möglichkeit ausschließen. Wer wusste eigentlich davon, dass Kniebrich gestern abend am Schnacklerhang Dienst hatte?"

„Das war kein großes Geheimnis", antwortete der Liftchef. „Heiner war bisher der einzige, der auf die neue Maschine und die Winde geschult war. Es war klar, dass er bei dem Neuschnee ranmusste, um den Hang nochmal tiptop herzurichten."

Falls dieser Unfall keiner war, dann war es der Albtraum jedes Kriminalers: Everybodys Darling, und für jeden Täter erreichbar. Man würde sich unter Kniebrichs Kollegen umhören müssen, ob vielleicht jemand beobachtet hatte, dass an dem Ratrac rumgepfuscht worden war. Und es war zu klären, wo alle Angestellten in der fraglichen Nacht gewesen waren.

„Tja, damit bleiben leider alle Möglichkeiten offen", fasste Haderbichler zusammen. „Vielleicht hat Herr Kniebrich einfach Pech gehabt und ist Opfer eines außergewöhnlichen Unfalls geworden. Aber wir müssen natürlich Ihrem Personal die Routinefragen stellen. Können Sie mir bitte eine Liste machen mit den Namen, Adressen und Dienstzeiten?" Seegrübler nickte und schrieb etwas auf einen Klebezettel.

„Hatte er Angehörige, eine Freundin, die benachrichtigt werden müssen?", fragte Haderbichler weiter.

„Ich glaube, er war schon seit einigen Jahren Single", meldete sich Seegrüblers Frau, „mag sein, dass seine etwas depressive Ader abgeschreckt hat."

„Die Eltern wohnen, glaube ich, irgendwo in Nordrhein-Westfalen", ergänzte der Liftchef und hob eine Hängemappe vom Tisch auf, „aber der Kontakt muss ziemlich dünn gewesen sein. Erwin und Annegret Kniebrich, aus Düren, steht hier in seinem Lebenslauf. Ob die Adresse noch stimmt, müssten Sie nachprüfen lassen. Geschwister hatte er wohl keine."

Haderbichler schrieb die Daten in sein Notizbuch und stand auf. „Danke; wir checken das nach. Ich denke, dass wir auch noch einmal auf Sie beide zukommen werden. Und wenn Ihnen selbst etwas einfällt, was Sie für relevant halten, wenden Sie sich am besten direkt an mich." Er gab beiden eine Visitenkarte. „Aber jetzt möchte ich gerne die Unfallstelle anschauen, um mir selber ein Bild zu machen. Können Sie mich raufbringen?"

„Das hab ich mir schon gedacht. Ich habe den Hang sperren lassen, damit nicht alles zerfahren wird", erklärte Seegrübler. „Haben Sie Ski dabei, um von der Bergstation abzufahren? Oder soll ich Ihnen einen Ratrac organisieren?"

„Für einen Fahrer wäre ich dankbar." Haderbichler deutete auf seine Moonboots, Jeans und Lederjacke. „Auf Skifahren bin ich heute nicht eingestellt."

„Ok." Seegrübler tippte eine Nummer in sein Smartphone, wartete einen Moment, dann sagte er: „Hansi, könntest bittschön mit dem Ratrac runterkommen; der Kommissar möcht gern die Unfallstell anschaun." Die Antwort war nicht zu verstehen, aber sein Gesicht wurde womöglich noch grauer. Dann legte er das Handy weg. „Die Trieblahner-Lawine ist vorhin runtergegangen. Sie werden nichts mehr sehen vom Ratrac und von Heiner, Herr Haderbichler. Aber Hansi kommt und bringt Sie rauf."

Haderbichler verabschiedete sich von Seegrübler und seiner Frau; der Händedruck des Liftchefs fühlte sich an, als ob man in einen Badeschwamm greifen würde. Dann zog er die Tür hinter sich zu – jetzt dachte er bei ihrem Blau eher an einen Daumen, der unter den Hammer gekommen war – und stieg die Treppe hinunter, um im Kassenraum auf den Ratrac zu warten. Sein erster Einsatz wieder in seinen ehemals so geliebten Bergen. Würde er sie noch erkennen unter Liftmasten und Pistentrassen? Und wie würde es ihm dabei wohl gehen?

4   **Dienstag, 15. Dezember, 11 Uhr**

Iwan Maximowitsch Lochnow lag auf dem burgunderroten Samtdiwan im Spiegelkabinett seines weitläufigen Wellnessbereichs und grunzte. Er hob den Kopf und versuchte, über seinen behaarten Bauch hinwegzusehen, konnte aber nur den muskelbepackten Oberkörper von Boris erkennen, der sich rhythmisch anspannte. Sein Unterleib übertrug die Bewegung, im Deckenspiegel schön zu beobachten, auf die wundervollen Pobacken von Natascha, deren Kopf die Stoßwellen in ein gleichmäßiges Auf und Ab zwischen Iwans Beinen umwandelte, leider von ihrer blonden Mähne seinen Blicken entzogen. Schade eigentlich. Aber zumindest fühlte es sich – ja, wie fühlte es sich eigentlich an? Immerhin so, dass ein Grunzen angebracht schien.

Auch wenn es vielleicht mehr als Anerkennung für seine zwei Mitarbeiter zu verstehen war. Die schienen am regelmäßigen jour fixe fast mehr Vergnügen zu finden als er. Kam ihm allmählich der Spaß am Sex abhanden? Wenn er ehrlich zu sich war – aber wer war das schon? – war es für ihn fast nur noch Gewohnheit. Und wahrscheinlich wollte er auch seinen Jugendtraum nicht in die Tonne treten. Den Traum, der ihm damals, mit siebzehn, geholfen hatte, sich aus der Gosse ganz nach oben zu arbeiten: ein Stall voll geiler Autos, willige Weiber im Wellnessbereich und starke Jungs fürs Grobe. Einiges vom Groben hatte er durchaus selber erledigt damals, was ihm den Spitznamen „Iwan der Schreckliche" eingebracht hatte. Feinde meinten das ernst, aber auch Freunde sagten es nur mit Respekt. Was heißt schon Freunde? Freundschaft, das bedeutet Vertrauen, Loslassen, Abhängigkeit – für sein Geschäft waren strategische Partnerschaften, Angst und Kontrolle die Schlüsselkompetenzen. Aber selbst das konnte ihn nicht mehr wirklich befriedigen. Er hatte alle Facetten des Metiers durchgespielt, alle Finessen finanzieller, körperlicher und psychologischer Gewalt. Was sollte es noch Neues unter der Sonne geben? Herrgott nochmal, wurde er etwa alt?

Das Telefon riss ihn aus seinen Gedanken. Nicht, dass die Störung ihm sonderlich viel ausgemacht hätte. „Macht mal kurz Pause, Kinder." Er angelte das Handy und drückte den grünen Knopf: „Aljo?"

„Iwan, bist Du's? Ich bin's, der Seegrübler-Sepp. Hast a Minuten Zeit?"

„Was is loss", fragte er mit seinem kehligen, slawischen Akzent, den er als Markenzeichen pflegte, zusammen mit ein paar russischen Floskeln. Bei Geschäftsbesprechungen wirkte allein der raue Klang oft schon förderlich. Und Frauen fanden ihn animalisch-anziehend. Naja, einige Frauen. Villenlose. Denn bei denen spielte vielleicht auch das Geld eine gewisse Rolle…

…Hilfe", hörte er gerade noch, und raunzte: „Gdje?"

„Ich brauche Deine Hilfe", winselte sein Gesprächspartner beinahe. Heilige Jungfrau Maria, wie konnte er mit so einem Würstchen nur per Du sein. Ok, als er vor etlichen Jahren nach Kirchgaden gezogen war, um sein in Russland erworbenes Vermögen in juristisch unauffälligeren Firmenstrukturen zu platzieren, da war der Seilbahnchef ihm als aufrechter Mann begegnet, mit Prinzipien und Charakter. Und das respektierte Iwan, egal auf welcher Seite der andere stand. Aber seit die Skiwelt GmbH in finanzielle Strudel geraten war, hatte der Sepp abgebaut. Kredite sogen einem Mann den Saft aus den Eiern, Abhängigkeit war gelebter Tod. Geld dagegen bedeutete gemünzte Freiheit, das hatte sein Landsmann Dostojewskij schon richtig erkannt.

„Brauchst du Geld, oder wass?", blaffte Iwan ins Telefon, „Du kennst mainen Zinssatz."

„Einen neuen Ratrac brauche ich", Seegrüblers Stimme war mehr ein Flüstern.

„Du chast doch gerade erst ainen gekauft, ist er dir nicht mehr gut genug?"

„Er liegt im Seckeltobel, mein bester Mann unter ihm zerquetscht, und alles begraben von der Trieblahner-Lawine."

„Cheilige Marija Mutter Gottes, das ist nje charascho", fluchte Iwan. Dem Seegrübler ging's wirklich „nass eini", wie es die Eingeborenen hier ausgedrückt hätten. Aber mit Mitgefühl hätte Iwan es nie zu viel gebracht. „Da brauchst du wohl schnell Ersatz."

„Heiner kannst ned ersetzen. Aber ich brauch dringend noch eine Maschine, um den Neuschnee zu stabilisieren. Sonst ist der gleich weggekratzt, und wir stehn wieder mit fleckigen Pisten da – die Konkurrenz ist einfach mörderisch."

„Und wie willst du zahlen?"

„Ehrlich gsagt, kann ich dich nur um großzügige Konditionen bitten. Und um Stundung für die Raten. Wenn wir die Saison retten können, muss genug rausspringen, dass wir alles auf einen Schlag abzahlen."

„Waißt du was?", polterte Iwan, „mir kommt gerade aine Idee. Machen wir ain Spielchen. Du kriegst einen neuen Z15, die Ratatrac KG sollte immer ainen lieferbar chaben. Und nach der Saison machen wir chalbe-chalbe auf den Umsatz."

„Hoibe-hoibe? So groß san unsre Margen ned, da konn i meine Leit ned zoin", im Schreck brach Seegrüblers Dialekt durch; dann fing er sich – halt doch ein Geschäftsmann: „ich weiß, dass ich mit dem Rücken zur Wand steh, aber mehr als dreißig Prozent kann ich dir ned gebn."

„Okay; der russische Bär hat gerade gute Laune, weil ihm so schön das Fell gekrault wird." Iwan warf einen Blick auf Natascha, die sein Brusthaar bürstete – eines seiner Lieblings-Vergnügen. Boris lümmelte irgendwo hinten Richtung Bar rum. „Draißig Prozent vom Umsatz. Ich lass bei Ratatrac Beschaid sagen. Cheute nachmittag chast du die Maschine."

„Danke, Iwan. Ich bin dir sehr verpflichtet."

„Otschen Charascho wenn du das waißt. Pfürrti – und viel Glück mit der Konkurrenz." Iwan drückte das Gespräch weg, fuhr Natascha durchs Haar, stützte sich auf dem anderen Arm hoch und hielt nach Boris Ausschau. „Na, Kinder, geht's waiter mit jour ficks? Und Boris: Hinterher chab ich ainen Auftrag für dich."

5   Dienstag, 15. Dezember, 15.30 Uhr

„Frieder, magst bitte mal rüberkommen?" Kommissar Max Haderbichler wollte seinen Mitarbeiter nicht einfach per Telefon herbeizitieren, er stand lieber auf und ging die paar Meter zur benachbarten Bürotür. Als „zugroaster" Chef war es besser, nicht die Trumpfsau rauszuhängen. Die Leute vom Kirchgadener Bergkessel waren dafür berüchtigt, dass sie schnell dichtmachten. Außerdem war Haderbichler unter seiner massigen Statur doch eher ein gutmütiger Brummbär. „Führen heißt: in einem guten Team delegieren, motivieren und kooperieren", so hätte es vielleicht ein Unternehmensberater in hohle Phrasen gegossen – für Max Haderbichler war das die Lebensmaxime nach bald dreißig teilweise turbulenten Dienstjahren.

„Komm setz dich her, ich brauch an Sparringspartner zu dem Ratrac-Unfall am Schnacklerhang."

Kriminalkommissar Frieder Rossmeier war erst vor einer halben Stunde reichlich durchnässt vom Hilfseinsatz als Verkehrspolizist zurückgekommen; zum Glück hatte jeder in der Kirchgadener Kripostation einen Schrank mit Ersatzklamotten im Büro. Nur die verstrubbelten, für Rossmeiers gut fünfzig Jahre noch relativ kompletten Haare zeigten etwas Restfeuchtigkeit vom Outdoor-Einsatz. Frieder setzte sich auf den ausgeleierten Drehstuhl vor Haderbichlers Schreibtisch und knetete seinen akkurat gestutzten, grau melierten Kinnbart. „Na dann schieß amal los, Max: Unfall oder a Fall für uns?"

Haderbichler fasste die Fakten zusammen und schilderte seine Eindrücke vom Ort des Geschehens: der meterhoch mit Lawinenschnee vollgepresste Seckeltobel, der abgerissene Windenkasten im Steilhang; rundherum hatten die Pistenarbeiter alles zertreten, aber natürlich keinen abgerissenen Schraubenkopf gefunden.

„Hmm, dass so a Drahtseilwinden ausreißt, hob i no nie ned ghört", fing Rossmeier an zu grübeln, „und du denkst, do hod wer an de Schraubn draht?" – „Da wir keine Beweise für technisches Versagen haben – und das kann eben bis Pfingsten dauern – müssen wir diese Möglichkeit mit untersuchen. Aber warum sollte jemand die Maschine sabotieren?", antwortete Haderbichler, und ging zum Flipchartständer im Eck. Aufschreiben war neben drüber Reden die beste Möglichkeit, die Gedanken zu sortieren.

Ganz oben hin schrieb er „Ratracabsturz Kirchgaden", unterstrich die zwei Worte, und setzte darunter „UNFALL? -> technische

Untersuchung, wenn Maschine ausgeapert". Die nächste Zeile hieß „FREMDVERSCHULDEN?", dann kam eine neue Zeile mit einem ersten Aufzählungsstrich „Möglichkeit".

„Da sieht's bitter aus, Frieder", sagte er. „Ich hab mir angeschaut, wo der Ratrac stand. Die haben in Kirchgaden nur eine Art offenen Carport für ihre Pistenfahrzeuge; nach Liftschluss, so gegen 16 Uhr, werden sie rausgeholt zur Präparierung. Tagsüber kann praktisch jeder ran, vom Liftpersonal bis zum Skifahrer."

„Ned guad", quittierte Frieder trocken, „nachherd schaun mer mal aufs Motiv, was moanst?"

Haderbichler ergänzte das Schlagwort in einer neuen Zeile; darunter folgte eingerückt und mit einem Stern als Gliederungszeichen: „Versicherungsbetrug?".

„Das funktioniert nicht recht, weil erst gezahlt wird, wenn bewiesen ist, dass es ein Unfall war, und bis dahin könnte die Liftgesellschaft schon pleite sein, hat Seegrübler gesagt", erklärte er dazu, und Rossmeier gab mit erhobenem Zeigefinger zurück: „Was natürlich zum überprüfen waar."

„Stimmt", sagte Haderbichler, und schrieb „Finanzen Skiwelt checken" auf einen Klebezettel. Dann kam eine neue Zeile mit Stern aufs Flipchart: „Geschäftsschädigung/Sabotage".

„Wann die eh so finanziell am Rumkrebsen san, braucht's des doch wohl kaum", sinnierte Frieder.

„Magst recht haben", bestätigte Haderbichler und malte ein Fragezeichen hinter das Wort Sabotage, „so ähnlich hat's der Seegrübler auch gesagt. Was natürlich auch durch eine Untersuchung der Finanzen bestätigt oder in Frage gestellt werden könnte. Bleibt die letzte Option: Mord."

„A großes Wort", gab Frieder zu bedenken, und rieb sich das bärtige Kinn. „Is scho a paar Jahr her, dass mir in Kirchgaden amal an Mord ghabt ham. Wer sollt denn a Motiv ham?"

29

„Tja, das rauszufinden wäre dann wohl unser Job", seufzte Hader-bichler. „Ich hab schon mit ein paar Angestellten reden können, ob Kniebrich vielleicht Feinde hatte. Aber der hatte sich seit seinem Unfall ziemlich zurückgezogen, so dass man mir nicht viel sagen konnte – was allerdings auch gegen hitzige Konflikte spricht."

„Hods vielleicht an Neid unter Kollegen gebn zwengs der Arbeit?", regte Frieder an.

„Unter denen, mit denen ich reden konnte, hatte ich nicht das Gefühl. Aber einige waren noch auf der Piste im Dienst; ich würde gerne versuchen, nach Feierabend ein paar von ihnen zu erwischen. Magst mitkommen? Du als Einheimischer hast den besseren Draht."

Frieder richtete sich auf in seinem Stuhl; trotz des harten Tages, den er hinter sich hatte, schien ihn der Vertrauensbeweis des Chefs zu motivieren: „Jo eh klar. Mir könnten ins „Liftstüberl" gehn, da sitzen's nach Liftschluss gern beinand. Is eh scho halber fünfe."

„Also dann los, Kollege!"

Das Liftstüberl war gleich an die Talstation der Almspitz-Seilbahn angebaut. Rotweiße Fensterläden und eine aufgemalte Natursteinstruktur sollten wohl an eine Berghütte erinnern, ohne zuviel zu kosten, drinnen standen rohe Holztische unter grünen Vorhängen, von Butzenglas-Laternen mehr verdunkelt als erhellt. Vom Liftpersonal war offensichtlich noch keiner da. Die Polizisten ließen sich auf Stühle mit Herzausschnitt in der Rückenlehne und rotgrün bestickten Sitzkissen fallen und orderten zwei dunkle Weißbier.

„Prost Max", beendete Rossmeier die schweigend verbrachte Wartepause, „na, wie gfallt's dir denn in deim neuen Revier in die Berg herinnen?"

„Bisher fühl ich mich gottseidank noch halbwegs wohl."

„Warum? Hast was anderes gfürchtet?"

Haderbichler war froh, einmal in Ruhe mit jemandem reden zu können. In dem Monat, seit er hier war, war ihm der Frieder sympathisch geworden, trotz seiner manchmal etwas vorschnellen Urteile. Aber der Mann tickte richtig, das spürte er. Und Kontakte außerhalb des Kollegenkreises hatte er in der Einarbeitungszeit noch nicht aufbauen können. Einmal abends nicht allein in die leere Wohnung zu kommen, das tat gut.

„Die Berge waren einmal alles für mich, Frieder. Neben dem Beruf und der Familie, natürlich. Meine Eltern hatten mich schon immer zum Wandern mitgenommen. Als junger Kripobeamter in Mingelham bin ich dann regelmäßig mit Monika, meiner Frau, in die Berge gefahren, sie war genauso begeistert wie ich vom Wandern und Mountainbiken, im Winter Skitouren und Pisteln. Bald nach unserer Hochzeit kamen zwei Kinder, Tina und Jonas, und wir haben sie in der Kraxe und im Radanhänger überallhin mitgenommen, bis sie selber fahren und gehen konnten. Das waren tolle Zeiten, die ganzen Alpen haben wir in Urlauben und an Wochenenden durchstreift. Und dann ist Monika eines Tages tödlich abgestürzt."

„Oje, tut mir Leid. Wie is des passiert?"

„Es war ein einfacher Wanderweg, wir waren mit den Kindern unterwegs – naja, Kinder: Sie waren schon 16 und 17. Aber sie sind noch gern mit uns gegangen, und wir haben uns gefreut, wenn wir etwas gemeinsam unternehmen konnten. Ich seh's vor mir, als ob's gestern gewesen wäre." Haderbichler drehte sein Weißbierglas, in das er hineinstarrte wie in eine Kristallkugel. Die nicht die Zukunft zeigte, sondern die Vergangenheit. Schaumreste trieben auf der dunklen Bier-Oberfläche wie Gischt im Bergbach.

„Eine Brücke über einen Wildbachtobel mit Felsblöcken, die Holzbohlen feucht vom Regen; Monika ging voraus, dann kamen Jonas und Tina, ich ging als Schlussmann." Seine Stimme vibrierte, aber jetzt hatte er angefangen, sich der Erinnerung zu stellen, jetzt musste es heraus.

„Wie es passiert ist, habe ich nicht mitbekommen. Ich habe nur einen erschrockenen leisen Schrei gehört und nach vorne geschaut. Monika muss auf dem nassen Holz ausgerutscht sein. Und so einen schrägen Impuls abgekriegt haben, dass sie unter dem Geländer durchgeglitscht ist. Dabei muss sie mit dem Hinterkopf auf der Kante aufgeschlagen sein, dadurch dreht sie sich in der Luft, stürzt kopfüber in den Bach und bleibt mit dem Gesicht im Wasser liegen."

Sein Herz schlug schneller, die Finger am kalten Weißbierglas schwitzten. Er hatte geschrieen, „Monika", den Kindern eingeschärft, sich hinzusetzen und sich nicht zu rühren. Dann war er losgerannt, unter sich den dunklen Schlund des Bachs, der einen roten Rucksack umspülte – und einen Körper…

„Ich hab versucht, zu ihr runterzusteigen, aber das Gelände war feucht, steil und brüchig. Bis ich bei ihr war, war sie ertrunken. Eigentlich hoffe ich, dass sie schon durch den Aufprall tot war."

Er hatte aufgehört, sein Weißbierglas zu drehen, umklammerte es jetzt, wie er damals den Kopf seiner Frau in Händen gehalten hatte, Wassertropfen auf dem bleichen Gesicht mit der verbogenen Nase, rote Rinnsale aus Ohren und Mundwinkeln. Zum Glück blieb Rossmeier stumm wie eine Bildsäule, stellte keine Fragen, versuchte keine tröstlichen Phrasen abzugeben. Da gab es nichts zu sagen. Nach einer Weile schnaufte Haderbichler durch, trank einen Schluck und erzählte weiter: „Die Kinder haben zugesehen und waren mindestens so traumatisiert wie ich. Wir haben psychologische Hilfe gesucht, aber das hat nicht richtig funktioniert. Die schönen gemeinsamen Erlebnisse in den Bergen waren mit Monika gestorben. Und das Zusammenleben im Alltag war kaputt; wir konnten uns nicht gegenseitig trösten. Ich wollte im Dienst nicht schwach werden, habe mir keine Auszeit gegönnt; die Kinder mussten meine Depressionen ertragen. Bis sie ihr Abi hatten, habe ich sie als alleinerziehender Vater durchgeschleppt, seit sie zum Studium ausgezogen sind, ist der Kontakt ziemlich eingeschlafen."

Bilder von Weihnachtsfesten zogen durch sein Hirn; verkrampfte Versuche, durch Absingen romantischer Lieder den Graben zu überbrücken. Als er später mit Elfi zusammengezogen war, wurden auch diese seltenen Besuche durch Postkarten oder gelegentliche SMS ersetzt. Er zog sein Taschentuch heraus und schneuzte sich; wischte dabei unauffällig über die Augenwinkel. „Und auch ich wollte einen Schlussstrich ziehen: weg von den Bergen, weg von diesem Leben. In Nordlingen habe ich mich irgendwann neu verlieben können, in eine Reiterin. Aber für die waren die Pferde so wichtig wie für mich früher die Berge, das ging nicht gut. Nach fünf Jahren haben wir uns getrennt und im Jahr drauf habe ich mich um Versetzung bemüht. Jetzt bin ich hier. Und bin gespannt, ob mir meine alten Freunde aus Fels und Almwiesen wieder Heimat werden können."

Rossmeier schaute seinem Chef in die Augen. „Und, moanst, es werd wieder was?"

Max schnaufte: „Wie konsequent die Berge heute vermarktet und mit touristischem Heckmeck vollgestopft werden, das hat mich schon irritiert. Aber jedenfalls hab ich keine Flashbacks oder Panikanfälle gekriegt. Schwoabs obi", Max trank sein Weißbierglas leer und schwenkte es Richtung Wirt: „Noch zwei bitte!" Dann wandte er sich wieder Frieder zu: „Was bedeuten eigentlich dir als Einheimischem die Berge?"

„Stoahaufen. Arbeitsplätze. Winter ohne Sonn. I mog de Berg ned. Es gibt ja auch bei uns a Sektion vom Deutschen Bergverein, und gnug Leit ham an Spaß do drobn. Meine Eltern san aa dabei. Aber mir ham's es verleidet. Ständig ham's mich als Pimpf auffigschleift, und ich hätt doch lieber Fußball gspielt. Mir können die Felsklötz gstohln bleiben." Heftig setzte Frieder sein Glas ab und wischte sich über die Mundwinkel. Plötzlich fuhr er vom Stuhl hoch und winkte zur Tür: „Hei Hansi, geh setz di her zu uns! Mogst gwiß a Weißbier mittrinkn."

Ein stämmiger junger Mann mit Ziegenbart hatte das Liftstüberl betreten, in der schwarz-roten Dienstkleidung der Almspitz Skiwelt. Hinter ihm kam noch ein Kollege; der gebeugte Gang ließ die Nähe der Rente erahnen, die tiefen Furchen im schmalen Gesicht genauso wie die filzigen grauen Haare und der schüttere Bart. Aber die Augen blitzten blau und wach unter struppigen Brauen hervor.

„Jo der Leitner-Sepp aa no! Lang nimmer gseng, Sepp. Kimm ummi, mogst a Hoibe? Charly, noch zwoa Dunkle Weißbier bittschön."

Hans und Sepp ruckten sich zwei Stühle an den Tisch und mussten, nachdem sich Haderbichler vorgestellt hatte, zuerst einmal Auskunft geben, ob der Schnee passte, ob dieses Jahr wieder so viele Russen am Hang waren, und wie's Frau und Freundin, Sepps Enkeln, Hans' Tante und den Rindviechern ging. Bei der zweiten Runde kam Rossmeier langsam zur Sache. „Habt's Euch wahrscheinlich eh scho denkt, dass mir ned ganz zufällig do san." – „Des mogst glaam", krächzte der Sepp, „es Kriminaler seids doch allerweil im Dienst, aa no auf d'Nacht."

„Naja, zumindest heute", traute sich Haderbichler nun auch ins Gespräch einzusteigen, „wir würden gern besser verstehen, warum Heiner Kniebrich sterben musste. Könnt's ihr euch vorstellen, dass ihn jemand umbringen wollte?"

„Ned wirklich", sagte Sepp, „der Bua is scho in Ordnung gwen, aa wenn's a Preiß gwen is."

„I ko ma aa ned denkn, wer dem ans Leder wolln hätt", ergänzte Hans, „der hod's echt drauf ghabd mit de Maschinen, aber wannst was wissn hast miassn, hod er gholfen und ned an Meister Schlau rausghängt. Vui Freind hod er ned ghabt, war mehra so a Einzelgänger – aba dass eam oana umbringn häd wolln…"

„San ja mehra entlassen worn von euern Kollegen in de letzten

Johr", hakte Rossmeier nach, „wer waar denn als nächster auf der Streichlistn gstandn?"

„Da Päda woascheinlich, der schaugd scho ganz gern amol as Weißbierglasl genauer o; mit dem is der Seegrübler Sepp scho öftern zsammgrumpelt", überlegte Hans.

„A geh", widersprach Sepp, „moanst der bringt an Heiner um, dass eam da Sepp ned aussihaut? So vui Energie bringt der doch gar ned auf. Un für so a Sabotasch brauchts a wengal a Hirn. Do hods da Herrgott ned guad gmoant mid eam."

Das klang auch nicht vielversprechend. Mit dem Peter musste man zwar wohl trotzdem reden, aber der Sepp schien seine Kollegen gut zu kennen. Haderbichler ergänzte: „Dann wäre der Peter ja ohnehin kein Kandidat als Ersatz für Heiner Kniebrich gewesen, oder?"

„Jo, der is ned leicht zum ersetzen", bestätigte Hans, „und des hod der Seegrübler Sepp scho gwusst, dass der Heiner sein bestes Pferd im Stall is."

Haderbichler setzte mit einer weiteren, etwas exotischen Option nach: „Und wenn der Heiner vielleicht selber die Schrauben gelöst hat? Ihr habt ja gsagt, dass er zurückgezogen gelebt hat – vielleicht war er depressiv und wollte einen Selbstmord vertuschen?"

Sepp dachte laut nach: „Ganz frustfrei war er ned grod am Weg. Friara war er a wuida Skifahrer, is aa Rennaz gfahrn, aber nach seim Unfall vor zehn Johr is er nimma da gleiche gwen. Als ob eam's Lachen verganga waar ohne die Rennaz."

„Verschlossen is er gwen, der Heiner, so dad wohl a Gschtudierter sogn", bestätigte Hans. „Aber als lebensmüd häd i eam ned empfunden. Und seit der Weihnachtsfeier, am Niklaustag, do is er mir a wengal fröhlicher vorkemmen. Bled grinst hod er oiwei – als wann er verliebt gwen waar."

Der grausame Tod des Ratracfahrers – Pistenarbeiter
im Seckeltobel begraben
Ein furchtbarer Unfall ereignete sich am berüchtigten
Schnacklerhang der Weltcupabfahrt von Kirchgaden.
Bei der Pistenpräparation riss das Windenseil, der
Fahrer stürzte mitsamt seiner Maschine fast hundert
Meter tödlich ab. Ein Exklusivbericht auf berge2go.de
[+ mehr…]
Exklusiv auf berge2go.de: *Bildstrecke vom Unfall-Rat-*
rac und der Trieblahner-Lawine, powered by Würzgru-
ber Versicherungen [hier…]

> *Bisher 6 Kommentare*
> **DaKini:** *Voll krass Oider, do moxt ned druntaling!"*
> **Gamsei:** *He du Volldepp, da liegt aber jemand drunter.*
> *Ein Mensch! Hast denn gar keinen Anstand?*
> **keinweg2t:** *Geschied dem aber auch recht. Was mus er*
> *die natur plattwaltzen? Scheis Pistenindustrie!*
> **Preissnbasher:** *Recht hast! Macht kaputt, was Natur*
> *kaputt macht!*
> **jwd:** *ja spinnts ihr denn alle mitnand? seids denn noch*
> *nie ski gfahrn? des is doch kei verbrechen ned!*
> **keinweg2t:** *Kein Verbrechen? Und im Sommer stehn die*
> *Liftmasten in der grünen Wiese, das es der Sau graust!*

Felix Liebergsell grauste es auch ein wenig. Wie brutal doch Menschen über den Tod eines Unschuldigen hinwegschauen konnten,
wenn es um ihre Vorurteile ging. Erschreckend, welchen Weg diese
Forumsdiskussion genommen hatte, seit er den Beitrag gestern mit-

tag online gestellt hatte. Aber das war das Problem mit dem interaktiven Netz. Wenn er eine Kommentarfunktion auf seiner eigenen Website anbot, bekam er mehr Traffic und Leben rein, aber eben auch solche grenzwertigen Hetztiraden. Als Webmaster konnte er sie natürlich löschen, setzte sich aber damit dem Vorwurf der Zensur aus. Wenn er Kommentare nicht ermöglichte, konnte sich so ein Laber-Wurm trotzdem auf Facebook bilden, und dort konnte er gar nicht mehr eingreifen. Schöne neue Welt der Kommunikation.

Für dieses Problem gab es wohl keine überzeugende Lösung. Davon abgesehen aber konnte er sich auf die Schulter klopfen. Dadurch, dass er zufällig die Unfallstelle gesehen hatte und danach den Liftchef Seegrübler und den Kommissar interviewen konnte, war er der ganzen Konkurrenz weit voraus. Die Lawinenfotos waren ein absoluter Glücksfall, da waren schon am Nachmittag Anfragen von überregionalen Zeitungen und Fernsehsendern eingegangen. Und die Klickzahlen auf seiner Seite waren einfach begeisternd. Vielleicht war das der Scoop, der berge2go.de mal richtig nach vorne brachte. Immer wieder hatte er zu kämpfen mit den Zweifeln, ob es die richtige Entscheidung gewesen war, sich mit einer Website rund um Berge selbständig zu machen. Ja, es gab Portale, die richtig Geld verdienten, und er wollte die Hoffnung nicht aufgeben, dass auch seines irgendwann dazu gehören würde statt nur am Limit rumzukrebsen. Immerhin hatte er gestern noch die Kooperation mit der Versicherung für die Bildergalerie einfädeln können.

Nicole war natürlich stinkig gewesen, dass er nicht vom Computer wegkam, Daten checkte, Bilder verschickte, Deals klarmachte. Irgendwann hatte sie ihr Zeug gepackt und mit einem „fick dich doch selber" die Wohnungstür zugeknallt. Scheiße. Das würde Beziehungsarbeit bedeuten. Dabei trieb ihn zur Zeit sein echter Job viel mehr an. Um fünf Uhr heute morgen hatte er es nicht mehr im Bett ausgehalten, hatte schon wieder nachschauen müssen, wie die

Geschichte sich entwickelte; Aufmerksamkeit – „Reichweite" – war der Suchtstoff des Internetredakteurs.

PING! Eine neue E-Mail kam herein. Noch eine Bildanfrage? Vom Focus oder Spiegel? Morgens um halb sechs wohl kaum. Das Telefon klingelte auch noch. Eine blecherne Stimme: „Heute schon die Mail gecheckt?" Aufgelegt. Felix klickte auf den Bildschirm.

<<Coole Fotos vom Ratrac unter der Trieblahner-Lawine. Aber wer gegen die Zerschließung der Natur aktiv werden will, braucht nicht unbedingt Gewalt gegen Menschen. Willst du Beweise sehen, dann komm zum Sausee. Und nimm Deine Kamera mit.

Die Alpen werden verkauft. Erschließung tötet die Natur. Ich bringe die Natur zurück. Ich bin der Naturator.>>

Was war das? Felix' Gedanken fuhren Karussell. Was war da los am Sauleiten-Speicherteich? Keine Gewalt gegen Menschen? Also gegen Sachen? Wie? Und was sollte der Verweis auf den Ratrac? War der Absturz womöglich Sabotage gewesen? Dann war es vielleicht sogar – gezielter Mord? Und jetzt gab es eine Fortsetzung dazu? Vom selben Täter? Was wollte der von ihm? Er klickte auf das „Antworten"-Feld des Mailprogramms und tippte mit fliegenden Fingern:

<<Wer bist du? Hast Du den Ratrac zum Absturz gebracht? Warum? Was hast du jetzt vor?>>

Er klickte auf „Senden", und hörte keine fünf Sekunden später schon wieder das PING:

<<Mailer-Demon: unable to deliver message; recipient not found>>

Wäre ja auch schön blöd, wenn jemand, der vielleicht einen Mord auf dem Gewissen hatte, von einer normalen Mailadresse aus arbeiten würde. Woher die kam, müsste er nachher checken, aber zuerst musste er zum Speichersee, schauen was da los war. Konnte es eine Falle sein? Hatte der anonyme Schreiber ihn vielleicht im Visier, weil er sein Werk am Schnacklerhang fotografiert hatte? Ach was, die Mail klang eher nach einem zweiten Anschlag, für den er Medien-

Aufmerksamkeit wollte. Diktaphon, Schreibzeug, Smartphone, Kamera; Steigfelle, Anorak, Handschuhe, Mütze; Ski, Schuhe, Stöcke. Skihose und Funktionspulli zog er gleich an, dann rannte er zum Auto.

Zwanzig Minuten später stellte er den Corsa am Parkplatz der Sauleiten-Seilbahn in Berghausen ab, schnallte die Ski an und stieg mit raumgreifenden Schritten auf einer ziemlich frischen Ratracspur den Ziehweg hinauf, der zum Speichersee führte. Letzten Sommer hatte es einiges Hickhack um das Projekt gegeben, für das man eine Blumenwiese ausgebaggert hatte, das einzige Vorkommen des Tintigen Herzblatts im Oberbergener Land. Naturschutzdemos waren aufmarschiert, der Deutsche Bergverein hatte sogar Klage eingereicht, die aber wegen „überwiegenden öffentlichen Interesses" abgewiesen worden war. Wie so oft, hatte die Arbeitsplatz-Argumentationskeule, routiniert geschwungen vom Seilbahn- und Tourismuschef Johann Bachlinger, die Vegetation plattgemacht. So ein Schwachsinn: Arbeitsplätze verschwanden nicht, die waren nur anderswo, wie das Geld an der Börse. In diesem Fall wären sie sogar an einem sinnvolleren Ort gewesen: in der Biolandwirtschaft zum Beispiel oder in der Solarbranche.

Faszinierend, wie leicht die Einheimischen sich immer wieder verführen ließen, den Ast abzusägen, auf dem sie selbst saßen, um leichter die letzten Kirschen des Jahres ernten zu können. Wobei der Gewinn an den Kirschen natürlich in erster Linie an Bachlingers Firma ging. Wenn aber dann die Seilbahnen irgendwann einmal aus Schneemangel eingegangen waren und man die Stahlskelette des Golem Pistentourismus wieder aus der Berglandschaft entfernen wollte: dann waren die Unternehmer mit ihrem Geld weg und der Staat durfte einspringen – also doch wieder die Leute selber. Beziehungsweise ihre Kinder, die dann nicht mehr gut Kirschen essen hatten.

Es war ein ziemliches Stück hinauf zum Speichersee, aber er war gut in Form. Nach einer Stunde flottem Aufstieg spähte er über die Hangkante – und sah grün! Sein Rücken straffte sich: Der Speichersee leuchtete giftgrün aus dem weißen Neuschnee. Die Ratracspur, die ihn auf dem Ziehweg begleitet hatte, führte geradewegs in den See hinein, riesige Fettaugen marmorierten die Oberfläche. Was war da los? Hatte jemand die Pistenraupe im Teich versenkt? Und woher kam die Farbe? Egal, eins stand fest: Mit diesem Wasser konnte man keinen Kunstschnee mehr machen, die ganze Investition in den Speicherteich war für diese Saison ins Wasser gefallen – sozusagen. Verdammt nochmal! Ein echt cleverer Sabotageakt.

Weit und breit war kein Mensch zu sehen. Der anonyme E-Mail-Schreiber hatte ihn anscheinend wirklich nur als Fotografen an den Ort des Geschehens bringen wollen. Das konnte er haben – die nächste geile Fotostrecke für berge2go.de zeichnete sich schon vor Felix' innerem Auge ab. Er holte die Kamera raus und machte sich an die Arbeit: die Spur, die in den See führte; der Umriss der Pistenraupe am Seegrund, kaum zu erkennen im karibik-grünen Wasser; Nahaufnahmen von grünem Schnee am Ufer, wo kleine Wellen hingeschwappt waren. Und der Sausee (wie er ihn jetzt auch schon in Gedanken nannte): im Detail, in Totale, vor der verschneiten Gipfelkulisse, als knallgrüner Fleck über dem Berghausener Alpenvorland. Jetzt kam auch noch die Sonne über den Horizont und setzte den Schnee in Flammen. Das Doppelseiten-Motiv! Rote Sonne, grüner See! Sonnenaufgang? Im Advent? Um Himmels Willen: Bald würden die Pistenleute einlaufen, und er hatte jetzt Wichtigeres zu tun, als ihnen glaubhaft zu machen, dass er nur ein früh aufgestandener Pistentourengeher war.

Zurück am Schreibtisch, ließ er dann doch sein staatsbürgerliches Gewissen zu Wort kommen. Das ihm gleichzeitig Rückendeckung verschaffen sollte, denn bald würden die Spuren bemerkt werden, die er hinterlassen hatte. Er öffnete das Mailprogramm und tippte eine Nachricht an max.haderbichler@kripokg.de:

<<Lieber Herr Haderbichler, wenn Sie heute zur Vorfallaufnahme an den Sauleiten-Speichersee gerufen werden, werden Sie eine Aufstiegs- und eine Abfahrts-Skispur auf dem Ziehweg sehen. Die stammen von mir. Aber ich habe mit der Aktion nichts zu tun, ich habe nur recherchiert, um meiner journalistischen Pflicht zur Information der Bürger nachkommen zu können. Für Fragen stehe ich Ihnen jederzeit gerne zur Verfügung. Ihr Felix Liebergsell (wir haben gestern telefoniert)>>

Und jetzt an die Arbeit, bevor ein schlecht gelaunter Kommissar ihm die Tür eintreten würde.

7 **Mittwoch, 16. Dezember, 11 Uhr**

Max Haderbichler hatte nicht schlecht Lust, dem Kerl die Tür einzutreten: Aber er riss sich zusammen und klingelte ganz zivilisiert, wie ein Nachbar, der sich eine Prise Salz borgen wollte. Dann aber polterte er mit der vollen Energie seiner neunzig Kilo bei einsfünfundachtzig los:

„Was soll denn das, Herr Liebergsell? Sind Sie von allen guten Geistern verlassen, vor der Polizei an einem Tatort rumzupfuschen?"

So in etwa hatte er sich den Burschen vorgestellt: Mitte dreißig, ein drahtiger, mittelgroßer Kerl mit Dreitagebart und Strubbelfrisur. Da hatte es doch mal diese Abenteuerfilme mit dem Indiana Jones gegeben… Und ähnlich wie der Filmheld schien der Internetredakteur sich nicht einschüchtern lassen zu wollen:

„Ich hab's Ihnen doch geschrieben, Herr Kommissar: Ein Journalist hat nicht nur das Recht, er hat die hohe und heilige Pflicht, die Bürger zu informieren. Aber kommen Sie doch rein; möchten's nen Kaffee?"

Haderbichler trat in den engen Flur; die Bude wirkte klein, aber praktisch. Rechts im Bad standen Ski zum Trocknen in der Badewanne, vor dem Spiegel allerlei Parfüms und Make-Up-Utensilien, links im Schlafzimmer häuften sich auf dem Bett nach Schweiß riechende Tourenklamotten über BHs und Trägertops. Die jungen Leute…

„Heilige Pflicht der Information! Sparen Sie sich Ihre Journalistenphrasen, Herr Liebergsell! Wir sind hier nicht in einer Diktatur."

„Naja, ganz so offensichtlich macht's unser Landesvater, der Hinterstoßer-Florian zu Mingelham, nicht, aber ohne Parteibuch hast es nicht leicht…"

Haderbichler drehte noch zwei Strich lauter auf: „Halten's jetzt bittschön einmal die Klappe, Herr Redakteur. Oder wollen's lieber mit aufs Revier kommen? Wegen Verschleierung oder Behinderung der Polizeiarbeit hab ich Sie jederzeit am Wickel. Und als erster am Tatort geben Sie einen erstklassigen Verdächtigen ab. Vor allem, nachdem Sie auch gestern schon vor der Polizei die Spuren am Unfallort zerfahren haben."

Felix schluckte. Und gab etwas leiser zurück: „Ist ja schon gut, Herr Haderbichler. Entschuldigen Sie bitte; als junger selbständiger Webseitenbetreiber muss man eine solche Gelegenheit halt nutzen. Und ich steh noch unter Adrenalin vom Jagdfieber."

Der junge Mann drehte sich um und ging Haderbichler voraus in den Hauptraum, der offensichtlich als Küche, Wohn- und Arbeitszimmer diente. Das große Wandregal war zur linken Hälfte mit Vorräten, Gewürzen und Kochutensilien gefüllt, zur rechten mit Büchern, Führern und Landkarten, unterm linken Fenster war die Koch- und Spülecke, unterm rechten stand ein kleiner Computertisch, daneben ein Sitzsack, der große Tisch im Raum war überladen mit ausgebreiteten Karten, Führern und Modezeitschriften, die sich auf dem Boden fortsetzten. Felix hob einen Stapel Bergbücher von einem Stuhl auf und fügte ihn dem Chaos am Boden hinzu. Als Haderbichler Platz genommen hatte, zog er seinen Arbeitssessel heran. „Also, womit kann ich dienen?"

„Das klingt schon vernünftiger. Ich habe Ihnen schließlich gestern auch Informationen gegeben, als sie so unvermittelt angerufen haben. Da darf ich wohl etwas Kooperation verlangen."

Liebergsell setzte eine zerknirschte Miene auf. „Na immerhin hab ich Ihnen meine Fotos vom Ratrac und der Lawine gemailt. Die vom Sausee können Sie von mir aus auch haben. Was wollen Sie sonst noch wissen?"

Haderbichler kannte diese Miene und den Ton von seinen eigenen Kindern. Tina und Jonas hatten auch zuerst auf beleidigt und dann auf reumütig gemacht, wenn sie etwas ausgefressen hatten und man ihnen zusetzte. Aber davon durfte man sich nicht irritieren lassen. Ob er es damals vielleicht übertrieben hatte mit seiner Strenge? Nein: Dass der Kontakt abgerissen war, hatte andere Gründe. Die beiden dürften jetzt nur ein paar Jahre jünger sein als dieser Online-Redakteur...

Erwachsen also! Und Liebergsell war irgendwie in ein kriminelles Geschehen verwickelt. Übertriebene Rücksicht brauchte es da nicht. Haderbichler fragte ihn nach seinen Beobachtungen vor Ort, aber da hatte Felix nichts Neues parat: Außer einem einsamen VW-Bus am Parkplatz, der Ratracspur am Ziehweg, ein paar Fußtramplern am Seeufer und einer Skispur hinüber zur Piste war ihm nichts aufgefallen, was Haderbichler bei der Vorfallaufnahme nicht auch bemerkt hätte. „Ich schätze mal, dass das ungefähr so gelaufen ist, Herr Haderbichler: Der Bursche hat sich irgendwie die Farbe besorgt und sie mit einem geklauten Auto zur Talstation transportiert. Dort hat er einen Ratrac geknackt, ist mit dem raufgefahren, und nachdem er ihn mitsamt der Farbe im See versenkt hat, ist er per Ski irgendwohin abgefahren, wo er ein Fluchtfahrzeug deponiert

43

hatte. Die Hänge unter dem Sausee sind ja baumfrei; da sieht man viele Freeride-Spuren runter zur Straße, eine mehr fällt da nicht auf. Wissen Sie denn schon, was das für ein Farbstoff war?"

„Aha, der Herr Jung-Ermittler kombiniert schon." Tatsächlich war heute morgen ein VW-Bus als gestohlen gemeldet worden. Nicht dumm, der Bursche. Aber er musste ihn ja nicht auch noch loben. „Und der Herr Reporter verwechselt, wer hier die Fragen stellt. Wir geben ein Kommuniqué heraus, wenn die Wasserproben analysiert sind. Und wenn Sie bei uns akkreditiert sind, Herr Liebergsell, dürfen Sie es auch lesen. Aber was mich am meisten interessiert: Wie sind Sie denn auf die Idee gekommen, in aller Herrgottsfrühe zum Sauleiten-Speicherteich aufzusteigen? Erzählen Sie mir bitte nichts von Pistenskitouren!"

„Ach, Herr Kommissar... haben Sie schon mal was von Informantenschutz gehört?"

„Ach, Herr Redakteur... haben Sie schon mal den vortrefflichen Kaffee bei uns auf dem Revier gekostet? Die Sauleiten-Aktion ist Einbruch, Diebstahl, Sachbeschädigung und grober Unfug; aber wenn der Unfall am Schnacklerhang Sabotage war und damit zusammenhängt, decken Sie womöglich einen Mörder."

„Ok, schon gut", lenkte Felix ein, öffnete ein Fenster am Computer und winkte seinen Besucher heran: „Schauen Sie mal und lesen Sie selber." Während Haderbichler die mit „Der Naturator" unterschriebene Mail überflog, ergänzte Felix: „Ich hatte noch keine Zeit, nachzugraben, von wo die Nachricht abgeschickt wurde. Aber diese Arbeit kann ich sicher besser als jeder bei Ihnen im Revier."

Ein Friedensangebot. Mehr war wohl fürs erste aus dem jungen Treibauf nicht rauszuholen, und wenn Haderbichler nachdachte, wer in seiner Dienststelle mit Computern umgehen konnte, und wie bevorzugt die Experten im Präsidium in Knaglfing die Kirchgadener Landeier wohl bedienen würden...

„In Ordnung, Herr Liebergsell, machen Sie sich ein bisschen nützlich als Ausgleich für Ihre zwei Storys, mit denen Sie uns in den Ermittlungen rumgestapft sind. Sie haben meine Nummer."

8 Donnerstag, 17. Dezember, 9 Uhr

Das Team der Kripo Kirchgaden drängte sich in Haderbichlers Büro zusammen: Frieder Rossmeier, heute in Jeans, fliederfarbenem Hemd und braunem Jackett, hatte als Dienstältester den Polsterstuhl beansprucht. Die Praktikantin Julia Körner, ein immer gut gelauntes Pummelchen mit dunkelblondem Pagenkopf und roten Backen überm türkisgrünen Mohairpulli, hatte einen Klappstuhl entdeckt. Und Benno Kreglinger versuchte, mit Outdoorhose, Softshelljacke und auf einen halbhohen Aktenschrank gehockt eine Sportlichkeit zu personifizieren, die wohl seine bekannte Lethargie im Dienst vergessen machen sollte, gegen die auch der Kaffee nicht viel ausrichtete, den er in rauen Mengen aus einer Halblitertasse trank – offensichtlich immun gegen die Qualität „rumänische Truckerkneipe", die das Revierbudget hergab.

„Guten Morgen zusammen", begann der Leiter der Kripo Kirchgaden die Morgenbesprechung. „Ich hoffe, Ihr seid gut ausgeschlafen. Heute gibt's Arbeit. Aber lasst uns zuerst einmal zusammentragen, was wir bisher wissen zu den zwei aktuellen Fällen."

Rossmeier ergriff als erster das Wort. „Oder dem oanen – des scheint mir wahrscheinlicher. I hab mir ja scho gleich denkt: Des mit dem Ratrac-Absturz, des kann koa Unfall ned sein. Nur ham mir koa Idee für des Motiv zur Sabotage ghabt. Aber wie jetzt noch der farbige See dazua kimmt, is die Sach für mi klar: Beide Attentate san vom gleichen Kerl, der was gegen Tourismus oder Pistenskifahren hat. I kannt mer guad vorstelln, dass da noch mehr auf uns zukimmt."

Haderbichler nickte: „Klingt logisch. Aber wir sollten uns nicht zu schnell in Hypothesen verrennen. Schließlich ist beim erstenmal ein Mensch umgekommen, der zweite Anschlag hat nur Sachschaden verursacht. Hast Du aus den Kollegen von Heiner Kniebrich, dem Ratracfahrer, noch mehr rausgekriegt, was vielleicht ein Motiv abgeben könnte?"

„Ned wirklich. Der oa oder ander hod des bestätigt, dass der Kniebrich seit der Weihnachtsfeier a wengal fröhlicher gwirkt hätt; als ob er verliebt gwesn waar, ham no mehra gmoant. Und vielleicht hat's dann ja an eifersüchtigen Ehemann gebn. Aber deshalb an Ratrac sabotiern?"

Verliebt? Ehemann? Plötzlich schoss Haderbichler Sabine Seegrübler durch den Kopf: wie erschrocken sie bei der Nachricht von Kniebrichs Tod gewirkt hatte. Hatte er Schmerz in ihren Zügen gesehen? Als ob da mehr als kollegiale Verbundenheit gewesen wäre zwischen den beiden? Aber er war seiner Beobachtungen nicht sicher, und wie viel Trauer in einem solchen Fall angemessen sei, dafür gab es ja keine Normen. Seegrübler jedenfalls hatte so gewirkt, als ob ihm nichts aufgefallen wäre; aber der war ja ziemlich angeschlagen. Oder hatte der Liftchef womöglich schon Bescheid gewusst und ein Pokerface aufgezogen? Hatte er eine mögliche Affäre seiner Frau bemerkt und den Rivalen in den Abgrund geschickt? Auch wenn er damit seine Firma gefährdete? So brutal war ihm Seegrübler nicht erschienen; rational ja, aber nicht eiskalt. Und die beiden hatten so eine warmherzige Verbundenheit abgestrahlt – wilde Spekulationen; besser behielt er sie erstmal für sich, bis mehr Indizien für gezieltes Nachforschen sprächen. Er schüttelte den Gedanken ab und hörte gerade noch Rossmeiers Schlussplädoyer: „… und deshalb glaub i, dass hinter beidn Attentaten die selbe Person steckt. Des hob i im Urin, wannst mi frogst."

„Danke, Frieder", sagte er. „Aber der Ratracabsturz kann auch wirklich nur ein Unfall gewesen sein. Lasst uns einfach die Informationen zusammentragen, solange sie warm sind."

Er ging wieder zum Flipchart, ergänzte das Motiv „Mord" um zwei Unterpunkte „berufliche Konkurrenz" und „Eifersucht – auf wen?" und schrieb als weiteres mögliches Motiv „Schädigung von Tourismus/Skigebieten allgemein" darunter. Dann hatte er noch eine Frage an Frieder:

„Und wie standen die Angestellten zu ihrem Chef und seiner Frau, der Controllerin?"

Der räusperte sich und verkündete: „Die san so beliebt, wie Chefs hoid sein kennan. Der Seegrübler is mit allen perdu und hört aa zu, wann oaner mit aram Problem daherkommt. Der kollaboriert mit seine Leut, oder wie mer des nennt. Manche moanen, er hätt mehra in Erschließung investiern solln, dann gangat's der Almspitz-Skiwelt besser, aber andre sogn, des is guad, dass er ned so auf Teufel komm raus überall Lifte naufbaut. Und die Sabine is sowas wie der guade Geist von dem Ganzen, die mog a jeda, sogar die andern Frauen im Betrieb. Da hörst koa schlechtes Wort."

Haderbichler riss das Flipchart vom Block, klebte es mit Tesa an der Wand fest – Julia war sofort aufgesprungen und half die Ecken festzuhalten – und schrieb auf ein neues Blatt „Farbanschlag Sauleiten-Speicherteich", darunter die Unterzeile „Bekennerschreiben Naturator" und das erste Stichwort „Möglichkeit". Dann wandte er sich an Kreglinger:

„Dann gehen wir mal zum nächsten Thema. Benno, was hast Du denn gestern noch rausgefunden, nachdem wir vom Teich zurück waren und ich zu Bachlinger gegangen bin?"

„Sieht auch nicht besser aus, fürchte ich", sagte der, rückte sich auf seinem Aktenschrank zurecht und nahm einen Schluck aus seinem Kaffeepott. „Der Ratrac, mit dem die Farbe zum See gebracht wurde, stand zwar über Nacht in einer Maschinenhalle. Aber die war unbewacht und nur mit einem Vorhängeschloss gesichert, das durchtrennt wurde; dafür reicht ein hundsnormaler Bolzenschneider, wie er dort in der Werkstatt an der Wand hängt. Und so einen Ratrac kurzzuschließen ist auch nicht schwerer als bei einem Auto."

„Nachher kann do aa a jeder Depp daherkemmen sein, grod wia in Kirchgaden", rumpelte Frieder los, „des bringt uns aa ned weida. Aber jetz erzähl du amol, Max. Was hat denn der Bachlinger zu der Sach gsagt, die fette Blunzen?"

„Geh hör, red amal ned so gschert über den Herrn Tourismusdirektor, bloß weil er einen Zentner zuviel auf den Rippen hat. Dafür hat er eine schöne Onurula-Frisur."

„Was is jetz des nacherd?"

„Oben null, rundum lang, und hinten ein kleines Zöpferl. So nach dem Motto Beach Boy in Rente. Dazu Maßanzug mit Trachtenstickerei. Als Einheimischer wirst ihn ja eh kennen."

„Jo freili, der Teufel trägt Prawda, oder wie ma sogt, gell?" Ein Kichern aus Julias Richtung quittierte Rossmeiers Kalauer. Sie waren häufig bei ihm, und Haderbichler wusste nie, ob sie gewollt oder nicht besser gewusst waren.

„Und ein Bild des Jammers war er." Der Kripochef nahm eine affektierte Haltung ein und pron013zierte salbungsvoll: „Herr Kommissar, helfen sie Berghausen. Ich mache Sie persönlich dafür verantwortlich, dass diese furchtbare Untat der gerechten Strafe zugeführt wird. Stellen Sie sich vor: Fünfzig Millionen Liter kristallklares Bergquellwasser – Sie wissen ja, unser Schnee ist so weiß, weißer geht's nicht – sind unbrauchbar. Und wenn dann an Fasching der Schnee fehlt und unsere Besucher auf Gras rumkratzen, sind wir die Bösen für die Blumenstreichler vom Deutschen Bergverein."

„Des glaubst, dass den Bachlinger die Alpenblumen interessieren. Dene Ihre Pisten san eh vom Schneezement so überdüngt, dass dort nur noch Brennesseln wachsen wie am Einstieg vom Almspitz-

Ostwandsteig, wo a jeder sein Angstpisler rauslasst. Wahrscheinlich hat der Bachlinger eh scho alle Pisten mit extra strapazierfähigem Fußballrasen ausglegt", polterte Rossmeier.

„Dann hat er weiter lamentiert", berichtete Haderbichler: „>Das Wasser muss auch noch entsorgt und geklärt werden. Wissen Sie, was das kostet? Zigtausende! Und womöglich müssen wir sogar die Boden-Abdichtung des Speicherteichs erneuern.<"

Rossmeier schmunzelte: „Ja, des hod der ned schlecht gmacht, der – wie hoaßt er sich? Naturator? Saublöder Name, wannst mi frogst."

„Na, du scheinst wohl insgeheim Sympathien für ihn zu hegen, trotz des Namens?"

„Woaßt, Max: Den Bachlinger kann koaner so recht leiden. So an fieser Machtmensch, a Wolf im Lammwollanzug. Ned, dass er dumm wär – aber des macht ihn grad no gfährlicher. Der hat sein Laden im Griff, und an hoiben Ort no dazua."

„Tja. Jedenfalls hat er uns keine neuen Erkenntnisse gebracht. Lasst uns weiter überlegen, wie wir diesem Naturator auf die Spur kommen könnten." Haderbichler ging wieder zum Flipchart, schrieb „Wer konnte den Ratrac stehlen?", dahinter die Antwort „jeder", und dann in eine neue Zeile „Woher kam die Farbe?". Dann wandte er sich wieder an Kreglinger: „Benno, haben wir zu den Sauleiten-Wasserproben schon Ergebnisse?"

Der schrak aus seiner lethargischen Haltung hoch, nahm einen Schluck Kaffee und antwortete: „Mei, die sind gestern ins Labor nach Knaglfing gegangen, und das kannst du glauben, dass die nix dringenderes zu tun haben als unsere Proben zu analysieren. Vor nächster Woche würde ich mir da keine Hoffnungen machen."

Julia reckte den Finger wie ein Schulmädchen und sagte: „Ich kann mir eh denken, was die rausfinden werden. Ich hab nämlich ein bisschen gegoogelt: Und bin auf einen Farbstoff gestoßen, der extrem stark wirkt."

Ein Lichtblick! „Und? Wo kann man den kaufen? Wenn wir die Anbieter abklappern, finden wir vielleicht raus, wer sich eine größere Menge besorgt hat."

„Ich fürchte, so einfach ist das nicht. Denn der Stoff ist nicht wirklich giftig und sein Verkauf wird nicht kontrolliert. Uranin heißt er; Höhlenforscher verwenden den häufig, um Wasserabflüssen nachzuspüren. Übers Internet kann man sich leicht eine ausreichende Menge bestellen, im Zweifelsfall bei verschiedenen Anbietern, ein paar Kilo müssten schon reichen. Übrigens hat der Internet-Redakteur anscheinend ähnliches rausgefunden – darf ich mal?" Julia ging um Haderbichlers Schreibtisch herum, tippte berge2go.de in den Browser ein und drehte den Bildschirm so, dass ihn alle sehen konnten. Auf der Startseite prangte eine neue Überschrift.

Sauerei am Sauleitensee – ein Speicherteich wird giftgrün

Schon wieder ist ein Pistenskigebiet geschädigt worden. Nur einen Tag nach dem tödlichen Absturz eines Ratracfahrers in Kirchgaden [hier] wurde der neue Beschneiungs-Speicherteich von Berghausen grün gefärbt. [+ mehr...]

Vergangenen Sommer hatte der Neubau des Speichersees für Konflikte und Schlagzeilen gesorgt, jetzt wurde er sabotiert. Das grün gefärbte Wasser, das zudem mit Motorenöl verseucht wurde, wird wohl aufwändig und teuer geklärt werden müssen. Ein Reporter von berge2go.de war für Sie wieder vor Ort: Wie es scheint, hat der Saboteur, der sich mit einer anonymen E-Mail bei berge2go.de gemeldet hatte, den Farbstoff und das Öl mit einem Ratrac, den er an der Talstation geknackt hatte, zum See gebracht und alles dort versenkt.

Angenommen, er hat für den Anschlag den Intensiv-Farbstoff Uranin verwendet, dann reichte eine Menge, die über Internet-Versender leicht zu bekommen ist. Wird hier – frei nach dem Satz „Krieg ist die Fortsetzung der Politik mit anderen Mitteln" – nun Umweltpolitik mit anderen Mitteln betrieben? Die Rache des Kleinen Mannes für die Zerstörung eines wertvollen Blumenreviers? Und hat der Anschlag auf den Sausee mit dem rätselhaften Absturz des Ratrac am Schnacklerhang [Details hier] zu tun? Berge2go.de bleibt für Sie dran! Neues auch immer auf Facebook und Twitter. Exklusiv: Das Bekennerschreiben des Saboteurs: klicken Sie [hier!]

Sensationelle Fotogalerie: *Ein See schämt sich grün – powered by Nikon [hier]*

> *Bisher 5 Kommentare*
>
> **DaKini:** *Dolextdomiamoasch, Oida, geile Aktion! Da greane See vo Berghausn.*
>
> **jwd:** *kann ich gar nicht gut finden. das wasser ist jetzt verseucht, und ohne kunstschnee sind die pisten schneller aper, was der vegetation schadet.*
>
> **Preissnbasher:** *He Mann, bist du denn total fremdgesteuert? Das ist doch genau die Scheiße, die die Liftindustrie uns erzählt. Haben sie dir das Hirn mit Kunstschneewasser gewaschen?*
>
> **keinweg2t:** *Genau! Dass kunschneewasser ist fergiftet, dass weis jeder. Die mischen da chemih rein, das sie auch bei zehn grad Pluss Schnee machen könen.*
>
> **Wortsepp:** *Also ich find, der Kerl hat Humor. Ist doch ne coole Idee, rein optisch. Mehr davon!*

„Na wenn des ned scho an Anstiftung zu Straftaten grenzt, was meinst, Max?", schimpfte Rossmeier.

„Ach Frieder, da können wir uns lang aufmanndln, im Internet kannst nicht viel ausrichten gegen so einen Schmarrn", entgegnete Haderbichler. „Der Liebergsell geht mir eh reichlich auf den Zeiger mit seinen vorlauten Texten; andererseits kriegt er vielleicht sogar raus, von wo das Bekennerschreiben abgeschickt worden ist." Kurz berichtete er über seinen Besuch und Liebergsells Angebot, den E-Mails nachzuforschen.

Doch Rossmeier war alles andere als überzeugt: „I kannt mir sogar vorstellen, dass der hinter dem Ganzen steckt, wannst mi frogst. Des hob i im Uranin, so zum sogn. Schau her, wer kennt schon so a komische Internetseiten? Da is doch koa Geld ned verdient. Aber wenn er Exklusivberichte bringt, kommt er groß raus. Und die Fotos kann er noch extra verkaufen."

„Jetzt bring mal nicht gleich die Spatzenkanone in Stellung, Frieder. Der Junge wird doch wohl nicht Sabotage und Mord begehen, nur damit sein Laden besser läuft. Aber es ist sicher kein Schaden, wenn wir uns ihn und seine Website etwas genauer anschauen. Julia, du hast doch ein Händchen für Computer, magst Du mal ein bisschen wühlen?"

Die Praktikantin strahlte: „Klar, mach ich gern, Chef!"

Wie praktisch, dass Praktikanten sich sogar über Hiwijobs freuten. Andererseits war sie wahrscheinlich wirklich die beste im Team für diese Aufgabe. Und wie konnte er die anderen sinnvoll einsetzen? Rossmeier sah ein bisschen pikiert drein, weil seine These nicht begeistert aufgenommen worden war, Kreglinger hielt sich an seinem Kaffeepott aufrecht.

„Na, Männer, was tun dann wir? Solange wir nicht wissen, ob die Farbe wirklich Uranin war, brauchen wir da keine Energie reinstecken. Und weitere Befragungen scheinen derzeit auch nicht sinnvoll. Ich schlage vor, dass wir mal ein paar Daten sammeln zu den Firmenstrukturen und Finanzen der betroffenen Skigebiete. Benno, kannst Du über Berghausen recherchieren? Und Du, Frieder, zu Kirchgaden?" Als beide nickten, beendete er die Sitzung: „Und ich kümmere mich mal um Papierkram. Wir haben schließlich noch andere Themen auf dem Tisch. Benno, bleibst Du kurz noch da wegen dem Räuber im Nikolauskostüm?"

9   Freitag, 18. Dezember, 12 Uhr

Natascha stellte die Ski auf die Kante und baute Druck auf. Geil, wie die Fliehkräfte an ihr zerrten, während die Ski wie auf Schienen ihren Radius zogen. Carving war einfach rattenscharf. Und Iwan war schon in Ordnung: Wenn nichts anlag, ließ er die Zügel lang – so hatten sie und Boris den Vormittag nutzen können für ein paar Turns auf den gepflegten, top beschneiten Pisten von Westerbach. Boris war sich gerade einen Jägertee kaufen gegangen, da konnte sie ein paar Runs in ihrem persönlichen Tempo machen, ohne auf ihn warten zu müssen. Er war zwar super sportlich und konditionsstark, was sie durchaus zu schätzen wusste, aber auf Ski konnte er nicht mit ihr mithalten. Mit brennenden Oberschenkeln schwang sie ab, eine fotogene Schneewolke aufwirbelnd, glitt durch die Kontrollstelle und ließ sich in den nagelneuen Liftsessel der erst kürzlich eröffneten Gründeltalspitz-Sesselbahn fallen.

Dieser Morgen gehörte ihr; erst heute nachmittag hatte Iwan wieder einen Auftrag für sie – eine „Bitte", wie er sich gern ausdrückte; nicht, dass man groß drüber nachgedacht hätte, ob man ihm die Bitte vielleicht auch abschlagen könnte. Nataschas Einsatzzweck war offensichtlich. Mit ihrer Figur hätte sie bei jeder Misswahl mitmachen können, und Männer reduzierten Frauen ja gerne aufs Körperliche. Sie waren sich auch nicht zu blöd, die Gelegenheit zu nutzen, wenn Iwan sie ihnen auf dem Silbertablett präsentierte. Diese schwanzgesteuerten Deppen hielten sie für eine hirn- und gefühllose Sexpuppe. Was die Dreibeiner als Incentive für gelungene Vertragsabschlüsse oder als spezielle Kundenbindungsmaßnahme gern mitnahmen, war für Iwan die Fortsetzung seiner Geschäfte mit anderen Mitteln. Über Nataschas Bett kam er an Informationen, die sonst nicht zu kriegen wären. Und Informationen waren auch in seiner Welt eine starke Währung.

Natascha dachte nicht groß über ihre Rolle nach; eine schöne Frau war in dem Moskauer Stadtviertel, in dem sie aufgewachsen war, Freiwild. Sie hatte frühzeitig proaktiv gehandelt und sich in Iwans Umfeld hineingearbeitet – lieber in einigermaßen kontrollierter Umgebung für den Oberboss die Beine breit machen als von einem Luden zum anderen gestoßen zu werden. Wie ihre Mutter gesagt hatte: „Deinen Kopf bekommen sie nicht, mein Mädchen." Iwan mochte sein Geld mit mehr als fraglichen Methoden verdienen, manche würden ihn sogar als Mafioso bezeichnen (er nannte es: „Arbeit auf der weniger langweiligen Seite des Gesetzes"), aber er hatte Ehrgefühl. Zuckerbrot und Peitsche waren seine Managementwerkzeuge; wenn man die Peitsche vermeiden konnte, ließ es sich so leben. Überleben. Iwan hatte seine schützenden Pranken über sie gebreitet, ihr sogar das Studium (Kunstgeschichte und Psychologie) ermöglicht – wenn sie seine Anforderungen erfüllte, zeigte er sich manchmal richtig großzügig. Vielleicht steckte in seiner Anrede „Kinder" mehr Wahrheit, als er sich selbst eingestehen wollte. In seiner Position machten Frau und Kinder einen Mann abhängig, angreifbar; vielleicht fühlte der alte Wolf die Einsamkeit des Alters vor der Türe stehen?

Das musste nicht ihre Sorge sein. Sie wollte diesen Morgen im Schnee genießen, bevor sie heute nachmittag wieder zu diesem widerlichen Glatzkopf musste. Der sich selbst für unwiderstehlich hielt, mit seinem Holzfällerbart und seinen zu jeder Gelegenheit getragenen Trachtenanzügen. Das letzte Mal hatte er eine Lederhose angehabt – und unter dem protzigen Hosenlatz keine Unterhose. Nach einem theatralischen Höhepunkt war er sofort schnarchend weggepennt. Irgendwann hatte sie ihn im Traum etwas von einer „Sabine" murmeln hören. Sollte Iwan schauen, was er damit anfing. Die Bergstation kam näher, die Plexiglas-Vollverkleidung ihres Liftsessels schwenkte automatisch nach oben. Nach der Eröffnung vor drei Wochen war der Lift regelmäßig stundenlang stillgestanden, wenn Skifahrer die Sonne und milde Luft genießen wollten und die Kapsel während der Fahrt von Hand hochschoben, weil dann die Notabschaltung reagierte. Ihr Sessel fuhr in die Station, sie drückte sich aus dem Sitz hoch und stürzte sich in die schwarze Piste, dass ihre blonde Mähne im Fahrtwind flatterte.

Boris wartete schon vor der „Jausenhütt'n": Roh behauene Baumstämme aus Hartschaum verkleideten die Betonfassade, drinnen jodelten die Original-Alpenjäger zu Germknödel mit Kleinem Feigling. „Für den Sound, den sie dir da drin in den Hörnerv jagen, hätte ich einen passenden Cocktail: von unserem Landsmann Molotow", sagte Boris, und der Brilli in seinem Eckzahn blitzte, „komm, drehen wir noch zwei Runden, bevor wir wieder zum Dienst müssen."

Mit einem satten „Klack" – Musik in Boris' Ohren – öffnete die Zentralverriegelung, die Kofferraumklappe des Cayenne schwenkte selbsttätig nach oben. Während Natascha sich auf den Liegesitz aus mundgekautem Karibuleder lümmelte und „Babel" von Mumford&Sons aus dem Soundsystem wählte, befreite Boris die Ski mit einem Besen von Schnee und verstaute sie zusammen mit den ebenso geputzten Skistiefeln in der Carbonwanne. Wie konnten diese Arschlöcher, die da nebenan zusammenpackten, nur nasse

Ski auf die Klapprückbank legen? Und verdreckt war die Karre von denen... asoziales Pack! Unterschichtenfahrer! Nicht wert, auch nur in einer koreanischen Billigkarre zu sitzen! Seit zehn Jahren war Boris nicht nur Iwans Mann fürs Grobe, er kümmerte sich obendrein – rein aus Begeisterung – um seinen Fuhrstall. Ein Auto, das durfte keinen Fleck und keinen Kratzer haben.

Bei Frauen, das war was anderes. Denen sah man's nicht an, wie viele schon drübergehoppelt waren. Er kannte Nataschas Aufgabe in Iwans Betrieb, und natürlich waren da die jours fixes mit dem Chef – das war alles vergessen, wenn sie alleine waren. Das war aber auch ein Teufelsweib! Er stand ja nicht schlecht auf dem Ski, aber wenn sie loslegte, musste er echt Gas geben, um sie nicht aus den Augen zu verlieren. Und den gleichen Pfeffer hatte sie auch im Bett. Wie sie sich da auf dem Beifahrersitz räkelte, da wurde es ihm gleich eng im Schritt seiner Skihose. Ein geiler Anblick: die blonden Haare passten perfekt zu ihrem nachtblauen Jonnie-Versage-Skianzug mit dem Nerzkragen. Den hatte sie sich ganz neu direkt vom italienischen Edeldesigner kommen lassen, wahrscheinlich mit einer Sondergratifikation bezahlt, die Iwan für gute Dienste gerne mal springen ließ. Mit sattem Röhren sprang der Porsche an, Boris schoss aus dem Parkplatz hinaus auf die Bundesstraße und trat das Gas durch, dass es ihn in den Sitz presste. Die Sitzheizung wärmte ihm schon die Eier. Plötzlich machte sich ein ätzender Geruch im Auto breit. „Bäh, was ist das denn?", fragte Natascha, „Boris, das Aroma kenne ich gar nicht an dir."

„Halt's Maul, Sweetie." Das stank ja zum Kotzen! Unerträglich! Er ließ alle Scheiben herunter, dass ihm der Wind um die Ohren pfiff wie einst bei seinen Einsätzen in Sibirien – der Gestank übertönte alles. Irgendwie schien er von Natascha zu kommen, aber die hatte sich ja selber darüber beklagt. Er lenkte den Cayenne in eine Parkbucht: „Steig aus, Sweetie, da muss was an deinem Sitz sein."

Was für eine Bescherung: Der Rücken ihres Skianzugs war braun und feucht, und auf dem weißen Leder des Autositzes prangte ein fetter dunkler Fleck, der stank, als ob das Karibu nicht ordnungsgemäß gehäutet und gegerbt worden wäre, sondern drei Wochen lang auf der Sitzheizung in der Sonne geparkt hätte. „Hey Baby, in was für eine Scheiße bist du da reingeraten? Bist in einen Haufen Gämseneier gestürzt?"

Natascha kreischte auf: „Ich bin überhaupt nicht gestürzt! Das kann nur vom Liftsessel kommen! Da muss jemand mit Kacke an der Jacke draufgesessen haben! Mein neuer Anzug! Verdammte Scheiße!" Von wegen! Scheiße roch besser. Dumme Tussi! Ein blöder Skianzug ließ sich ersetzen. Boris war ein Kerl, den nichts so leicht umwarf. Aber jetzt hätte er heulen können. Wenn der Kerl vor ihm stünde, der seinen Porsche versaut hatte, er würde ihn auf der Stelle erschießen. Und es sein Leben lang bereuen, dass er ihm den Tod so schnell und schmerzlos gemacht hatte. Bei Autos hörte der Spaß auf.

10   Freitag, 18. Dezember, 14 Uhr

In der Talstation der Westerbacher Seilbahn stank es wie in einer Tierkörperverwertungsanstalt. Das Gedränge war kurz vor Weihnachten relativ normal, die Geräuschkulisse nicht: „Sauerei!" „Schweine!" „Schadenersatz!" war aus der Menschenmenge zu hören, die einen verzweifelten Seilbahn-Mitarbeiter umdrängte wie den ballführenden Spieler beim American Football.

„Polizei, lassen's uns bittschön durch!", rief Max Haderbichler, der sich in Lederjacke und mit Faserpelz-Schiebermütze zwischen den zornigen Skifahrern durchwühlte und gleichzeitig ein Taschentuch vor die Nase presste. Hinter den breiten Schultern seines Chefs nutzte Frieder Rossmeier die entstehende Gasse. Praktisch, so ein

Bär als Vorgesetzter und Vorhut; menschlich war Haderbichler eher ein Panda: gemütlich und gesellig. Das hier hätte Max eigentlich auch alleine machen können, aber er hatte gesagt „er lege Wert auf sein Hintergrundwissen". Ein Chef auf Augenhöhe.

Jetzt hielt er auf den eingekreisten Angestellten zu; „Total Quality Manager" stand auf seinem Namensschild. „Herr Mühlhuber?", las Max ab, „haben Sie uns angerufen? Haderbichler, Rossmeier, Kripo Kirchgaden."

„Danke dass Sie kommen, Herr Kommissar", stieß der Mann hervor, „aber Sie sehen ja, was hier los ist: Ich muss versuchen, die Menschen zu beruhigen und ihre Beschwerden aufzunehmen. Ich fürchte, da kommt ein ziemlicher Schadenersatzprozess auf uns zu. Wir haben noch keinen richtigen Überblick über die Sachlage, aber unser Bürgermeister, Herr Mittlermeir, ist extra aus dem Rathaus hergekommen und wartet oben im zweiten Stock auf Sie."

Die Chefetage der Seilbahnstation war durch eine schall- und geruchsdichte Tür von der gemeinen Welt abgetrennt. Großzügige Fensterfluchten gaben den Blick frei ins Gründeltal, das Skigebiet von Westerbach, das sich zwischen weißen Hängen hoch hinauf in die Felsenwelt der Gipfel streckte. Ihre Schritte klangen auf dem Ahornparkett, an den silbergrauen Wänden hingen abstrakte Gemälde in plakativen Farben. „Sebastian Mittlermeir, Vorsitzender des Aufsichtsrats, Skiparadies Berghausen-Westerbach GmbH" stand neben einer Tür am Ende des Ganges; Haderbichler klopfte und sie traten ein.

Hätte man einen größtmöglichen Kontrast zur unterkühlten Eleganz der Innenarchitektur entwerfen wollen, dann wäre vielleicht Wasti Mittlermeir dabei herausgekommen. Ein ausgeprägter Löwenbräumuskel wurde von einem grünen Trachtenanzug mit Weste und Uhrkette nur mühsam gebändigt, über einem verquollenen Gesicht mit roter Säufernase vermochten ein paar schüttere Haarsträhnen,

mit Pomade zu einem scharfen Scheitel gezwungen, die braunge-
fleckte Kopfhaut nur unzureichend zu verhüllen. Und die Füße
unterhalb der dunkelgrauen Lodenhose steckten doch tatsächlich
in Haferlschuhen.

„Ach die Herren Kommissare", sagte er im jovialen Ton des Lokal-
politikers, der einer Delegation chinesischer Investoren sein neues
Projekt vorführt, während er sich mühsam aus dem Ledersessel
stemmte, um den Gästen die Hand zu reichen, „machen Sie es sich
doch gemütlich. Ich habe Kaffee und ein paar Kekse bringen lassen."

Rossmeier hatte Mittlermeir schon einige Male bei Veranstaltungen
erlebt; auch da hatte er mit plumper Arroganz brilliert. War das nun
die gleiche abgebrühte Souveränität? Oder war es verzweifeltes Ignorieren der Tatsachen? Aber der Max ließ sich nicht provozieren: „Sie
haben uns gerufen, weil Ihr Skigebiet von einem Sabotage-Anschlag
getroffen wurde, wie jüngst Berghausen und vielleicht auch Kirchgaden. Was können Sie uns erzählen?", begann Haderbichler die
Befragung.

„Herr Mühlhuber, unser Qualitätsbeauftragter, wird es Ihnen schon
angedeutet haben: Zum jetzigen Zeitpunkt liegen uns die Fakten
noch nicht in aller Komplettheit vor. Bisher kann ich Ihnen nur
folgendes sagen: Gegen elf Uhr heute morgen kam eine Beschwerde
eines Skifahrers, der bei der Einkehr in unserer Jausenhütt'n plötzlich eine unangenehme Geruchsentwicklung an seinem Skianzug
feststellte. In der nächsten Stunde meldeten sich weitere Skigäste mit
vergleichbaren Problemen. Sie hatten alle unseren neuen Top-Sessel-
lift zum Gründeltalspitz benutzt. Wir vermuten, dass der Saboteur
zumindest einige der Sessel irgendwie mit einer kakosmophoren
Chemikalie beaufschlagt hat. Den Lift haben wir vorerst gesperrt,
um ihn in Ruhe untersuchen zu können. Wir haben 18 beschmierte
Liftsessel gezählt – mit welchem Stinkstoff, da hoffen wir auf die
kompetente Unterstützung Ihres Ermittlungsteams, meine Herren.

Und wieviele Skigäste geschädigt wurden, darüber versuchen wir gerade einen Überblick zu bekommen. Es ist eine Katastrophe! So eine Herausforderung so kurz vor Weihnachten!"

„San denn die Liftsessel oafach so zugänglich? Habt's es koane Überwachungskameras?", musste Frieder den Sermon einfach unterbrechen – und von der gestelzten Ausdrucksweise des Herrn Bürgermeister ließ er sich gewiss nicht zum hochdeutschen Idiom zwingen.

„Sie wissen ja, dass die Bahn erst vor drei Wochen fertiggestellt wurde, gerade rechtzeitig vor Weihnachten. Das Gebäude haben wir nicht hermetisch gesichert – das ist bei Seilbahnstationen ohnehin nicht allgemein anerkannter Stand der Technik. Und die geplante Sitzheizung wollten wir erst nachrüsten; die Herstellerfirma hatte Lieferschwierigkeiten. Andernfalls wäre die Sabotage vielleicht schon früher aufgefallen; die Kälte hat wohl die Geruchsentwicklung gebremst."

„Hod eh an ganz scheenen Zinnober gebn um euern neuen Lift. Der Gründeltalspitz is doch lang a Lieblings-Kampfobjekt vom Deutschen Bergverein gwesn, als Skitourenziel un zwengs de Trockenschotterhalden mit eanara Eremiten oder wie des hoaßt", nutzte Frieder die Chance, sein >Hintergrundwissen< einzusetzen und auf Offensichtliches hinzuweisen, „moanen's ned aa, dass de Sabotasch dadamit zsammhänga kannt?"

„Wir vom Skiparadies Berghausen-Westerbach können die Argumentationen des DBV in keiner Weise nachvollziehen", brauste Mittlermeir auf, „wie es übrigens auch im Gutachten des Sachverständigen bestätigt wurde. Der Lift ist unabdingbar, um die Wettbewerbsfähigkeit des Skigebiets Berghausen-Westerbach zu gewährleisten. Alle Baumaßnahmen wurden mit größter Behutsamkeit und Nachhaltigkeit durchgeführt. Und obendrein hat die Skiparadies Berghausen-Westerbach GmbH freiwillig ein ökologisches Ausgleichsbiotop beim Golfplatz Westerbach angelegt."

Rossmeier zwang sich, ruhig zu atmen. Aber noch interessanter war, seinen Chef zu beobachten. Die anfangs unvoreingenommen offenen Augen verengten sich, auf der hohen Stirn erschienen bedrohliche Furchen, die Mundwinkel strafften sich. Wenn bei solch einem Klienten die Werbetrommel einmal ins Rotieren gekommen war, bekam man nichts Vernünftiges mehr heraus. Eine Atempause seines Gegenübers nutzend, sagte Haderbichler: „Vielen Dank für Ihre erhellenden Ausführungen, Herr Mittlermeir. Ich denke, wir werden uns noch einmal mit Herrn Mühlhuber in Verbindung setzen, wenn alle Schäden bilanziert sind. Und jetzt würden wir uns gerne einmal in der Liftstation umsehen."

„Tun Sie was Ihre Pflicht ist, meine Herren", Mittlermeir erhob sich ächzend aus seinem Sessel, der die Entlastung mit dankbarem Quietschen quittierte, „die Urlaubsfreude von tausenden unschuldigen Naturfreunden hängt von Ihnen ab."

11   Freitag, 18. Dezember, 18 Uhr

Ein Lift, der manchen stinkt – neuer Anschlag des „Naturators" am Gründeltalspitz
Der mysteriöse „Naturator" hat ein neues Opfer gefunden: den umstrittenen, gerade erst eröffneten Sessellift von Westerbach. Berge2go.de veröffentlicht exklusiv sein Bekennerschreiben [hier] und war für Sie vor Ort. Eine Live-Reportage von Felix Liebergsell. [mehr…]
„So a Sauerei, mei nagelneier Skianzug is im Oasch!"
Steffen Kübler (47) ist sauer. Der Skitag am neuen Sessellift zum Gründeltalspitz im Skigebiet Berghausen-Westerbach wurde für ihn zum Desaster. „Des stinkt wia d'Sau, den kon i wegschmeißen." […]

61

Im vergangenen Jahr war der Sessellift am Gründeltal-spitz das Objekt eines erbitterten Streites in den Medi-en. Die Genehmigung der Anlage rief heftigen Protest des Deutschen Bergvereins (DBV) hervor, der jahrelang gegen die Projektpläne gekämpft hatte und nun klagte, dass „ein beliebtes Tourenrevier und ein einzigartiger Standort wertvoller Reliktpflanzen wirtschaftlichen Interessen zum Opfer fällt." [mehr dazu hier]. Laut der Seilbahngesellschaft sollte der „Gründeltal-Eagle" genannte Lift „mit vollverschließbaren Panoramahau-ben und Sitzheizung neue Maßstäbe im Winter-Erle-ben" setzen.

Exklusiv: *Das Bekennerschreiben des „Naturators" zur Stinkbombenattacke!*

Ich bin der Naturator. Ich mobilisiere natürliche Ener-gie gegen die Zerschließung der Alpen. Ich bin einer, der für viele spricht. Und handelt. Denn ich kenne Gewalt gegen Sachen. Der Lift im Gründeltal stinkt vielen. Der Naturator handelt.

Hier geht's zur Fotogalerie: *Stänkerei im Gründeltal, powered by Chanel*

> Bisher 6 Kommentare
>
> **Preissnbasher:** *Geil, die Fotos von den fetten Ärschen mit den Stinkbombenflecken! Wer zu faul zum Laufen ist und auch noch a Sitzheizung braucht beim Lifteln, dem ghörts ned anders!*
>
> **Gamsei:** *Mei, die wollen doch nur Skifahren. Und jetzt müssen sie sich neue teure Klamotten kaufen, die Armen.*
>
> **Wortsepp:** *Na, arm sind die sicher nicht, die sich die*

Tageskarte für 53 Euro leisten können. So ganz die Falschen hat's da nicht getroffen.

Steinbock78: *Um die einsame Geländekammer, wo der Lift gebaut wurde, war's echt schade. Trotz Pistennähe ein schönes Skitourenziel, ganz nah am einsamen Haberfeld. Und das Gutachten von dem Nixlinger war reichlich dubios. Aber Gewalt ist trotzdem keine Lösung.*

keinweg2t: *und was machen den die da oben? is dass ettwa keine gewalt wie, die unsere natur verbauen und sich eine goldige nase dran verdienen?*

DaKini: *Recht hosd, olle midanand ind Güllegruam neigschmissn gheans, de großkopfatn Abzocker!*

„Almspitz Skiwelt GmbH, Seegrübler."

„Priwjet, Sepp!"

„Iwan? Was willst du?"

„Dich warnen, main Freund. Meine kleine Bjelokurwa is not amused. Und Boris will daine Akkumuljatory in den Mixer stecken."

„Was? Was ist los? Was sind Akkumuljatory?"

„Daine Eier, Durak! Ich kann ja verstehen, dass du nicht allein in der Wüste stehen willst. Aber in Westerbach chast du ainen Fehler gemacht."

„Westerbach? Fehler? Was meinst du damit?"

„Natascha ist mit ihrem neuen Skianzug in daine Stinkbombe gesessen. Und dann in mainen Cayenne, Boris' Lieblingsstück. Ich fühle mich nicht wohl als Kollateralschaden, lieber Freund."

„Meinst du die Sabotage am Gründeltal-Lift? Grad hab ich die Internetmeldung glesen. Aber damit hab ich doch nix zum tun! Eher hätt ich dacht, dass du mir da a bisserl gholfen hättst."

„Satkniss, Sepp! Chalt die Klappe! Ich bin nicht dain Sutschasnik, und ich werde dir auch nicht chelfen! Wenn diese Aktionen dain Rachefeldzug sind, dann pass ja auf, dass du maine Kraise nicht störst. Sonst kauf ich dainen Laden auf und lass dich Latrinen putzen. Da swidanje!"

12   Sonntag, 20. Dezember, 3 Uhr

„Zacher-Toni, schönen Tag – heute kommt der nächste Schlag." Du fette Drecksau, hast so eine schöne Landschaft vor deiner Tür, und was machst du draus? Alles hast du zugeklatscht mit Seilbahnen, Liften, Pisten. Industrieruinen im Sommer, im Winter ein Zirkus. Da seid Ihr auch noch stolz drauf: Skizirkus! Wirklich sehenswert, was sich da für ein Gesocks auf euren Schnee-Autobahnen tummelt. Gut, dass man's nicht sehen kann. Heute brauch ich Dunkelheit, Neumond. There's no moon over Steinöd tonight... Nur die Schneegrate vom Schönbergkamm leuchten vor dem Nachthimmel. Geile großzügige Nordhänge, muss mal ein tolles, schneesicheres Tourenrevier gewesen sein, bevor ihr es „erschlossen" habt. Links der Steingrat, die letzte Bastion der Natur gegen den „Anschluss", die Verbindung mit den Westerbachern. Ich hab Euch schon durchschaut, Ihr Rattenbande, Eure Pläne, auch noch das letzte Schnipselchen Natur einer „Wertschöpfung zuzuführen". Wäre ja noch schöner, wenn Ihr das auch noch hinkriegt. Ihr seid doch alle die gleiche rücksichtslose Saubande von Natur-Zerschließern, gehört alle in einen Sack gestopft, durchgeknüppelt und in den Speicherteich geworfen.

Aber es geht auch leiser: Sogar mit Nadelstichen kann man Elefanten ärgern, wenn man sie richtig setzt. Und wenn's nur Plakate am Seilbahndrahtseil sind. Vor der Weihnachtssaison braucht's nicht viel für eine wirksame Verletzung.

Prächtig, wie der Internetfritze angesprungen ist auf meine Infos. Und genial, wie sich das schon in überregionalen Medien ausgebreitet hat. Sabotage schafft Aufmerksamkeit; Aufmerksamkeit schafft Diskussion; Diskussion schafft Revolution.

Da ist der Seilbahnmast; praktisch, dass die fürs Wartungspersonal gleich Sprossen dranbauen. Rein in den Klettergurt, Material herrichten. Den Seesack dreißig Meter drüben bereitstellen, dann passt das. Ganz schön hoch, der Mast, aber irgendwie müssen sie ja über den Schönbachgraben drüberkommen, sonst setzt die Gondel auf, bevor es hinten raufgeht zur Schönalm. Mei, sind das alles Kletter-Analphabeten hier, die Sprossenabstände sind ja fast noch enger als am Almspitz-Ostwandsteig. Schon oben; gut dass es so dunkel ist heute, die ersten Häuser sind nicht weit weg. Eine praktische Sache, der Bandschlingenklemmknoten; wenn das Drahtseil zu dick ist, machst du einfach eine Wicklung mehr, dann hält er schon. Das Sitzbrett einhängen, soll ja keine Artistik sein. Schrauber zu am Gurt? Alles in Ordnung, los geht's!

Steigschlinge nach vorne schieben, Fuß belasten, mit dem Selbstzug unterstützen, Sitzschlinge nachschieben. Klappt wie am Schnürchen. Zwanzig Meter Abstand vom Mast, außer Reichweite ihrer Kranwagen, nächster Schritt. Die Zugschnur in der Rücklaufsperre einlegen, damit ich beide Hände frei habe zum Arbeiten. Da kommen sie schon heraufgeschwebt, die Tücher. Was man nicht alles lernen kann: Garnstärken, Gewicht pro Laufmeter, Nutzbreiten – ein Hexenwerk ist es nicht. Und gute Vorbereitung ist alles. Die erste Ecke, die Reepschnur ist schon eingeknüpft. Einen dreifachen Bulinknoten ums Drahtseil wickeln – hält! Die Fugenschaumdose her (wozu ein Chalkbeutel doch gut sein kann, spart ein Schulterhalfter), sechzig Liter soll die Dose machen, siebzig Klebepunkte hab ich, da brauch ich nicht sparen. So, wenn das ausgehärtet ist, haben sie was zu arbeiten. Die nächste Ecke: Wickelknoten,

Schaumfestiger, echt nicht kompliziert. Ein Stück weiterrutschen am Drahtseil und das nächste Transparent aufhängen, geht ja fast flotter als gedacht. „A", „I", „F"; drei hab ich, in, Moment mal: vier Minuten. Noch eine Dreiviertelstunde, haut schon hin. Morgens um drei wird keiner mit dem Hund spazieren gehen. Und dann weiter zum nächsten Masten, runter und heim, und zum richtigen Zeitpunkt diesem Onlinefritzen die Handynachricht schicken. Der Naturator hat's echt drauf, Mann!

13   **Sonntag, 20. Dezember, 7 Uhr**

Felix schwang seinen Pickel und schlug den Schnee vom Grat. Durch die entstandene Lücke blendete ihn die harte Wintersonne, Wind trieb ihm Eiskristalle in den Kragen. Er ließ den Pickel an der Handschlaufe baumeln, packte das Drahtseil mit beiden Händen und zog sich, mit den steigeisenbewehrten Schuhen auf Gegendruck den plattigen Kalk antretend, hinauf auf den überwächteten Kamm, der zum Gipfelkreuz führte. Er hatte den Gundolf-Knesebeck-Klettersteig schon mehrfach im Sommer begangen; jetzt im Winter, im verschneiten Zustand, war das eine ganz andere Tour. Und ein ganz anderes Erlebnis. Glasklare Luft füllte seine Lungen, das verschneite Gipfelmeer vor ihm warf kabbelige Wellen im Gegenlicht, ein paar Gipfel, alte Bekannte von früheren Touren, ragten aus der Dünung heraus. Hinter ihm führte eine einsame Spur aus der blauen Tiefe des Knipfelkars herauf, eine spannende Sache an den tief im Schnee vergrabenen Drahtseilen und auf teils vereistem Fels. Und vor ihm sank der berühmte Knipfelkopf-Südhang in die Tiefe; der Firn war gerade in dem schmal bemessenen Idealzustand zwischen hartgefroren und durchgeweicht, der höchsten Skigenuss versprach. Er schnallte die Ski vom Rucksack – sie waren lästig gewesen beim

Aufstieg, aber die Mühe wert – stieg in die Bindung und glitt in großen Schwüngen talwärts, dass es nur so spritzte.

Konnte man Gefahr riechen? Was war das für ein Gestank? Gab es gar kein Glück für ihn am Knipfelkopf? Im Fahren schaute er über die Schulter nach hinten und sah den ganzen Gipfelhang als Lawine herunterkommen! Schussflucht! Er ging in die Hocke und steuerte eine Felskante an, hinter der er vielleicht Schutz finden könnte. Plötzlich verwandelte sich der Felsen in eine Pistenraupe und fuhr auf ihn los. Mit letzter Not riss er die Ski herum und raste in halsbrecherischem Tempo talwärts, nahm aus dem Augenwinkel wahr, dass ihm die Schneemassen immer näher kamen – und vor ihm tauchte ein giftgrüner See auf, mit gezackten weißen Rändern wie das riesige Gebiss eines grünen Monsters. „Herr Liebergsell, darf ich Sie auf einen Kaffee einladen?", dröhnte Haderbichlers Stimme durch seinen Kopf. Dann verschlang ihn der See, die Lawine deckte alles zu, nur noch das vergebliche Piepsen seines Verschüttetensuch-gerätes war zu hören: Tüdelü, Tüdelü, Tüdelü…

Tüdelü, Tüdelü – schweißüberströmt schoss Felix hoch und griff nach dem Handy. „Hallo?" „Heute schon die Mail gecheckt?", fragte eine blecherne Stimme, dann war die Verbindung unterbrochen.

Oh no!, was war das schon wieder? Felix rieb sich die Reste des Albtraums aus den Augen, setzte sich auf die Bettkante und wechselte ins Mailprogramm: <<*Ich bin Bergsteiger. Ich bin Naturfreund. Ich bin nicht allein. Ich spreche und handle für viele. Die Alpen sind ein Zirkus – sie müssen zurück zur Natur. Ich bin der Naturator. Die natürliche Energie – auch für die Lifte von Steinöd.*>>

Steinöd, verdammte Scheiße! Der ging die Skidestinationen am Alpenrand der Reihe nach durch!

„Was'n los?", murmelte Nicole und tastete mit dem Arm hinter sich, in seine Richtung. Nee, das konnte er jetzt nicht brauchen, dass er große Erklärungen abgeben musste. Schlimm genug, dass er nach der kurzen Nacht – er war zur Wiedergutmachung mit in die Disco gegangen; der Sound war echt nicht schlecht gewesen – jetzt voll fit sein musste. Er schob Nicoles Arm vorsichtig unter die warme Decke, stieg leise aus dem Bett und schloss die Tür hinter sich.

Der Rucksack war in Rekordzeit gepackt, bis das Wasser kochte. Kaffeepulver in die Thermoskanne, Wasser aufgießen; Brot, Messer, Nutellaglas in die Reisetasche und ab ins Auto. Eine Stunde Fahrzeit musste er rechnen bis Steinöd, das ließ wenigstens Zeit zum brotschmieren und frühstücken auf der leeren Schnellstraße.

Punkt acht Uhr stand sein Auto am Parkplatz der Schönalmbahn, dem zentralen Zubringer zum Skigebiet. Auf der Wiese am Schönbachgraben rannten schon hektisch ein paar Leute herum. Andere starrten zum Drahtseil hinauf. Mit dem Auge des Fotografen und dem Adrenalin des Jägers scannte Felix die Szenerie und schlug einen Bogen um die Seilbahnstation, der ihn in idealer Schussposition ans Geschehen heranführen würde; die lange Brennweite hatte er schon während der Fahrt montiert, Wechselobjektive steckten in den Jackentaschen. Wie bestellt, schob sich die Sonne über die Felszacken der Steingratkette und füllte den Talgrund mit Licht. Vor dem dunklen Nadelwald am Talhang beleuchtete sie eine Reihe strahlendweißer Leintücher, auf denen Buchstaben zu erkennen waren. Felix stellte scharf:

KEINE GELDWÄSCHE FÜR DIE RUSSENMAFIA

14   Sonntag, 20. Dezember, 14 Uhr

„Chef, hast du das schon gesehen? Diese Drecksau! Jetzt war er hier in Steinöd!" Boris platzte in Iwans Büro, stürmte die zehn Meter zum Schreibtisch und rüttelte Iwan an den Schultern.

„Langsam, Junge. Was ist denn loss?"

„Ich zeig's Dir", ungeduldig beugte sich Boris zur Tastatur vor und tippte berge2go.de ein:

Politik am heißen Draht – Steinöd als Mafiaort?
Wieder hat der Saboteur, der sich selbst als „Der Naturator" bezeichnet, einen Anschlag auf einen Wintersportort verübt. Diesmal mit einer hochbrisanten Botschaft: Auf Plakaten unterstellte er Beziehungen zu einer „Russenmafia" [+ mehr...]

In aller Frühe ging heute bei berge2go.de ein neues Bekennerschreiben des mittlerweile schon überregional beachteten Attentäters „Der Naturator" ein. Vor Ort in Steinöd entdeckte der Reporter 35 Stoffplakate, die am Drahtseil der Schönalmbahn befestigt waren und die Botschaft „Keine Geldwäsche für die Russenmafia" verkündeten [siehe Fotostrecke]. Da die Plakate über dem tiefen Schönbachgraben hingen, waren sie nicht per Kran zu erreichen und es dauerte einige Stunden, bis Spezialisten von der Bergwacht sie entfernt hatten und die Seilbahn den Betrieb aufnehmen konnte.

Worauf der Aktivist seine Aussage stützt, bleibt naturgemäß im Unklaren. Fest steht nur, dass einige ausgewanderte Russen im Oberbergener Land und auch im Steingäu neue Wohnsitze gefunden haben. Viele haben regionale Firmen aufgekauft, oft werden ihnen bevorzugte Grundstücke für ihre Villen zur Verfügung gestellt, die nicht immer dem üblichen Ortsbild entsprechen. Besondere Aufmerksamkeit erregte vor vier Jahren der Neubau des Unternehmers Iwan Lochnow am „Sonnenhang" über Steinöd: Sein Firmen- und Wohnsitz aus Panzerglas, verchromtem Stahl und Eiche

wurde von der Stararchitektin Clara Haschisch entwor-
fen und trägt im Ort den Spitznamen „Vögelnest".

Der Steinöder Bürgermeister Anton Zacher, der auch
Besitzer der Liftfirma „Bergerlebnis Steinöd AG" ist,
war für eine Stellungnahme leider nicht zu erreichen.
Stattdessen wurde eine komplette Informationssperre
verhängt – die Seilbahn ging allerdings nach Entfer-
nung der Plakate wieder in Betrieb. Business as usual...
Für berge2go.de nicht: Wir bleiben dran! Folgen Sie uns
im Internet, auf Facebook oder Twitter!

Exklusiv: *Das Bekennerschreiben zur Aktion in Stein-*
öd [hier]

Hier geht's zur [Fotogalerie]: *Eine Botschaft, die sich*
gewaschen hat – powered by Miele

> *Bisher 7 Kommentare*
>
> **Wortsepp:** *Da Russ der kommt, des is ganz gwiß!*
> **Preissnbasher:** *Da machst du noch Witze, du Volldepp!*
> **Wortsepp:** *Naa, ich zitier nur die Biermöslblosn.*
> **keinweg2t:** *Dass weis aber auch jeder, das die Rußen*
> *unser Heimatland aufkaufen. Jetz wo der Komunissmus*
> *untergegangen ist, packen sie uns mit Kapitalissmus.*
> **Kungfuzius:** *Ob so ein Eichenholz wohl gut brennt?*
> **Steinbock78:** *Jetzt kriegt euch wieder ein. Manche Fir-*
> *men wären schlicht eingegangen ohne Investoren; ob die*
> *aus Amerika oder Russland kommen, ist den Leuten,*
> *die ihre Arbeit verloren hätten, egal.*
> **keinweg2t:** *So? Wass zahlt er den dir, der Ruß? Oder*
> *hatt er dir ein Angebot gemacht, dass du nicht ablehnen*
> *kanst?*

„Was weiß die Sau, Chef? Werden wir abgehört? Hat der sich in unsere Datenbank gehackt? Ich mach Hackfleisch aus dem Seegrübler!"

Iwan rollte vom Rauchquarzschreibtisch zurück und ließ den Ledersessel nach hinten kippen. „Ruhig blaiben, Boris! Ruhe ist die erste Soldatenpflicht. Unsere Daten werden von Profis geschützt, und Tonis Jagdhaus ist abhörsicher. Wie wir unsere Geschäfte machen, weiß kein Unbefugter. Ich glaube, der Bassran chaut nur auf den Putz und spielt mit den Vorurteilen gegenüber uns „reichen Russen". Und ob es wirklich der Seegrübler-Sepp ist, der die Sabotagen macht, wissen wir nicht sicher. Jedenfalls hab ich ihn auf deine Bitte hin gewarnt und er wäre schön dumm, wenn er unseren wohlmeinenden Rat einfach ignorieren würde."

„Klar ist es der Seegrübler!", Boris schlug auf die Tischplatte, dass das Aquarium überschwappte, „dem reicht die Kohle nicht, dass er mit der Konkurrenz mithält. Deshalb hat er die Anschläge schon lange vor den Weihnachtsferien vorbereitet – und einen Angestellten geopfert, damit er selber auch als Opfer dasteht."

„Das wäre aber reichlich kompliziert – es kann auch etwas ganz anderes chinter dem Ratrac-Unfall stecken. Wir wissen es nicht. Und das ist ein Zustand, der in unserer Branche nje charascho ist. Also meinetwegen, schau ihm mal auf die Finger, unserem lieben Towarischtsch Seegrübler, und lass unsere EDV-Systeme prüfen, ob wir gehackt wurden. Und schick mir den Klobenreuter aus der Rechtsabteilung, der soll mal checken, wie viel die Almspitz Skiwelt GmbH noch wert ist. Wenn der Sepp nicht spurt, kauf ich ihn auf."

Jürgen Schneider verschloss das Stahltor mit dem Schild „Jagdbann-gebiet! Betreten verboten!" hinter sich und rumpelte mit seinem Subaru weiter über die weiß geräumte Forststraße. Am Rand einer Waldlichtung erreichte er das unscheinbare Holzhüttchen, das nicht erkennen ließ, wie weitläufig es sich in den Forst hinein erstreck-te. Drei dicke Geländewagen standen davor: ein dunkelblauer BMW X6 xDrive50i, der Bachlinger-Hans; dem Mittlermeir-Wasti sein schwarzer Mercedes GL 63 AMG; und der Audi Q7 3.0 TDI quattro tiptronic vom Zacher-Toni, dem Hausherrn – in metallic-dunkelviolett. Jürgen erschauderte: Eine richtige Zuhälterfarbe, Sonder-Metalliclackierung; grad dass er nicht noch Pussywagon draufschreibt, der alte Lustbold.

Er öffnete die knorrige Holztür, die schief in den Angeln hing, ging durch die schlichte Stube mit wackligem Holztisch, verkalktem Spülbecken und kleinem Holzofen und drehte der Franz-Josef-Strauß-Büste auf dem abgeschlagenen Sideboard die Nase herum. Mit sanftem „Klack" sprang die Tür des Bauernschranks auf, seine Edelstahl-Rückwand schob sich zur Seite und gab den Weg frei durch die Sicherheitsschleuse. Dahinter lag Toni Zachers „Jagdhüt-te", ein in dichtem Wald versteckter Inbegriff bayerischer Gemüt-lichkeit. Zirbenwurzelparkett, darauf ein Tisch aus gebürstetem Edelstahl mit Swarowski-Platte, digitales Kaminfeuer an der Wand, ein Humidor mit „Cohiba"-Schriftzug in Intarsienarbeit. An den Wänden hing Tonis Trophäensammlung; Jürgen musste ihm jede Saison mindestens einen Vierzehnender vor die Flinte treiben; an welchem Ende man ein Gewehr anpackt, das wusste der Herr Bür-germeister dann schon.

Das Gegröle aus der Sauna war bis hier zu hören. Jürgen schritt durch den Flur mit hochflorigem Merino-Teppichboden, legte seine

Dienstkleidung ab und machte die Tür auf. Da hockten die drei Herren Schneemänner, rausgefressen und rot wie Cervelatwürste. Ohne ihre Autos kaum voneinander zu unterscheiden, schweißglänzende Glatzköpfe, von mehr oder weniger Resthaar umkränzt. Nur der Zacher hatte klar Tisch gemacht und sich vollends kahlgeschoren, den Ausgleich bildete ein dunkelgrauer Vollbart – „Schenkelbürste" sagte er immer stolz dazu. Dem müsste man nicht den Hals umdrehen, sondern den ganzen Kopf, damit das Haar da wäre, wo es hingehört.

„Grüß euch midnand." – „Griaß di, im Spiegeleierclub." – „Spiegeleierclub, des is guad, gell, hod da Hans grod erfunden." – „Jo, weil mir unsane Eier nur mehr im Spiegel seng kennan, zwengs weil da Bauch im Weg is." Johlendes Gelächter. Die waren schon wieder in Hochform. Ob sie wohl darauf hofften, dass in der Hitze ihr Fett mit schmolz? Von wegen – wenn sie hinterher ihre vier, fünf Weißbier nachfüllten, bevor sie mit ihren Geländewägen heimdonnerten, holten sie jedes Gramm Schweiß doppelt wieder rein. Und anscheinend hatten sie schon vor dem Saunagang mit der Superkompensation angefangen.

„Kumm hock di her, mir beißn scho ned!" – „Aa wenn mia vielleicht ned grod ausschaung, ois ob ma Diät hoidn dadadn." – „Alles Muskeln und Samenstränge." – „Ohne a gscheide Maschin geht da Kolben ned recht." – „Oder d'Stoßstangn verhängt si." – „Wann se si nur an an Rock verhängt." – „I hab bis jetzt eh noch an jeden Rock glüpft." – „Do derfast aba aufpassn, Toni. Waast eh, was da Untaschied is zwischen an Minirock un an Rasnmäher." – „Sag scho." – „Lang mal drunter!" Gejohle. Jürgens Kopf lief rot an, der Schweiß brach ihm aus, und das nicht nur wegen der 90 Grad Lufttemperatur. Das konnte noch ewig so gehen, solange der Weißbiernachschub nicht nachließ. Länger jedenfalls, als es Jürgen in der Sauna aushielt. „Was habt's denn jetzt zu sagen?"

Die Herrenrunde verstummte und zog pikierte Gesichter, als ob jemand einen extra bösartig riechenden Koffer ins Eck gestellt hätte. Dann fing der Bachlinger-Hans an:

„Also, horch her: Du warst doch mal beim Bund, ned wahr? Gebirgsjäger, Zeitsoldat, hast Dein Forstwirtschaftsstudium dort gmacht." – „Und Scharfschützenausbildung, Nahkampftraining", ergänzte der Mittlermeir. Dann der Zacher-Toni: „Aber nur Zet Siebeneinhalb, weil s dich a halbs Jahr vorher nausgschmissn habn." Jürgen fühlte es brodeln in sich, wie damals, als ihn der bsuffne StUffz genervt hatte, dass er „bei de Weiber koa gelobtes Land ned sieht". Damals hatte er die Beherrschung verloren. Das kam jetzt nicht mehr vor. Zumindest nicht heute. Er zwang sich, ruhig zu atmen. „Aber mia haltn jo oiwei unsere schützende Hand über dich, wie unser geliebter Hinterstoßer-Florian z'Mingelham übers Bayernlandl. Woaßt eh, gell Jürgen?" – „Scho recht. Was wollt Ihr von mir?" – „Jetz sei doch ned so zwider, Jürgen", beruhigte der Toni, „hast eh guad rauskriagt, dass der Liftboy die Seegrüblerin gschobn hod." – „De Zappelbiene, werd ganz schee zappelt ham, aufm Liftmastn." – „Die dadad i aa glei auf mei Schneilanzen spicken." Gewieher, nur der Zacher-Toni lachte nicht so recht mit: „Finger weg, Wasti! Und alles andre aa! Wann die oaner hoppnimmt, dann i. Bei de Weiber hört der Spaß auf! Aber die kriag i scho noch."

Widerliche Schweine. Nee: Krokodile – eine Hälfte Schwanz, die andere ein großes Maul. Jürgen hätte so gerne eine Frau einfach nur im Arm gehalten. Sex war doch nicht alles. Warum nur musste das bei ihm immer so teuflisch schief laufen?

Jetzt hatten sie einen Grund für Sabines Seitensprung herausgefunden: „Woarscheinlich werd's der Seegrübler-Sepp ned gnua hergnommen habn." – „Der is eh schon immer so a Sitzpinkler gwesn." – „Woast as no, in der Grundschul, do hod er aa ned midgmacht, wia mia's Weiberklo überfalln habn." – „Und nacherd is er aufs humanistische Gymnasium gwechselt, do werns eam die idealistischen Flausen in Kopf gsetzt habn." – „Un jetzt versucht er, die Almspitz Skiwelt mit >sanftem Tourismus< zum betreiben; des ko ja ned guad gehn." – „Naa, des ko aa ned guad gehn. A Unternehmer, der sich ned ois untern Nagel nimmt, übernimmt sich." – „Genau: zerscht der Sessellift zum Gründeltalspitz, nacherd der Haberfeldjet ummi auf Steinöd…" – „…nacherd können die im Ödstal glei eipackn." – „Und statt wia die Kirchgadner an Gemeindegrund als Einheimischenmodell herzumschenkn, hast as du in Steinöd besser gmacht, Toni, und deinen Sonnenhang an die Russn verscherbelt." – „Aber jetz werd der Drecks Wasserkraft-Pumpspeicher dort baut." – „Na, des werd der Hinterstoßer-Florian scho zum verhindern wissen." – „Jawoi: Heiliger Sankt Florian, schütz unser Land."

„Was mi mehr nervt, Jungs, des ist der verreckte Naturator. Ned nur zwengs de Sachschäden. A großes Remmidemmi in de Medien kennan mir zur Zeit gar ned brauchn." Aha, jetzt kam der Zacher-Toni anscheinend langsam zur Sache. „Wisst's was i moan? Der Seegrübler spielt nur den Depp im Schafspelz. In Wirklichkeit hod er des rauskriagt mit dem Liftboy und der Sabine und hod dem Kniebrich sein Ratrac abgsägt." – „Wie kimmst'n do drauf? Da Sepp a Mörder?" – „Ja, doch… Wisst's nimmer, wie er in der Schul immer neidisch war, wann a andrer die Fleißpunkte kriagt hod?" – „Aber du sicher ned, Wasti." – „Hundling, verreckter!" – „Grod egal, i kannt mer scho denkn, dass der gscheit eifersüchtig wern kannt." – „Und die ganzen Anschläg unter dem Pseudonym Naturator solln nur von dem Mord ablenken – und um as Nützliche mid am Angenehmen zum verbinden, deans uns aa no schaden." Eine gewagte Hypothese. Aber schließlich waren die mit dem Seegrübler in der Schule gewesen und mussten ihn kennen …

„Und jetz kummst du ins Spiel, Jürgen", dröhnte Zacher, „als Förster bist für a saubers Revier zuständig. Schaug dem Seegrübler auf seine krummen Pfoten und find raus, wie der des macht. Und sorg dafür, dass des aufhört. Wie, is dei Sach. Du machst des scho recht, da können mia oan drauf lassen."

Jürgen war entlassen. Eine eiskalte Dusche brachte ihn halbwegs zurück in die Realität. Er zog sich an und hörte beim Weggehen Mittlermeirs nächsten Witz: „Wisst's was die Jungfernhaut is? Die Jungfernhaut ist die Haut, die abhaut, wenn die Vorhaut zuhaut."

16   Montag, 21. Dezember, 10 Uhr

Oberkommissar Max Haderbichlers Kopf brummte. Dabei war gar kein Föhn. Trotzdem hatte er miserabel geschlafen: zuviele undurchsichtige Sabotagefälle, dazu die Erinnerungen an den Tod seiner Frau, die durch das Gespräch mit Frieder aufgewühlt worden waren. Gestern hatte er versucht, sich den Bergen wieder anzunähern, auf Schneeschuhen – sie hatten ihn eher widerborstig empfangen mit tiefem, schwerem Schnee und feuchtkaltem Wind. Jetzt kratzte sein Hals und der Schädel dröhnte. Neidisch sah er zu Julia Körner, die auch am Montagmorgen wie das blühende Leben aussah, und zu Benno Kreglinger, dem sein Kaffeekonsum anscheinend keine Magenprobleme verursachte. Nur Rossmeier, der wieder den Polsterstuhl ergattert hatte, wirkte so, als ob er ihn brauchen könne.

„Jetzt hat uns der Weihnachtsmann einen dicken Sack Arbeit vor die Füße geschüttet", begann Haderbichler, „Ihr habt's es ja sicher in der Zeitung gelesen oder schon gestern im Internet: Der Naturator hat schon wieder zugeschlagen. Diesmal in Steinöd, das leider nicht in unserem Regierungsbezirk liegt, so dass wir mit den Kollegen aus dem Steingäu kooperieren müssen. Aber zuerst mal würde ich gern sammeln, wo wir bisher stehen. Frieder, hast Du was über den fraglichen Kollegen des Ratracfahrers rausbekommen?"

„Naja, i hob gredt mit dem Päda – Peter Steinbacher heißt er, um genau zum sein. Aber der war ned in der Arbeit an dem Tag, wo's an Kniebrich derbreselt hod. Sein Vatter hod's aufm Neuschnee gschmissn und er hod si an Fuaß brochn, nachher hod er eam ins Krankenhaus auf Knaglfing aussi fahrn miassen."

„Und dafür muss er sich frei nehmen? Gibt's da keine andere Möglichkeit?" Julia, die Städterin, wusste anscheinend noch nicht, wie viel mehr man am Land auf die Familienbande angewiesen war.

„Die Mutter hod koan Führerschein ned, der Bus geht nur zweimal am Tag. Und er hod gsagt, dass er des no gnutzt hod, dass er in Knaglfing Weihnachtsgeschenke kafft. Wannsd mi frogst, is der drußt, a kriminelle Energie strahlt der ned aus. I glaab eh, dass der Ratrac-Absturz mit die andern Anschläg zsammhängt. Und für die hätt der Steinbacher ned as nötige Format."

„Die These von dir kennen wir schon." Rossmeier zuckte zusammen. War Max in seinem brummschädeligen Zustand zu wenig einfühlsam gewesen? „Aber den Peter Steinbacher können wir als Verdächtigen wohl streichen, da geb ich dir Recht." Frieder entspannte sich wieder und faltete zufrieden die Hände über dem Bäuchlein. „Und auch sonst seh ich beim Personal keinen echten Anhaltspunkt." Haderbichler setzte die Zeile „berufliche Konkurrenz" auf dem Kirchgadener Flipchart in Klammern.

„I glaub gar, die ersten beiden Zeilen kannst aa streichn", sagte Frieder, „die Finanzen von Kirchgaden sehng echt ned zum jubeln aus; Geschäftsschädigung durch an Konkurrenten braucht's da kaum noch, und Versicherungsbetrug waar mir zu riskant, weilst ja an neuen Ratrac kaufn musst, und da werd's dann scho eng mit der Liquidität. Da war der Seegrübler echt ehrlich."

„Danke, Frieder." Haderbichler setzte die Anregung um und musterte das Flipchart; das Brummen in seinem Kopf verstärkte sich unheilvoll. „Bleibt noch das Stichwort Eifersucht."

„Da habn ja mehra vom Personal gsagt, dass der Frieder verliebt gwirkt hätt", bestätigte Frieder, „aber in wen?"

Es half nichts: Max konnte seine dubiosen Gefühle nicht länger hinter dem Berg halten: „Vielleicht in Sabine Seegrübler?" Sein Team starrte ihn verblüfft an. „Als ich bei Seegrübler war und sie reinkam und von Kniebrichs Absturz erfahren hat, hat sie sehr erschrocken gewirkt – für mein Gefühl mehr als beim Tod eines Kollegen normalerweise zu erwarten wäre."

„Und warum hast Du das nicht gleich gesagt?", grantelte Kreglinger hinter seinem Kaffeepott herüber.

„Magst Recht haben, Benno; das war vielleicht nicht super professionell. Aber ich war mir nicht wirklich sicher und wollte nicht gleich die Systematik unserer Untersuchungen durcheinanderbringen. Vielleicht ist es jetzt Zeit, dass wir da doch genauer hinschauen."

„Nach der Weihnachtsfeier soll sich Kniebrich so verändert haben", sinnierte Kreglinger. „Ich kann ja mal die Location orten und dort fragen, ob jemandem was aufgefallen ist mit dem Ratracfahrer."

„Gute Idee", lobte Max, „es wäre gut, mehr Indizien zu haben, bevor wir die zwei Seegrüblers mit einem solchen Verdacht konfrontieren." Dann wandte er sich wieder den Flipcharts zu. „Schaun wir mal weiter. Berghausen. Die Farbe im Speicherteich ist noch ungeklärt. Ist vom Labor endlich was gekommen?"

Auch das war Kreglingers Thema; er richtete sich auf und räusperte sich: „Heut früh war's in der Dienstpost: Es scheint tatsächlich Uranin gewesen zu sein. Zehn Gramm machen hunderttausend Liter schon sichtbar grün, hab ich gegoogelt. Dazu wären für den Sausee fünf Kilo nötig; vielleicht das zwei- bis dreifache, um sicher zu gehen. Im Internet ist das leicht zu kriegen; wenn man über einige Zeit weg bei verschiedenen Anbietern hundertgrammweise bestellt, kriegt man genug zusammen für den ganzen Inhalt des Sees, ohne wirklich Spuren zu hinterlassen."

Ein Schwirren gesellte sich zum Brummen in Haderbichlers Kopf; das waren ihm zu viele Zahlen. Aber das Fazit war klar. Verständlich, dass sich Benno vor der mühsamen Routinearbeit fürchtete, Kundendaten zuerst besorgen und dann für einen elektronischen Abgleich aufbereiten zu müssen. „Und in Westerbach? Gibt's dazu schon was?"

Rossmeier meldete sich zu Wort: „Des war jo am Freitag nachmittag; übers Wochenend dean die Knaglfinger Laborleut nix. Aber i hab mit am Kollegen gred't, der die Proben von den Liftn gnommen hod. Der hod glei auf Buttersäure in Agar-Agar tippt. Lausbubenwissen, hod er gsogt, und aa problemlos aufzumtreibn. Ob si's bestätigt, miass mer no wartn. Aber i glaab, dass der Naturator scho so clever is, ned mit Heiteck aufzumfallen. Des Material von gestern – Stofftücher, Reepschnür, Fugenschaum, habn die Steinöder Kollegen gsagt, i hob scho telefoniert heit morgn – kriagst jo aa überall."

„Stimmt wohl", seufzte Haderbichler, „und was ist mit unserem externen Assistenten oder Störenfried, dem Herrn Liebergsell? Julia, was hast du rausgefunden?"

Die Praktikantin strahlte in die Runde. „Süß schaut er aus, mit seiner Strubbelfrisur und Dreitagebart. Irgendwie verwegen."

„Und wie wirkt sich das auf sein verbrecherisches Potenzial aus, Frau Kollegin?"

„Schon gut, Chef, ich hab ja nur die Atmosphäre auflockern wollen", beeilte sie sich zu sagen, öffnete ihre Kladde und las: „Also, Felix Liebergsell, geboren 1981 in Mingelham, Abi 1999 ebendort, dann Studium der Philosophie und Mathematik, mit einem Schwerpunkt in Informatik. Muss ein Schlauberger sein, hat lauter gute Noten. Beruflich angefangen hat er dann als Webmaster, ist zwei Jahre später Online-Redakteur geworden und hat sich wohl ein gutes Netzwerk als Journalist aufgebaut, mit freien Beiträgen auf vielen Berg-Webseiten und in Magazinen. Vor vier Jahren hat er mit einem Kollegen zusammen die Webseite berge2go.de gegründet."

Eine fremde Welt für Max Haderbichler: „Kann man von so was leben?"

„Wenn man Jeff Bezos heißt, schon."

„Wer ist das jetzt wieder?"

„Der Gründer von Amazon. Hat mit seinem Laden ungefähr 30 Milliarden Dollar verdient. Und einige Buchhändler in die Pleite getrieben. Liebergsell hat aber keinen internationalen Versandhandel, sondern nur ein Berg-Portal, also vor allem Nachrichten für Bergsteiger und Kletterer. Es gibt ähnliche Seiten, die sich vielleicht tragen, vor allem über Anzeigen; viel verdient ist auf dem Markt aber nicht, wie man hört."

Die hatte sich echt schlau gemacht, die junge Kollegin. „Also ist Geld ein Thema, wenn's um Motive geht?"

„Könnte man so sagen. Mit seinen Fotogalerien hat er auf jeden Fall gut Aufmerksamkeit auf seine Seite gezogen, und die Bilder sind auch in Zeitungen und anderen Onlinemedien erschienen, da hat er sicher nicht schlecht kassiert. Aber dafür kriminell werden …? Er ist auch ganz gut vernetzt und verdient immer wieder was nebenher mit Beiträgen für Fachmagazine oder Reiseseiten, und ich schätze ihn nicht als geldorientierten Unternehmer ein. Man hört, dass er oft für ein paar Tage verschwindet für irgendeine Bergtour – dem geht's wohl eher darum, sich mit dem Sport, den er liebt, beruflich über Wasser zu halten."

Rossmeier war nicht überzeugt: „I glaab jo trotzdem, dass der hinter dene Anschläg steckt. So penetrant, wie der uns immer vor de Haxn umanandkrallt. Der Liebergsell is der Naturator, des hab i im Urin, wannsd mi frogst."

„Na, bei dem Beweismittel frag ich dann lieber nicht", witzelte Julia, „aber mit der Webseite ist tatsächlich ein dunkler Punkt verknüpft: Der Kollege, mit dem zusammen er die Seite gegründet hat, kam ein

Jahr später durch einen Bergunfall ums Leben – und hatte Liebergsell seine Anteile an der Firma testamentarisch vermacht. Sie waren gemeinsam unterwegs, auf einem Klettersteig am Knipfelkopf bei Steinöd. Im Abstieg ist er auf losem Geröll ausgerutscht und vierzig Meter über eine Felswand abgestürzt."

„Ja hom sich die denn ned gsichert?" Rossmeier war wirklich kein Bergsteiger, obwohl er aus dem Ort stammte. Haderbichler kam der jungen Kollegin zu Hilfe: „Den Normalweg vom Knipfelkopf kenn ich noch von früher." Von einer wunderbaren Frühsommertour mit Monika, vor vielen Jahren: bunt blühende Wiesen am Gipfel, warme Sonne, kein Mensch weit und breit, nur sie beide … Reiß dich zusammen, Max! „Das ist ein Wanderweg der Kategorie rot, mittelschwer, nix schwieriges, wo man ein Seil bräuchte. Im Prinzip eine steile Wiese, aber mit ein paar felsdurchsetzten Zonen, wo man sich festhalten muss und abstürzen kann, wenn man ausrutscht. Aber man kann natürlich nachhelfen. Was hat denn die Untersuchung damals ergeben, Julia?"

„Die haben die Kollegen in Steinöd geführt. Anscheinend hat Liebergsell, als die Bergwacht kam, so was gestammelt wie >ich bin schuld<."

„Da hammer eam jo scho", trötete Rossmeier triumphierend.

Julia las unbekümmert weiter aus ihren Notizen: „Die Bergwachtler haben gesagt, dass Menschen, die den Absturz eines engen Vertrauten miterleben, sich oft selber die Schuld geben, häufig ganz unbegründet, so nach dem Motto: Wenn wir nicht gemeinsam losgegangen wären, würde er oder sie jetzt noch leben."

„Aber natürlich musste man ihn genauer befragen", wandte Haderbichler ein.

„Klar Chef, die haben sogar eine Polizeipsychologin mit ihm reden lassen, ganz rücksichtsvoll und nach den Vorschriften. Die hat eine schwere Traumatisierung an Liebergsell festgestellt – kein Wunder, wenn ein Freund vor deinen Augen abstürzt. Aber sie ist zu dem Fazit gekommen, dass ihn keine Schuld trifft. Die Begründung und das ganze Gutachten gelten natürlich als vertraulich und sind unter Verschluss."

„Und dürfen nur eingesehen werden, wenn begründeter Verdacht auf ein Schwerverbrechen vorliegt", ergänzte Haderbichler, der gesehen hatte, wie Rossmeier schon wieder einhaken wollte, „und der bisherige Sachstand gibt das noch nicht her. Gute Arbeit, Julia!" Sie errötete.

Rossmeier polterte los: „Des stinkt doch, wannst mi frogst, Chef. Sei Kompagnon hagelt obi und der erbt den ganzn Ladn, und dann lassen die den oafach laffn! Do muass ma doch nachgrabn!"

„Tut mir Leid, Frieder, die Sache wurde als Unfall abgelegt und ist damit erst mal vom Tisch. Die Anhaltspunkte reichen bisher nicht zur Öffnung der Akte. Und wir sollten unsere Kräfte einteilen. Also, wie machen wir weiter?"

„Du bist der Chef." Kreglinger, natürlich. In den zwei Monaten, seit Haderbichler in Kirchgaden war, hatte er noch keine große Initiative bei diesem Kollegen feststellen können.

„Ok. Wir müssen offen denken. Die drei letzten Anschläge sind für sich genommen nur grober Unfug, Sachbeschädigung, Hausfriedensbruch – Kleindelikte. Beim Ratrac-Absturz ist ein Mensch umgekommen, ein Verbindungsglied zu den anderen fehlt, ein direktes Bekennerschreiben gibt es auch nicht, nur einen schwammigen Verweis mit >Gewalt gegen Menschen<. Es könnte Sabotage vom gleichen Täter, diesem dubiosen Naturator, gewesen sein. Es kann aber auch sein, dass der Naturator den Ratrac erst als Auslöser für seine Anschläge genommen hat – oder dass es überhaupt keinen Zusammenhang gibt. Und ob der Absturz Sabotage, also vielleicht auch Mord, oder nur ein Unfall gewesen ist: dafür brauchen wir die technische Analyse. Und die ist derzeit auf Eis gelegt…"

„… unter der Trieblahner-Lahn", ergänzte Rossmeier.

„Bei Kniebrichs Kollegen haben wir jedenfalls keine beruflichen Mordmotive entdeckt. Zur Hypothese Eifersucht versucht Benno rauszufinden, was auf der Weihnachtsfeier passiert ist. Außerdem sollten wir versuchen, dem Naturator nachzuspüren."

„Da können wir lang suchen", schimpfte Benno, „gegen Lifterschließungen protestieren tut doch zum Beispiel fast der komplette Bergverein."

„Aber protestieren und sabotieren ist Zweierlei", hielt Max dagegen, „und vielleicht hat der Kerl doch irgendwo Spuren hinterlassen. Hättest Du denn noch Kapazitäten frei, Uranin-Anbieter nach Kundenlisten zu fragen?"

Kreglinger sah alles andere als erfreut aus, nickte aber: „Probieren kann ich's."

„Frieder, könntest Du eruieren, wie es um die Finanzen der Liftbetriebe von Berghausen, Westerbach und Steinöd steht? Vielleicht ist der >Naturator< gar kein Umweltbewegter, sondern nur irgend ein Konkurrent, der sich Vorteile schaffen will; es gibt ja noch mehr Skigebiete als Kirchgaden. Oder er ist ein schlecht behandelter Zulieferer, der auf Rache sinnt. Außerdem ist es nie verkehrt, Überblick zu haben."

„Okay, i schaug, was i aussakriag."

„Was ist mit dem Russen, von dem berge2go geschrieben hat?", meldete sich Julia, „soll ich mal schauen, was der alles an Firmen besitzt? Und welche russischen Unternehmer sonst noch mit Steinöd verbandelt sind oder mit dem Schlagwort Mafia gemeint sein könnten?"

„Gute Idee. Auch was hinter dem Vorwurf der „Geldwäsche" stecken könnte. Magst du mal probieren, ob du was findest?"

„Klar Chef!" Julia strahlte ihn an, dass er fast rot wurde.

„Iwan der Schreckliche hoaßen's den Lochnow, was ma so hört", wusste Rossmeier, „a wuida Vogel muass des sein. Angeblich hod er sogar an Outdoor-Yakuza in dem Vögelnest.“

„Jacuzzi mit Japan-Connection, ha?“, warf Kreglinger ein. Wenn er schlecht drauf war, drehte er dem Rossmeier gelegentlich die Wortspiele im Mund um.

„Wie auch immer.“ Ärger im Team konnte Haderbichler jetzt nicht brauchen. Schlimm genug, dass sein Kopf immer noch brummte wie ein Ratrac. Aber es half ja nichts. „Also, macht‘s Euch bitte an die Arbeit. Und ich fahr mal nach Steinöd und bitte die Kollegen, dass sie uns mit ihren Ergebnissen auf dem Laufenden halten. Danach schau ich mal, dass ich den Anton Zacher treff, den Bürgermeister, dem auch die Seilbahnen dort gehören. Frieder, vielleicht schaust du bei deiner Recherche auch noch, was wir zu dem persönlich im Archiv haben. Heute abend um halb fünf treffen wir uns wieder.“

17   Montag, 21. Dezember, 12.30 Uhr

„China Restaurant Man Fat“ – ein spannender Name für ein Restaurant. Ob den Chinesen die englische Bedeutung klar gewesen war? Wenigstens hatte ihm Zachers Vorzimmerdame den Hinweis gegeben, wo Zacher denn „zu Tisch“ sei. Das Glockenspiel an der Tür beamte Haderbichler in eine exotische Welt mit rot-schwarz lackierten, niedrigen Tischen, Deckenlampen, von denen Kristallketten herabhingen, golden lackierten Buddhastatuen. Der Duft von Ingwer und geröstetem Sesam konkurrierte mit Sandelholz-Räucherstäbchenaroma. Von den Internet-Bildern her erkannte er Zacher sofort: ein praller Schrank in Loden, Spiegelglatze, grauer Vollbart, stechende Augen; mit zwei vollgehäuften Tellern in den fleischigen Pranken walzte er seinem Tisch in einer Wandnische zu. Am Handgelenk protzte eine dicke goldene Uhr mit jeder Menge Zeigern.

Auch der Herr von Steinöd wusste gleich, mit wem er es zu tun hatte: „Grüß Gott, sind Sie nicht der Kommissar Haderbichler, von Kirchgaden, wenn ich nicht irre? Was führt Sie hierher?"

Jedenfalls nicht die Bereitschaft, sich einschüchtern zu lassen, mochte der Schädel noch so dröhnen. „Guten Tag Herr Zacher. Ich weiß schon, dass Steinöd nicht in meine Zuständigkeit fällt. Hätten Sie trotzdem ein paar Minuten für ein informelles Gespräch?"

Zacher schenkte ihm ein huldvolles, unterkühltes Lächeln, wie von einem Aussichtsturm herab. „Aber natürlich, man tut ja alles, um unseren Ermittlungsorganen bei ihrem verantwortungsvollen Auftrag zu helfen. Aber setzen Sie sich doch. Haben's an Hunger? Ich lad Sie ein. All you can eat, billiger kriegen's hier nirgends den Ranzen voll. Süßsaurer Hund und panierte Hühnerkrallen, specialità della casa."

Haderbichler konnte sich gerade noch beherrschen. Vorhin hatte er schon eine Leberkäsbraterei erspäht, da würde er sich nachher eine Fleischpflanzerlsemmel kaufen – oder eine Fleischpflanz'lsemm'l? Einen Frikadellenweck? Ein Fleischklößchenbrötchen? Eine Bulettenschrippe? Steinöd warb schließlich mit seiner „Weltoffenheit". He, Max, spinn nachher wieder, hier spielt die Musik! „Wie erklären Sie sich, dass nun auch Steinöd Opfer dieses >Naturators< geworden ist, Herr Zacher?"

„Für mich ist die Sache klar, Herr Kommissar. Die Anschläge verfolgen das Ziel, den wirtschaftlichen Erfolg der Skigebiete am Alpenrand zu gefährden. Jede Stunde, die die Schönalmseilbahn nicht läuft, kostet uns bares Geld, schon gar am Sonntag vor Weihnachten. Die Vorwürfe gegen Steinöd sind natürlich komplett aus der Luft gegriffen. Da brauchen Sie gar nicht zu versuchen, im Regierungsbezirk Steingäu zu ermitteln. Hier ist alles sauber. Deshalb haben wir auch keine Pressemeldung ausgegeben. Wir wollen ja unsere Gäste nicht unnötig verunsichern, die hierher kommen, um den Winterzauber der Berge und perfekt gepflegte Skipisten zu genießen."

Keine Pressemeldung ausgeben – so konnte man auch sagen zu der Verdunkelungstaktik, die Zacher als Bürgermeister wie als Seilbahnchef gefahren hatte. „Und wer könnte ein Interesse haben, Ihnen zu schaden?"

Der stechende Blick von Zachers Augen bohrte sich in Haderbichlers Schädel wie die Feile des Zahnarztes bei der Wurzelbehandlung. „Aber Herr Haderbichler, diese Frage werden Sie sich doch auch schon selbst gestellt und beantwortet haben. Ist Ihnen nicht aufgefallen, dass Berghausen, Westerbach und Steinöd die leistungsfähigsten Mitbewerber von Kirchgaden sind? Falls man Kirchgaden überhaupt dieser Liga zurechnen will; mit einer Weltcupabfahrt allein kann man nicht viel Staat machen, wenn die Technik nicht auf der Höhe ist."

„Sie wollen sagen, Josef Seegrübler steckt hinter den Anschlägen? Aber sein eigener Ort Kirchgaden war doch das erste Opfer. Und dabei ist ein Mensch umgekommen, anders als bei den späteren Sabotageakten."

Zacher lehnte sich zurück und faltete die Hände über dem Wanst. „Ich sage gar nichts, Herr Kommissar, schon gar nicht über Branchenkollegen. Aber haben Sie sich schon mal überlegt, ob die Sabotagen gegen uns nur inszeniert wurden, um einen Mord als quasi unbeabsichtigten Nebeneffekt einer Anschlagserie erscheinen zu lassen?"

Da gehörte einiges an dunkler Fantasie zu dieser Kombination. Den Zacher wollte er nicht als „Mitbewerber" haben. Andererseits waren ihm ganz ähnliche Assoziationen durch den Kopf geschossen, als er die Eifersuchts-These weitergedacht hatte. Als Kriminaler musste man eben auch denken wie ein Krimineller. „Spannende Theorie, Herr Bürgermeister. Nur: Wo soll das Motiv für den Mord liegen?"

Zachers Gesicht verzog sich zu einem dämonischen Grinsen, das er selber wohl als freundliches Lächeln bezeichnet hätte; seine buschigen Augenbrauen berührten sich fast, als er sich zu Haderbichler vorbeugte und ihm zuraunte: „Jaja, das fehlende Glied. Mit Betonung auf Glied. >Cherchez la femme<, sage ich nur, Herr Kommissar."

18   Dienstag, 22. Dezember, 10 Uhr

Das Drahtseil-Netzwerk – sizilianische Verhältnisse am Alpenrand
Wer ist dieser geheimnisvolle „Naturator", der zur Zeit die Skistationen aufmischt? Und was verbirgt sich hinter seinem neuesten Slogan „Keine Geldwäsche für die Russenmafia"? In einem längeren Beitrag, auf den wir [hier] gerne verlinken, zeichnet das Bergportal berge2go. de detailliert die Strukturen und Verflechtungen zweier wichtiger Akteure nach, die die Grenzen normalen wirtschaftlichen Verhaltens aufs Äußerste dehnen. Wir gratulieren dem jungen Kollegen zu seiner Recherche.

„Yess!", schrie Felix und schlug mit der Faust auf den Schreibtisch, dass ein Stapel Ausrüstungskataloge ins Rutschen kam und über den Boden fledderte. „Nicole, komm, das musst Du gelesen haben!" Wenn es auch nur ein kurzer Beitrag war auf „Fakten online": Eine solche Erwähnung auf der Website eines der bedeutendsten deutschen Nachrichtenmagazine war ein journalistischer Ritterschlag und obendrein bares Geld wert.

„Nicole?" Wo steckte sie denn? Na, viele Möglichkeiten gab es nicht. Felix stand auf, schob die Kataloge mit dem Fuß unter den Schreibtisch und ging ins Badezimmer. Leer – auch die Ablage unter dem Spiegel. Felix spürte, wie sich seine Nackenhaare aufstellten. So musste sich ein Ei fühlen, das aus dem Kochtopf ins Eiswasser geworfen wird. „Nicole! Was ist los?" Er tappte zur Schlafzimmertür, riss sie auf: Sie war gerade dabei, einen Stapel Klamotten in eine Reisetasche zu schichten, ein Rollkoffer stand fertig geschnürt neben dem Bett.

„Nicole, was machst du da?"

„Siehst du das nicht selber, du Investigationsprofi? Ich gehe!" Ihre Stimme zitterte, die blauen Augen waren gerötet, die blonden Haare zur Abwechslung mal nicht perfekt gestylt. Aber sie steckte ein T-Shirt nach dem anderen in die beige Ledertasche.

„Du gehst?" Etwas Schlaueres fiel ihm nicht ein, als nur ihre Worte zu wiederholen. Das Eiswasser war in seinem Bauch zu einem Klumpen gefroren, starr fixierte er ihre Hände, die das nächste T-Shirt packten. „Warum?"

„Weil eine vernünftige Frau mit dir nicht leben kann!", sagte sie kalt. Es wäre ihm lieber gewesen, sie hätte ihn angeschrien. Aber sie war schon immer sehr rational gewesen. „Weil ich meine freien Tage nicht allein im Museum oder im Wellnessbad verbringen will, sondern mit dir. So wie wir es ausgemacht hatten!"

Scheiße! Das hätte er sich denken können. Als freiberufliche Architektin konnte Nicole ihre Arbeitszeiten theoretisch ganz gut mit seinen abstimmen, und auch örtlich, dank eines kleinen Arbeitsplatzes, den sie sich im Schlafzimmer eingerichtet hatte. Für Sonntag und Montag waren sie verabredet gewesen – aber dann hatte er in Steinöd recherchieren und fotografieren müssen, gestern in den Archiven von Gemeinde und Lokalzeitung stöbern, dann die News schreiben und online stellen, die Galerie… „Tut mir Leid. Aber das musste einfach sein. Das könnte berge2go.de den Durchbruch bringen."

Ausdruckslos starrte sie ihn an: „Hab ich das nicht schon öfter gehört?"

„Nee, komm doch mit!" Die Begeisterung kam wieder hoch in ihm, und tatsächlich folgte sie ihm ins Büro, wo die Website von „Fakten online" auf dem Bildschirm prangte. Gestern abend hatte er ihr vorgeschwärmt, was er herausgefunden hatte in den zwei Tagen: von Toni Zachers äußerst dubiosem Aufstieg zum Seilbahnmagnaten, von „Iwan dem Schrecklichen", und wie die beiden gegenseitig in den Aufsichtsräten ihrer diversen Unternehmen saßen. Und hier war der Lohn. „Schau, wenn >Fakten online< ein Medium zitiert, ist das wie die Aufnahme in einen elitären Club. Das öffnet mir Türen zu allen wichtigen Redaktionen bundesweit und darüber hinaus."

„Das ist alles, was dir wichtig ist? Im Leben anderer Menschen rumzuschnüffeln? Und dabei riskieren, dass >Iwan der Schreckliche< dich mit einem Fingerschnippen auspustet?"

Felix ließ sich auf den Schreibtischstuhl fallen: „Mei, so schlimm wird's schon nicht sein. Die sind sicher hart im Nehmen, die Jungs."

„Oder hart im Geben." Sie trat zum Schreibtisch, klickte das Icon von berge2go.de im Browser an und scrollte über Felix' Artikel runter zu den Kommentaren.

> **DaKini:** *Host des gseng! Na wenn des ned stinkt! Un aa no mid am Russ!*
>
> **Preissnbasher:** *Jawoll, an Rußfilter bräuchten mir, wie die Busse in Mingelham! Mit am Ruß macht man keine Geschäfte.*
>
> **Wortsepp:** *Na mit wem denn sonst? Die Einheimischen haben ja kein Geld mehr. Nur, ob das so gesund ist, so was in die Öffentlichkeit zu tragen?*
>
> **keinweg2t:** *Wär nich dass Erste mal, das die Mafia einen hopnimmt. Ich möcht nich wisen, wie viele mit einem Betonklots an den Füsen im Beschneiungsteich liegen.*

> *Gamsei: Aber das geht doch nicht! Wozu gibt's denn die Polizei?*
>
> *DaKini: Des glaabst, dass unter am Zacher-Toni irgendoan Polizist wos zum song hätt.*
>
> *Preissnbasher: Da hat gar niemand was zum sagen, in dem Saukaff. Da hilft nur eins: Schwanz ab, Hand ab, Rübe ab, alles ab ab ab.*

„Und auf so einen gequirlten Schafscheiß bist du dann wohl auch stolz? Denen muss doch einer ins Hirn geschissen haben! Ist das dein Niveau?"

Felix seufzte. „Nee, darauf bin ich nicht stolz. Aber das gehört dazu. Und die Website ist eben mein Leben."

„Aber meines nicht!" Nun wurde Nicole doch lauter. „Und wenn ich in deinem Leben nur irgendwo hinter dieser Scheiß-Website und den verdammten Bergen rumdümple, dann lösch mich am besten ganz daraus! Die dritte Geige will ich nicht spielen. Such Dir von mir aus eine Bergfrau! Oder lass dich von Iwan dem Schrecklichen im Speichersee versenken! Mir ist das jetzt wurst! Ciao bello!"

Sie warf ihm eine wütende Kusshand zu, stürmte ins Schlafzimmer, rumpelte mit der Reisetasche, dem Rollkoffer und der umgehängten Laptoptasche durch den Flur und knallte die Tür hinter sich zu, dass der nächste Stapel Bücher vom Esstisch polterte.

19   Dienstag, 22. Dezember, 14 Uhr

So musste es sein an Weihnachten! Dicke weiße Mützen trugen die Tannen am Rand der Autobahn, die kleineren wirkten wie eine Prozession als Gespenster verkleideter Kindergartenkinder. Max Haderbichlers Herz weitete sich, wie in der wunderbaren Gedichtzeile

„und meine Seele spannte weit ihre Flügel aus". Es war schon nicht schlecht, mal aus dem Ort rauszukommen, ein bisschen Natur zu sehen, und wenn's nur der eingeschneite Grünstreifen war.

Wo die Vorberge in die weiße Weite des Knaglfinger Mooses ausliefen, drehten sich gemächlich zwei Windräder. Ein Anblick, an den man sich vielleicht gewöhnen musste hier, wenn der Plan der Seegrüblers genehmigt würde. Sie waren ja nicht jedem Recht, mancher Heimatromantiker sah seine Fotomotive am Alpenrand in Gefahr. Und der Landesvater, dieser Sankt Florian – schütz unser Land, zünd andre an –, tat sein Möglichstes, um die Energiewende im schönen Bayernlandl zu hintertreiben, mit allerlei populistischen Tricks.

Aber Ärgern hatte keinen Sinn. Haderbichler hatte mit seinem Fall genug Scherereien. Eine Sabotage folgte der anderen; irgendwie kam er sich vor wie beim Schachspiel, wenn er sich zwei oder drei Züge hinterdrein fühlte. Die Flipcharts an den Bürowänden enthielten nur Fragezeichen, ihre Arbeit brachte keine konstruktiven Anhaltspunkte. Der Schnee machte die Spurensicherung an den Sabotageorten nicht leichter, Benno hatte keinen Uranin-Großeinkäufer gefunden, die Finanzen der Skigebiete schienen solide. Die beste Spur hatte noch Benno ausgegraben: Bei der Weihnachtsfeier waren wohl Kniebrich und Sabine Seegrübler zuletzt alleine an der Bar gestanden; da wurde es Zeit nachzufragen, ob nicht doch Eifersucht und Rachedurst Josef Seegrübler zum Mord an seinem Angestellten getrieben hatten. Aber seine Frau war seit letztem Mittwoch auf einer Messe und wurde erst heute zurück erwartet.

Zum Thema Russenmafia hatte der Internetfuzzi ja ganze Arbeit geleistet, aber das Geschäftsgebaren von Toni Zacher und Iwan Lochnow war immer noch ganz knapp im Rahmen des Legalen geblieben, nichts für die Polizei, schon gar nicht außerhalb des Steingäus. Kreglinger hatte eine ganz schräge Idee entwickelt: Der einzig schlimme Anschlag, finanziell wie menschlich, war der auf den Ratrac gewesen – was wenn die anderen drei Seilbahner sich selbst sabotiert hätten, aber mit weniger herben Konsequenzen, um damit einen geschickt gesetzten Todesstoß gegen den Konkurrenten Kirchgaden zu tarnen? Rossmeier dagegen war immer noch überzeugt, dass der Webredakteur der Naturator sei; dem wollte Haderbichler jetzt noch einmal auf die Pelle rücken.

Der Junge machte keinen guten Eindruck: Die Augen waren rot unterlaufen, das Haar stand in alle Richtungen. Aber die frechen Sprüche waren ihm offensichtlich nicht vergangen: „Na, wollen Sie mich festnehmen, Herr Kommissar?"

Max atmete tief durch und zwang sich zur Ruhe. „Lassen's mich erst mal rein, Felix, unter der Haustür soll man nichts unterschreiben und auch keine Festnahmen durchführen."

Irgendwie wirkte Liebergsells Wohnung etwas geräumiger als beim letzten Mal. Dann verstand er die kleinen Lücken: die leere Ablage unter dem Badezimmerspiegel, auf dem Bett lagen keine Frauenklamotten mehr herum. Und die Modezeitschriften in der Küche, in die er dem Webredakteur folgte, lagen nun auf einem eigenen Stapel, etwas beiseite, wie aussortiert fürs Altpapier. Felix räumte einen Stuhl frei; als Haderbichler Platz genommen hatte, zog er seinen Arbeitssessel heran. „Also, womit kann ich dienen?"

„Haben Sie denn gar keine Angst vor der Russenmafia?", polterte Max los. Der Junge zog ein Gesicht wie die Unschuld vom Lande: „Wieso? Sollte ich?"

„Auf jeden Fall sollten Sie nicht unterschätzen, mit wem Sie sich da einlassen. Und aufpassen, wie Sie Ihre Texte formulieren. Zacher und Lochnow sind zwei tragende Säulen der Gesellschaft. Und sie haben gute Anwälte, die einem kleinen Journalisten das Leben schwer machen können. Wie haben Sie das überhaupt alles so schnell rausgefunden?"

„Recherchieren ist mein Beruf, Herr Kommissar. Und ich brauche ja zum Glück keine Dienstwege einhalten." Ja, der hatte gut reden: musste nicht beim Kollegen bitten, in die Untersuchungsergebnisse eingeweiht zu werden. Und dann warten, bis irgendetwas Schriftliches Zachers Einflusssphäre entweichen würde. „Hat die Polizei vielleicht weiter gehende Informationen, wen der Naturator mit >Russenmafia< gemeint haben könnte?", hakte der Kerl noch nach. Der hatte Nerven!

„Wir konzentrieren uns lieber auf die Täter, nicht auf die Opfer", brachte er etwas verbissen hervor.

„Opfer? Wer da mehr Schaden anrichtet, darüber könnte man streiten, Herr Haderbichler. Frei nach Bert Brecht: Ist es ein größeres Verbrechen, einen Skilift in die Natur zu betonieren, oder ihn zu sprengen?"

Oder dem Kommissar den Kragen zu sprengen? „Passen's nur auf, dass Sie nicht selber irgendwann gesprengt werden. Oder dass Sie nicht doch noch als Verdächtiger vernommen werden statt nur als Zeuge. Was Sie da schreiben auf Ihrer Seite, das kann schon als Parteinahme aufgefasst werden. Und die Kommentare, die Sie nicht löschen, sind annähernd Aufrufe zu Straftaten."

„Ach gehn's, Herr Kommissar!"

„Die Recherche könnten Sie schon vor längerer Zeit gemacht haben, und erst jetzt online gestellt, nachdem Sie die Tücher ans Drahtseil gehängt haben. Wie kommt's überhaupt, dass Sie immer schon vor uns am Tatort sind und uns zwischen den Haxen rumtappen?"

„Mei, ich stell doch immer die Bekennerschreiben von dem Naturator ins Netz. Der hat sich wohl irgendwie mich als Medien-Relais ausgeguckt."

„Wissen Sie was? Im Kriporevier Kirchgaden gibt es einen Kollegen, der ist überzeugt, dass der Naturator in Wirklichkeit Felix Liebergsell heißt. Und uns ein kleines Kasperltheater vorspielt. Ihre Webseite profitiert nicht schlecht von der Berichterstattung. Können Sie mir bitte sagen, wo sie in den Nächten des 14., 15., 17. und 19. gewesen sind?"

Der Kerl blieb ruhig. Abgebrüht? Unschuldig? Oder einfach erschöpft – so wie er aussah? „Zuhause, Herr Haderbichler. Nur von Samstag auf Sonntag war ich mit meiner Freundin in der Disco. Ich glaube, in der Nacht vor dem Anschlag auf den Sessellift war sie auch bei mir."

„Können Sie mir ihre Nummer geben, damit sie das … bestätigen kann?" Das Wort Alibi musste er nicht unbedingt aussprechen, das konnte der Junge sich selber zusammenreimen.

„Äh… ich weiß nicht … ob sie derzeit so gerne über mich reden möchte…"

Der Eindruck hatte nicht getrogen. Anscheinend war da vor kurzem eine Beziehung in die Brüche gegangen. Aber Liebergsell war keiner, wo man die Samthandschuhe auspacken müsste. Journalisten waren fleißig im Austeilen, dann durften sie auch einstecken.

„Die Lücken in Ihrer Wohnungseinrichtung habe ich durchaus bemerkt. Trotzdem täten Sie sich einen Gefallen, wenn sie uns die Adresse gäben. Wie heißt denn Ihre Freundin – oder soll ich Ex sagen?"

„Nicole – Nicole Schwertfeger." Er gab ihm eine Visitenkarte. Haderbichler warf einen flüchtigen Blick darauf. Freie Architektin; sie wohnte auch in Knaglfing. Da könnte er nachher vorbeifahren.

„Danke. Und wie steht's mit unserer Vereinbarung? Haben Sie schon was rausfinden können, wo die Mails dieses Naturators herkommen? Damit könnten Sie punkten."

„Tut mir Leid. Ein paar Stunden bin ich schon drangesessen, ich schwör. Und ich kenn mich echt aus mit den Tricks die's da gibt. Ein paar Knoten weit hab ich die Mails zurückverfolgen können, aber dann löst sich die Spur in nichts auf. Der Naturator ist halt wie's scheint auch kein Dilettant. Ich fürchte, dass der seine Mails durch das Tor-Net jagt. Das ist so eine Art illegales Internet, wo alles anonymisiert ist."

Haderbichler verschärfte noch einmal den Ton. „Ok, ich glaub Ihnen nochmal, Herr Liebergsell. Aber ich erwarte von Ihnen, dass Sie mit uns arbeiten und nicht gegen uns! Und dass Sie mich beim nächsten Anruf sofort informieren und nicht erst…"

Das Klingeln von Felix' Handy unterbrach die Auseinandersetzung. „Die Nummer ist unterdrückt", sagte er, „darf ich schnell? Ich wimmel ihn gleich ab". Aus dem Handy kam eine verzerrte Blechstimme: „Heute schon die Mail gecheckt?"

„Ham's es gehört? Und ich hab keinen automatischen Anrufer oder so was in der Hosentasche."

„Klappe! Zeigen's die Mail her!"

Felix tippte auf die Nachricht und hielt ihm das Display hin:

„Der Naturator gibt den Alpen ihre natürliche Energie zurück. Es gibt zu viele Skifahrer. Und zu viele Autofahrer. Zum Beispiel in Kirchgaden."

„Verdammt noch mal, die nächste Aktion, diesmal beim Seegrübler. Ok, Felix, packen Sie zusammen. Ich spendier Ihnen eine Fahrt im Dienstwagen. Als Zeuge."

20   Dienstag, 22. Dezember, 15 Uhr

Nach dem leichten Schneefall in der Nacht und klarem Vormittag hatte es jetzt wieder zu schneien begonnen. Der Parkplatz bei der Almspitz Skiwelt begann sich zu leeren, in einer Stunde würden die Lifte dichtmachen, und im Flockenwirbel machte das Skifahren wenig Spaß, so wertvoll die weiße Pracht auch für die Pisten war. Vor der Talstation drängelte sich eine Gruppe von Skifahrern um Josef

Seegrübler und einen Angestellten, die etwas auf Notizbretter kritzelten. Irgendwie kam Max Haderbichler die Situation bekannt vor.

„Hallo Herr Seegrübler! Was ist denn bei Ihnen los?"

„Einen Moment, bitte!" Seegrübler notierte etwas fertig, blickte gehetzt auf. „Ach Sie sind's, Herr Komissar ... Haderbichler, richtig? Sie schickt der Himmel!"

„Eher der Naturator."

Trotz der Kälte und beginnenden Dämmerung hatte Haderbichler den Eindruck, sein Gegenüber erblassen zu sehen. „Mach du bitte weiter, Xaver", wies er seinen Mitarbeiter an und drängte sich, Entschuldigungen murmelnd, durch die erzürnte Menge. „Was sagen Sie?"

„Ich war gerade wegen einer Befragung bei Herrn Liebergsell, als eine Nachricht vom Naturator ankam, dass in Kirchgaden etwas läuft. Und da dachten wir uns, wir schaun mal vorbei."

„Sie waren doch der Journalist, der die Fotos vom Ratrac und der Trieblahner-Lawine gemacht hat. Sie tun ja nur Ihren Job, ich weiß", seufzte Seegrübler, dem dieser Job offensichtlich nicht gefiel. „Dann kommen Sie halt in Gottes Namen mit und schauen Sie es sich an. Ich fürchte, das ist die nächste Aktion des Naturators."

Felix hatte schon seine Kamera ausgepackt und Fotos von Seegrübler und der wütenden Menge gemacht; jetzt folgte er dem Liftchef zum Parkplatz.

„Hier, schauen Sie her!" Seegrübler deutete auf den Vorderreifen eines Golf, der platt war wie die Erde nördlich des Weißwurstäquators. Dann führte er sie zu drei weiteren Autos, die das gleiche Schicksal ereilt hatte. „Diesmal hat er nicht unsere Anlagen sabotiert, sondern die Gäste, noch direkter als mit den Stinksitzen in Westerbach. Der Sachschaden ist ja nicht schlimm, aber nochmal schlechte Presse so kurz vor den Weihnachtsferien können wir echt nicht brauchen."

„In Italien gab's mal die >notte delle gomme bucate<, die Nächte der zerschnittenen Reifen. Als das Klettergebiet Finale plötzlich bekannt und überlaufen wurde, die deutschen Kletterer überall wild campten und in die Gärten schissen, haben ihnen die Einheimischen die Reifen zerstochen", brachte Felix klettergeschichtliches Detailwissen zum Vorschein.

„Hier hat niemand etwas zerstochen", gab Seegrübler genervt zurück, „wie es scheint, sind die Reifen durch eine Chemikalie zerfressen worden." Er führte sie zu einem weiteren Parkplatz, wo der Fahrer sein Auto ein Stück zurückgesetzt hatte. „Sehen Sie dieses Schaumstoffpolster und die Glassplitter? Anscheinend hat der Naturator Glasampullen hier ausgelegt, mit irgendeiner Chemikalie, die Autoreifen angreift – ich weiß nicht, welche, irgend eine Säure vielleicht oder etwas, das durch Hitzeentwicklung den Gummi schmilzt."

„Aber so was muss man doch sehen; die Leute kommen ja nicht im Dunkeln auf den Parkplatz", wandte der Junge ein – war echt ein flotter Mitdenker.

Seegrübler nickte: „Eigentlich schon. Aber in der Nacht hat es, wie im Wetterbericht vorhergesagt, ein bisschen geschneit. Das räumen wir nicht, weil die Neuschneeschicht auf dem eisigen Boden den Grip verbessert, fast wie Rollsplitt. Und die Säurekissen – ich nenn sie jetzt mal so – wurden vom Neuschnee zugedeckt. Wenn dann ein Gast beim Parken an so einer Stelle zu stehen kam, hat der Reifen die Ampulle zerdrückt und wurde von der freigesetzten Chemikalie zerfressen. Das dauert anscheinend einige Zeit; erst als die Leute vom Skifahren zurückgekommen sind, haben sie es bemerkt."

„Spannende Erklärung; wie haben Sie sich das zusammengereimt?"

„Ich bin nicht blöd, Herr Haderbichler, nur weil ich BWL studiert habe", gab Seegrübler gereizt zurück. „Aber jetzt sollte ich mich um unsere geschädigten Gäste kümmern. Oder brauchen Sie mich noch?"

„Passt schon; ich weiß ja, wo ich Sie finde. Ich schicke Kollegen her, um Proben nehmen zu lassen." Seegrübler wandte sich zum Gehen.

„Aber eins hätte ich noch gerne gewusst", schob Haderbichler nach, als ob es ihm gerade erst eingefallen wäre: „Können Sie mir sagen, wo sie an den Abenden der Anschläge gewesen sind?"

Der Liftchef fuhr herum: „Glauben Sie etwa, ich stecke hinter den Sabotagen? Dass ich kriminelle Maßnahmen anwenden würde, um meinen Laden zu retten? Ich verbringe meine Abende regelmäßig zuhause, mit einem guten Buch."

„Und kann das jemand bestätigen?"

Seegrübler lächelte kalt. „Nein, das ist eine Sache des Vertrauens zwischen uns, Herr Haderbichler. Sie wissen doch, dass meine Frau gleich letzten Dienstag wieder wegmusste, zu einer Messe über regenerative Energien in Berlin. Das ist ihre persönliche Mission für Kirchgaden und die Skiwelt GmbH, da wollte ich sie nicht ausbremsen. Tut ihr vielleicht auch besser als die gedrückte Stimmung hier nach dem Unfall, hab ich gedacht."

„Schön für Ihre Frau, unpraktisch für Sie", gab Haderbichler zurück, „und in der Nacht des Ratrac-Unfalls war sie in Mingelham, oder?"

„Tja, wenn fehlende Alibis schon ein Schuldbeweis wären, hätten Sie Ihren Fall gelöst, Herr Kommissar."

„Nein, nein", Haderbichler bemühte sich, nicht zuviel Ironie in seinen beruhigenden Tonfall zu mischen, „so schnell schießen auch wir Bayern nicht. Aber ich hätte mich jedenfalls gerne noch einmal mit Ihrer Frau unterhalten. Sie müsste ja jetzt wieder zurück sein."

„Tun Sie, was Sie müssen. Heute nachmittag ist sie allerdings auch wieder auswärts auf einem Termin. In Steinöd, bei Iwan Lochnows ›Line Up GmbH‹, wegen einem Sessellift, den wir sanieren müssen. Morgen finden Sie sie hier im Büro." Mit mürrischem Gesicht drehte Seegrübler ab und stapfte auf die Menschenansammlung vor der Station zu.

Haderbichler ging in die Hocke und musterte das Schaumstoffkissen mit den Glassplittern. Echt clevere Ideen hatte der Kerl, wer immer es war; das musste man ihm lassen. Und der Liebergsell hatte schon wieder die Kamera am Auge – klar, das war ein Motiv, das man sich nicht entgehen lassen durfte: Kommissar Ratlos. „Lassen Sie's gut sein, Felix. Sie müssten doch genug Motive im Kasten haben für Ihre nächste Galerie – powered by Michelin, oder was auch immer." Er legte Felix den Arm auf die Schulter und schob ihn vorwärts. Schweigend gingen der jüngere und der ältere Mann auf den Dienstwagen zu, der vor der Seilbahnstation im Neuschnee stand. Der vordere linke Reifen war platt.

„Scheiße, die Bullen! Das ist der neue Kommissar von Kirchgaden; den kenn ich."

„Mei, Boris, die tun dir doch nichts. Schau, die haben scheint's selber ein Problem." Natascha strich sich lachend die Haare aus dem Gesicht und warf dem stämmigen Brummbär und dem dunkelblonden Indiana Jones einen Blick zu. Dann nochmal einen. Flotte Jungbullen waren da heutzutage auf der Prärie; ein bisschen klein gewachsen vielleicht für ihren Geschmack. Und einen Platten schienen sie zu haben. Na, dann konnte die Polizei mal ihr eigener Freund und Helfer sein.

„Ist schon gut, Sweetie, ich bin vielleicht etwas nervös zur Zeit", gab Boris zurück, „und wenn ich dann noch den Seegrübler sehen muss, diese Sau."

„Der scheint auch gut beschäftigt zu sein, so wie sich die Skifahrer da um ihn drängeln. Aber jetzt verbeiß dich doch nicht so in ihn; es ist ja nicht sicher, dass er das war mit dem Stinkbombenanschlag. Und der Produktionschef von Porsche hat dir doch einen neuen Sitz für den Cayenne versprochen. Hey, war das nicht ein geiler Skitag heute?"

„Hast ja recht, Sweetie. Ich bin halt nicht so ein Sonnenkind wie du. Aber du könntest mir ja nachher einen kleinen Stimmungsaufheller blasen."

„Oder wir machen ein bisschen Skigymnastik. Die Eiform-Hocke haben wir schon lange nicht mehr gemacht. Meinst du, deine Eier sind in Form?"

„Darauf kannst du Gift nehmen, Sweetie. Die sind so hart, da sind viereinhalb Minuten gar kein Ausdruck."

„Na das will ich wohl hoffen."

Der Hummer hatte nicht die Straßenlage des Cayenne, aber das fette „Klock", mit dem die Zentralverriegelung öffnete, war auch ein geiler Stimmungsaufheller. Die Standheizung hatte Boris schon per Fernbedienung gestartet, jetzt schlug ihm ein Schwall warmer Luft entgegen – und zum Säubern der Ski hatte der Hummer natürlich ein Heißluftgebläse. Schließlich kehrte man auch nicht im Herbst das Laub mit einem blöden Rechen zusammen, sondern scheuchte es mit einem fetten Rohr vor sich her. Der Hummer war eben ein Hammer, ein Auto für echte Kerle. Kein Wunder, dass er nicht mehr gebaut wurde, richtige Männer gab's ja auch kaum noch, nur noch Parkuhrfütterer und Sitzpinkler.

Jan Delays Live-Mitschnitt „Hamburg brennt" hatte Natascha diesmal aufgelegt – coole Wahl, eine Musik, die direkt in den Urogenitaltrakt fuhr. Er drückte das Gaspedal durch, der schwere Wagen machte einen Satz und schoss die kurvige Zufahrtstraße hinab. Der leichte Schneefall hatte eine dünne Schicht gebildet, da wäre natürlich der Audi Quattro präziser zu fahren gewesen, aber der hatte einfach nicht das Format, das ein Mann brauchte. Auch wenn es Scheiße war, dass er mit dem Hummer nicht voll in die Serpentinen brettern konnte, sondern ein bisschen vom Gas gehen musste. Und trotzdem gab die verdammte Karre nach, drückte über das rechte Vorderrad nach außen. Boris lenkte gegen, schaltete runter und gab dosiert Gas – mit leicht driftendem Heck zog die Maschine wieder in die Spur. Die nächste Kehre fuhr der Hummer wie auf Schienen. Entwarnung, da konnte er dem Gasfuß wieder etwas mehr Auslauf geben. Die dritte und letzte Serpentine, danach ging's frei talauswärts, Schwung mitnehmen…

Verdammt! Schon wieder brach die Karre aus! Rechts vorne in die Knie gegangen, schlitterte der Wagen in Schräglage auf den Kurvenrand zu. Ja nicht bremsen, cool bleiben, ein Gang runter… keine Reaktion! Der Hummer gehorchte ihm nicht mehr. Der Randstreifen kam näher, dahinter eine weiße Wand im Nebel…

Metall kreischte, Glas klirrte, als sich der drei Tonnen schwere Wagen auf die Stahlbetonständer eines Schildes schob, das für „Abenteuer in der Welt des Schnees" warb. Mit ohrenbetäubendem Knall explodierten die Airbags und bewahrten die Insassen vor einem Aufprall an der Windschutzscheibe. Schrecksekunde. Die Staubwolke aus den Luftsäcken verzog sich. Mit Tränen in den Augen gurtete Boris sich los, schüttelte den Schreck ab und die Knochen zurecht, dann stieg er aus und stapfte um das Wrack herum. Das rechte Vorderrad hing einen halben Meter über dem Boden, so weit war der Hummer von der Stahlkonstruktion nach oben gedrückt worden. Der Reifengummi war geplatzt, wahrscheinlich die Ursache für den Unfall. Boris ging näher ran; im Dämmerlicht inspizierte er mit kundigem Blick den Pneu – die geplatzte Stelle war ausgefranst, zerfressen, irgendwas war da ungewöhnlich.

Ein Feuerball explodierte in Boris' Magen, als ihm plötzlich klar wurde, warum da so viele zornige Leute sich vor der Liftstation gedrängelt hatten. Und nicht nur die Bullen hatten platte Reifen gehabt. Sabotage. Naturator. Seegrübler. In stummem Grimm ballte Boris die Fäuste. Ich mach dich platt, du Sau. Noch platter als diesen Reifen. Beim Auto hört der Spaß auf!

Sabine Seegrübler saß im Café Bürstlmeier in Steinöd und überlegte, ob sie sich ein Stück der über die Grenzen des Regierungsbe-
zirks hinaus berühmten Schwarzwälder Kirschtorte erlauben dürfte.
In der Schule war sie immer gehänselt worden, weil sie ein Stück
Kuchen nur von der falschen Seite anzuschauen brauchte, und
schon klebte es auf ihren Hüften. Oder ein Stück weiter oben; das
war damals auch nicht wirklich angesagt gewesen. Josef freute sich
zwar geradezu kindlich über ihre Rundungen, aber beim Joggen
machte sich jedes Kilo unangenehm bemerkbar. „Einen Cappuccu-
no, bitte", sagte sie zur Kellnerin, einem Backfisch im Dirndl. Hart
bleiben. Keine Torte.

Hart bleiben, das musste man auch als Frau im Geschäft. Die Waffen einer Frau zurückhaltend dosiert einsetzen, okay, ein kleines
Lächeln zwischendurch, das ließ keinen ihrer meist männlichen
Gesprächspartner kalt. Aber in der Sache konzentriert, wenn auch
konstruktiv. Die Verhandlungen bei der Line Up GmbH über ein
Finanzierungsmodell für den neuen Sessellift, den sie im Sommer
bauen sollten, waren schneller als erwartet beendet gewesen – dank
ihres Geschicks? Oder hatte Josef mit diesem Iwan Lochnow schon
vorab etwas eingefädelt? Es war ja praktisch, dass er einen guten
Draht zu dem Russen hatte, andererseits: Mit so einem Menschen
musste man vorsichtig sein, darüber konnte auch sein zur Schau
getragener Raubtiercharme nicht hinwegtäuschen. Aber Josef liebte
ja das Risiko.

Der Cappuccino kam: perfekter Milchschaum, zu einem Herzmu-
ster aufgegossen, ein Hauch Kakaopulver darauf. Sie schüttete etwas
Streuzucker auf die Schaumkrone und löffelte die herrliche Vielfalt
aus Geschmack und Textur. Dann zog sie ihren Süßstoff-Spender
aus der Handtasche, rührte drei Tabletten unter und genoss den

bittersüßen Kaffee, der wie warmer Samt ihr Inneres wärmte. Diese Minuten gehörten ihr; bis zum Beginn ihrer Verabredung war noch eine Viertelstunde. Dann musste sie wieder stark sein, jetzt durfte sie sich sinken lassen.

Josef. Was war los mit ihm in letzter Zeit? Wo war der starke Ritter geblieben, in den sie sich als BWL-Praktikantin mit 26 verliebt hatte? Er war dreizehn Jahre älter gewesen als sie (ja, das war er heute noch), wirkte aber viel jünger mit seiner sportlichen Figur und dem etwas linkischen Auftreten. Sie war wohl die Erfahrenere in Liebesdingen gewesen. Trotzdem – oder gerade deshalb? – hatte es sie tief berührt, wie scheu er ihr den Hof gemacht hatte. Es musste für ihn ein größeres Abenteuer gewesen sein als seine langen, einsamen Skitouren und Höhenwanderungen, von denen die einheimischen Mitarbeiter respektvoll erzählten. Eine amour fou war es nie gewesen zwischen ihnen – die Sturmflut der Leidenschaft, von der sie als Teenager in Romanen gelesen und auch ein bisschen geträumt hatte. Statt dessen eine warme Vertrautheit, ein Gleichklang, der ihr im Rückblick viel wertvoller war.

Rückblick? Was dachte sie da? Josef war 56, stand in der Mitte des Lebens. Aber er hatte mehr an Kraft verloren, als der Fünfer vor dem Komma rechtfertigen würde. Die wirtschaftlichen Schwierigkeiten der Almspitz Skiwelt GmbH setzten ihm seit längerer Zeit schon zu. Die Zahlen kannte sie im Schlaf; gleich nach ihrem Studium war sie als Controllerin angestellt worden; die Befangenheitsfrage wegen der Beziehung zum Chef, die sie gemeinsam den Gesellschaftern gestellt hatten, war dank ihrer hervorragenden Zeugnisse gleich vom Tisch gewesen. Damals, vor nun 16 Jahren, lief es noch prächtig im Skigebiet mit der berühmten Weltcupabfahrt. Aber dann machten sich die Investitionen der Nachbartäler bemerkbar. Bachlingers Vorschlag einer Skischaukel mit Berghausen, der eine Shuttle-Seilbahn über den einsamen Hundskopf und wilde Tunnelbauten vorgesehen hätte, lehnte Josef ab; „unser Kapital ist die Natur, wir dürfen es nicht verbrauchen, höchstens die Zinsen stehen uns zu." Ab da war er für die ehemaligen Schulkameraden als Spinner tabu; Berghausen erschloss die Skischaukel mit Westerbach, Zacher baute die Schönberg-Gondel, und mit dem Lift zum Gründeltalspitz war jetzt eine letzte Bastion des Naturschutzes gefallen. Josef orakelte schon vom nächsten Schritt, einem Mega-Zusammenschluss von Berghausen-Westerbach mit Steinöd durch eine Verbindungsbahn zwischen Gründeltalspitz und Schönberg über das Naturschutzgebiet Haberfeld hinweg. Den visionären Blick des Seilbahnprofis hatte ihr Mann. Aber auch Anstand – im Gegensatz zu dieser Dreierbande. Männer! Es musste doch mehr geben im Leben als Kohle, dicke Autos und unterwürfige Weiber!

Ein Schwall kalter Luft spülte sie zurück ins Café Bürstlmeier. Jemand hatte die Tür offen stehen lassen. Na klar: zwiegenähte Rindslederstiefel, handbestickter Lodenanzug, eine Glatze, die glänzte wie mit Olivenöl gesalbt – der Zacher-Toni. Türen schließen war für den eine Aufgabe für subalterne Lebensformen.

Ein Lächeln, das einen Wasserfall hätte erstarren lassen, huschte von den Mundwinkeln bis kurz vor seine stahlblauen Augen, als er auf sie zueilte: „Sabine! Schön, dich zu sehen! Hast du lange warten müssen?" Der Druck seiner Bratpfannenhände war eine Spur zu geschmeidig und eine deutliche Spur zu lang – wie immer.

„Nicht der Rede wert." Das war nicht mal gelogen. Zwar hatte er die vereinbarte Zeit akademisch gedehnt, aber langweilig war es ihr nicht gewesen mit ihren Gedanken. Erst ab jetzt verstrich die Zeit zu langsam. „Du hast gesagt, du wolltest was mit mir bereden?"

„Mei, Sabine, jetzt sei doch nicht gleich so ungeduldig! Immer die toughe Geschäftsfrau. Ich muss ganz ehrlich sagen: Das ist ja schon etwas, was ich an dir mag. Aber lass uns doch erst einmal den Moment genießen."

Den Moment genießen! Wusste er, dass sie neuerdings Yogastunden nahm? Wie eine Schlammlawine kroch dieser Kerl heran, bevor er alles überspülte, mitriss, unter sich begrub. Wahrscheinlich um einen guten Eindruck zu machen, verzichtete er sogar darauf, seine Bestellung quer durchs Lokal zu brüllen, wartete gesittet, bis die Bedienung kam, und bemühte sich den Anschein zu erwecken, dass ihn ihr Dirndl-Ausschnitt überhaupt nicht interessierte.

„Bringen's mir bitteschön einen doppelten Espresso, junge Frau. Und einen ebensolchen Grappa. Sabine, magst auch einen? Was Warmes, fürs Herz, in dieser staaden Zeit, wenn's draußen schneit."

„Nein danke, ich muss noch fahren, Schnee auf den Straßen…" wehrte Sabine ab.

„Ach was, gönn dir doch mal was. Und die Bullen hocken sicher mit Glühwein über ihren Akten. Zwei doppelte Grappa, Fräulein, und zwei doppelte Espresso."

Sabine zwang sich, gute Miene zu Zachers patriarchalischem Spiel zu machen. „Wie läuft das Geschäft bei Euch, Toni? Kommt das neue Wellnesshotel gut an? Und merkt Ihr was von den Naturator-Anschlägen an den Gästezahlen?"

Zacher zuckte die massigen Schultern: „Pah, dieser Naturator. Der geht mir an der Kehrseite vorbei. Solche Schulbubenstreiche und Verschwörungstheorien interessieren doch keine alte Sau. Unsere Gäste kommen, weil die Leistung stimmt, und lassen sich nicht die Winterlaune vermiesen. Das ›Alp Balance‹ ist top gebucht." Zacher beugte sich herüber, sie roch frisch aufgetragenes Rasierwaser, seine Stimme wurde eine Nuance dunkler: „Aber ich wollte mit dir über etwas anderes reden, Sabine."

Zum Glück brachte die Bedienung gerade Kaffee und Schnaps, so dass Zacher sich wieder aufrichten musste. Er drückte ihr einen Zehner in die Hand, hob das Schnapsglas und sagte: „Prost, Sabine, auf unsere spannende Zukunft!"

Aus Höflichkeit nippte sie einen Schluck und sagte: „Die Zukunft ist immer spannend. Aber was hat das mit uns zu tun?"

Zacher setzte sein charmantestes Lächeln auf und verschränkte die Finger: „Hör zu, Sabine. Ich weiß, dass du keine gute Meinung von mir hast. Und ich habe dir leider auch Grund dazu gegeben, wofür ich mich dann ja entschuldigt habe."

Ein Knoten bildete sich in Sabines Kehle. Seit sie als Seegrüblers Frau und Controllerin an den Tagungen des Seilbahnverbands teilnahm, stieg der alte Schürzenjäger ihr nach. Bei der letzten Veranstaltung, im September in seinem Steinöder Seminarhotel, hatte er ihr spätabends dubiose Komplimente gemacht, wie gut sie wohl ein Dirndl ausfüllen könnte, dass sie aber ohnehin keinen Stoff nötig habe, um Schönheit vorzutäuschen, und hatte sie in den Wellnessbereich entführen wollen. Als er auch noch versucht hatte, sie zu begrapschen, hatte sie ihm eine runtergehauen. Er war erstarrt und hatte mit eiskalter Stimme gesagt: „Ok. Damit sind wir quitt."

Sah er das etwa als Entschuldigung an? Jedenfalls fuhr er in eindringlichem Ton fort: „Aber jetzt habe ich dir etwas zu bieten, was dich wirklich reizen sollte. Es ist mir nicht entgangen, dass du dich darum bemühst, dein Leben im Einklang mit der Natur zu führen. Was der arme Sepp mit seinem Betrieb auch irgendwie versucht, aber in unserer Branche kann das nicht funktionieren. Ich fürchte, mit der Almspitz Skiwelt GmbH geht's zu Ende, und damit auch mit deinem Job. Ich biete dir eine neue Chance zur Selbstverwirklichung in einer sinnvollen Aufgabe."

„So?"

„Jetzt hör mir doch erstmal zu, Sabine. Einen Wintersportort kann man nicht naturverträglich führen. Das muss man trennen. Wir werden in Steinöd den Pionierschritt wagen. Hast du schon von der Initiative >Bergsportlerdörfer< des Bergvereins gehört?"

„Klar, damit versucht der DBV, alternativen Tourismus zu unter-

stützen. Gemeinden, die nachhaltig wirtschaften und >sanften<
Bergsport anbieten, ohne große Technik: Wandern, Radfahren,
Klettern."

„Genau. Und eben diese Angebote haben wir in Vorder-Steinöd.
Hinten im Tal, in Mitter- und Hinter-Steinöd, da ist der Liftbe-
trieb, da brummt der Bär, da tanzt der Russ. Aber vorne am Talein-
gang, da ist die Welt noch in Ordnung. Die Voralpenhügel sind
ideal zum Wandern und Mountainbiken, das >Body Well< und
die Kletterhalle stehen auch schon dort. Wir haben schon Kontakt
mit der Deutschen Wander-Akademie aufgenommen, die uns ein
>First Class Trails<-Konzept erstellt: Wege jeder Schwierigkeit, vom
Moor-Erlebnispfad bis zur Panorama-Promenade. Und Radwege
zum Almbauern, mit Verkostung von Milch und Käsespezialitäten.
Geschäftsführerin: Sabine Seegrübler. Na, was sagst du jetzt?"

Sabine blieb erstmal die Luft weg. Wie ein Ertrinkender kämpfte sie
sich durch die Worthülsenflut, atmete tief durch und versuchte es
mit Humor: „Der Schneekanonen-Toni als Speerspitze des sanften
Tourismus?" – „Ich weiß schon, dass es bei mir ein Glaubwürdig-
keitsproblem gibt. Deshalb frage ich ja dich, Sabine. Keiner kann
dieses Konzept so authentisch und überzeugend umsetzen wie du."

„Ist in Vorder-Steinöd nicht der Wasserkraft-Pumpspeicher geplant,
auf der Nordseite des Sonnenkopfs? Wie verträgt sich das mit
sanftem Tourismus?"

„Das ist erst mal nur ein Projekt. Und gerade unser Gegenkonzept
des Bergsportlerdorfs kann dazu beitragen, diese Verschandelung
einer unberührten Almlandschaft noch rechtzeitig zu verhindern."

Unberührte Almlandschaft! Zum Kotzen, diese Scheinheiligkeit!
Zachers Beschneiungsteiche dies- und jenseits des Schönberg-
kamms, waren die etwa keine Verschandelung? „Und du meinst,
wenn du mich als Strohfrau präsentierst, kauft dir der DBV dein
halbseidenes Konzept ab?"

„So mag ich dich: Sabine, die Kämpferin! Mach dir um den DBV mal keine Sorgen. Die krieg ich schon rum."

„Nicht alle sind bestechlich."

„Es gibt schon Mittel. Aber das willst du gar nicht wissen. Lass uns lieber noch einmal in Ruhe über das Konzept reden, ich bin sicher, dass ich dich damit überzeugen kann. Wie wär's mit heute abend? Ich hab im >Alp Balance< einen Tisch für uns reservieren lassen, der neue Chefkoch hat gerade einen Michelin-Stern bekommen. Ums Heimfahren musst du dir keine Gedanken machen, ich habe sogar noch eine Suite für dich organisieren können. Und vorher spendier ich dir eine Rundum-Wellness-Behandlung nach Strich und Faden, damit du noch schöner aussiehst beim Abendessen."

„Vergiss es. Vergiss es alles. Du widerst mich an, Toni Zacher, mit deinen Annäherungsversuchen und deinen ekelhaften Geschäften."

Wie es heraus war, bereute sie es schon. Aber er war einfach unerträglich.

Zachers Gestalt straffte sich, er richtete sich im Caféstuhl zu einer bedrohlichen Masse auf und sagte eiskalt: „So. Ich widere dich an. Aber der Heiner, der hat dich nicht angewidert?"

Heiner! Was wusste Zacher …? Die Weihnachtsfeier. Die traurigen Augen, abends beim Absacker an der Bar, als alle schon gegangen waren. Verlorene Hoffnungen, eine gebrochene Seele seit dem Unfall vor zehn Jahren. Es war ein Ausrutscher gewesen, eine Mischung aus Mitleid, mütterlichem Trösten und der Freude am unschuldigen Begehren in seinen Augen. Auch an seiner aufgestauten Energie. Dann das zweite Mal, ein echter Fehler. Sie hatte es ihm sagen wollen, brachte es nicht übers Herz. Nie hätte sie Josef für ihn verlassen. Als sie sich dann entschlossen hatte, bei einem letzten Treffen den Schlussstrich zu ziehen, war Heiner abgestürzt, zerquetscht zwischen Glas und Metall …

Stark bleiben, Sabine! „Was soll das?"

„Ich weiß, was ihr zwei getrieben habt, nach der Weihnachtsfeier im Liftstüberl. Und dann drei Tage später, draußen im Rosenhof in Knaglfing. Es gibt sogar Fotos. Die würden den Sepp vielleicht auf Touren bringen, jetzt wo dein neuer Hengst im Seckeltobel liegt." Er hielt ein Smartphone in der Handfläche, fuhr mit seinem dicken Zeigefinger wie streichelnd über die glänzende Oberfläche. Bilder huschten vor Sabines aufgerissenen Augen vorbei – nackte Haut, zwei Körper auf blauem Leinen … sie fiel ins Bodenlose …

und fand doch irgendwann Grund. Der Stuhl kippte um, als sie aufsprang, ihre Jacke und Tasche packte und vor dem Hinausstürmen herausstieß: „Toni Zacher! Verschwinde aus meinem Leben!"

22   Dienstag, 22.12., 20 Uhr

Da bist du platt – der Naturator schlägt wieder zu
Die unheimliche Serie von Sabotageakten gegen Wintersportorte reißt nicht ab. Der nächste Anschlag ereignete sich am heutigen Dienstag in Kirchgaden. [+ mehr…] Beim jüngsten Attentat des Aktivisten, der sich selbst „Der Naturator" nennt, war sogar die Polizei selbst betroffen […] Josef Seegrübler, Geschäftsführer der „Almspitz Skiwelt GmbH", versicherte, dass sich die Liftgesellschaft um einen raschen Schadenersatz kümmern werde; für die geschädigten Skifahrer wollte er noch abends Leihautos besorgen. Außerdem verwies er auf die Angebote für Skifahrer, die mit öffentlichen Verkehrsmitteln anreisen: vergünstigte Liftkarten bei Vorlage des Bahntickets, Shuttlebusse vom Bahnhof zur Talstation, kostenlose Spinde für Alltagskleidung für die An- und Heimfahrt […]

Exklusiv: Das neueste Bekennerschreiben des Naturators [hier]

Fotogalerie: Reifen ohne künst- und jeglichen Sauerstoff in Kirchgaden – powered by O2

> Bisher 7 Kommentare
>
> **Enzianblau:** Jetzt erwischt er endlich mal die Richitgne: Diese Sport-Konsumneten, die mit ihren dicken Karren ins Gebierge dapfmen statt mit bus und Bahn und sich adnn noch Natursprotler nennen!
>
> **DaKini:** Oiso beim Auto heart da Spaß auf. Des hätt's ned braucht.
>
> **Steinbock78:** Die Richtigen? Wer ist denn wirklich schuld? Der das Angebot zum Pistenskifahren macht, oder der es nutzt? Und natürlich emittierst du in öffentlichen Verkehrsmitteln nur halb so viel Kohlendioxid wie im Auto, aber dafür sitzt du bei der Heimfahrt im verschwitzten Skizeug im Zug.
>
> **Gamsei:** Also ich fahr einfach mit dem E-Auto hin, da gibt's gar kein Kohlenoxid.
>
> **Wortsepp:** Klar, weil der Strom aus der Steckdose kommt.
>
> **keinweg2t:** Bleib halt gleich daheim, stadt die scheis Schiindustrie zu unterstüzen. Die betoniren alle Allmwiesen zu, das die Küh Elektrosmogg krigen von den Dratseilen.
>
> **Gamsei:** Wenn ich nimmer Skifahren darf, dann mag ich auch keinen Winter nimmer.

Boris schloss den Browser und goss sich einen Wodka ein. Unglaublich, was für einen Mist die Idioten in diesem Forum verzapften.

E-Autos! Das war ja wie mit dem Bobbycar auf der Rallye Paris-Dakar! Überhaupt kein Sound! Und nach hundert Kilometern an die Steckdose. Wie die Kinder im Kindergarten, die alle fünf Minuten was trinken mussten. Oder diese topmodernen Wanderer mit ihren Trinkblasen, wo sie ständig dran nuckelten. In seiner militärischen Eliteeinheit in Russland hatten sie zwei Tage ohne Essen auskommen müssen, einen Tag lang ohne Trinken, und das ohne Leistungsabfall bei voller Anstrengung. Die gleiche Power durfte man doch wohl von einem Auto verlangen.

Aber gegen Chemikalien war selbst der Hummer wehrlos. Naturator, du Sau! Seegrübler steckte dahinter, das war völlig klar. Der Ratrac-Unfall hatte seine marode Firma herb getroffen, dann hatte er sich die Anschläge gegen die Konkurrenz ausgedacht, um halbwegs gleichzuziehen. Und als Iwan ihn unter Druck gesetzt hatte, hatte er sich selbst als Opfer inszeniert, um unschuldig auszusehen, mit begrenztem Schaden. Nur dass er Boris erwischt hatte. Schon zum zweitenmal. Wladimir, der in der Nacht für die Beschattung zuständig gewesen war, hatte zwar nichts bemerkt an Seegrüblers Haus. Aber der Liftchef war schließlich Sportler und ein raffinierter Hund. Als Bergsteiger konnte der sich auch im Sternenlicht zurechtfinden, ohne mit einer Lampe aufzufallen, denn dass Iwan ihm auf die Finger schauen lassen würde, musste ihm klar gewesen sein. Wenn man nicht alles selber machte!

Iwan war zwar nicht ganz überzeugt, aber der wurde allmählich alt, da schlief der Killerinstinkt ein. Viel fehlte nicht mehr, dass er sich in „Iwan der Sanftmütige" umnennen müsste. Boris würde ihm schon beweisen, dass er recht hatte und Seegrübler hinter den Anschlägen steckte. Er wusste, was er zu tun hatte.

Josef Seegrübler spurte, in Gedanken versunken, über der Sommerbachklamm dahin. Nur als schwache Kante zog sich der eingeschneite Wanderweg durch den Hang, zehn Meter unterhalb öffnete sich der Spalt der Felsenschlucht, durch die der Wildbach toste; bis hier oben schwebte stellenweise die Gischt.

Schlagartig spannten sich seine Bauchmuskeln an: Ein Gleitgeräusch von oben! Alle Nervenenden schalteten auf Höchstempfindlichkeit, er schaute auf. Und was er sah, ließ seine Eingeweide verkrampfen. Über ihm hatte sich ein Lockerschneerutsch gelöst, glitt auf ihn zu. Und er stand prekär im steilen Hang, im Neuschnee auf harter Unterlage! Energisch schlug er die Kanten der Ski ein, rammte die Stöcke talseitig als Stütze in den Schnee und stemmte sich mit aller Kraft gegen die Minilawine. Die Erfahrung aus vielen Jahren Skitouren, die schwache Kante des Weges und sein trotz Bürojob immer noch guter Trainingszustand retteten ihm das Leben. Der Druck des abrutschenden Schnees auf Unterschenkel und Skischuhe ließ allmählich nach, die letzten Reste rauschten über die Felskante in die Klamm. Seegrübler atmete tief durch, das Kribbeln im Bauch ebbte ab. Der Tod im Wasser war immer eine Horrorvorstellung gewesen; vielleicht wäre ihm durch den Absturz wenigstens das Ertrinken erspart geblieben. Mit weichen Knien stieg er weiter auf in Richtung Sommerloch, vom zunehmenden Schneefall umwirbelt.

Er brauchte diese Zeit für sich heute. Zu viel war auf ihn eingebrandet in den letzten Tagen, Wochen, Monaten. Gestern abend noch das Gespräch mit Sabine. Er musste sich ja nicht wundern, dass eine dreizehn Jahre jüngere Frau vielleicht einmal enttäuscht war von einem Ehemann, der abends oft abgespannt und matt war. Aber Heiner Kniebrich? Der war ja auch nicht gerade eine motivierende Frohnatur. Jünger halt, und durchaus noch sportlich, obwohl er kein Rennläuferniveau mehr hatte. Ihre Beteuerung, dass sie ihn nie für Heiner verlassen hätte – durfte er ihr glauben? Er wollte es gerne. Aber die Wagenburg jahrzehntelangen Vertrauens hatte eine Bresche bekommen.

Und der Auslöser für das Geständnis war ja von außen gekommen… Zacher! Diese alte Drecksau! Hatte es selber gerade nötig, eine Affäre anzuprangern. Vor dem war noch nie ein Rock sicher gewesen. Schon damals, als er die Schule wechseln musste: die Tochter des Direktors; vierzehn war sie erst gewesen… Und dass er schon seit jeher Sabine nachstellte, hätte nur ein Blinder übersehen können. Da allerdings hatte Seegrübler nie den geringsten Zweifel gehabt, dass sie den „König von Steinöd" genauso verachtete wie er.

Dieser Naturator mit dem Vorwurf der Russenmafia: Da hatte er eigentlich das wichtigere Ziel verfehlt. Was der Zacher-Toni dort im Tal von Steinöd aufgebaut hatte, das war ein Imperium. Und seine Methoden schaute man besser nicht so genau an, wenn man ruhig schlafen wollte. Wie ein Krebsgeschwür fraß er sich mit seinen Erschließungen langsam in die Berge hinein, und wenn ein Bauer seine Almwiesen nicht zur besseren Nutzung hergeben wollte, dann waren schon auch mal Almgebäude Opfer ungeklärter Brände geworden. Und Bachlinger und Mittlermeir, seine alten Schulspezln? Mitläufer, wie diese beiden Typen in dem Harry-Potter-Film, in den ihn Sabines Schwester mit ihren Teenie-Kindern mitgeschleppt hatte. Crabbe und Goyle, die fetten Erfüllungsgehilfen des fiesen Malfoy. Ihre Geschäfte hatten auch sie im Griff, aber die Dunkle Energie strahlte der Zacher aus.

Dagegen konnte man nicht wirklich ankommen, wenn man den Spagat versuchte, ein Skigebiet einigermaßen naturschonend zu betreiben und halbwegs zeitgemäß am Funktionieren zu halten. Zum Glück hatte er mit Sabine eine Finanzfrau, die seine Abwägung zwischen Rendite und Ressourcenverbrauch verstand – und den Gesellschaftern mit ihrem Charme besser verkaufen konnte als er. Und zum Glück waren die Gesellschafter alles gestandene Einheimische, die auch seinen sonstigen ökologisch-sozialen Ideen recht aufgeschlossen gegenüberstanden. Auch hier war im Lauf der Jahre Vertrauen gewachsen. Aber gegen die ununterbrochen rotierende Erschließungsspirale in den Nachbardörfern gab es auf Dauer kein Mittel. Neue Ideen mussten her; Umsteuern hieß das Gebot der Stunde. Aber wohin? Und wie? Waren Sabines genossenschaftliche Energieprojekte der richtige Weg?

Aber wer sollte das bezahlen? Windräder mussten erst einmal finanziert werden. Dass die Versicherung den abgestürzten Ratrac vorerst nicht ersetzen würde, belastete die ohnehin schon angespannten Konten der Almspitz Skiwelt GmbH noch mehr. Und ob die Anschläge gegen die Konkurrenten und seine kulante Handhabung der Sache mit den Reifen mehr Gäste nach Kirchgaden locken würden, das blieb abzuwarten.

Obendrein war er jetzt noch ins Fadenkreuz dieses Kommissars geraten. Der strahlte zwar Gelassenheit aus, aber Seegrübler hatte das Gefühl, dass er auch ungemütlich werden konnte. Was, wenn er das mit Sabine und Heiner herausbekäme? Eine Morduntersuchung konnte er nicht brauchen, jetzt, wo so viel zu regeln war.

Seegrübler spurte mit raumgreifenden Schritten durch den unberührten Schnee, der aus dicken Wolken kräftig Nachschub erhielt. Er mochte es, sich gegen die Elemente zu stellen, seine eigene Verletzlichkeit zu spüren, aber auch seine Stärke. Der Waldgürtel lag unter ihm, über dem letzten Hang reckte sich ein verschneiter Felsgipfel in die Wolken: der Sommerstein, der große einsame Berg, im Winter nur etwas für Spezialisten. Schon die Skitour zum Sommerloch wurde wegen des exponierten und gefährlichen Zugangs durch die Klamm kaum begangen – ein Grund, warum er zu ihren wenigen treuen Liebhabern zählte. Außerdem faszinierte ihn der

Gedanke, nicht auf einen Gipfel zu steigen, sondern sozusagen zu seinem Gegenteil: einem Loch. Die große Doline in der Karstwüste des Haberfelds hatte ihn schon immer angezogen. Im Sommer war er oft stundenlang an ihren steilen Hängen gesessen, hatte in die Dunkelheit dort unten geschaut und sich vorgestellt, alles was ihn bedrückte von diesem Schwarzen Loch aufsaugen zu lassen. Und wie ein astronomisches Schwarzes Loch Energie als Hawking-Strahlung abgab, so war er oft mit dem Gefühl zurückgegangen, Stärke aus der Tiefe der Erde gesogen zu haben.

Er hatte eine Verabredung mit der Macht der Erde. Und dann würde er wissen, was er zu tun hatte.

24   Mittwoch, 23. Dezember, 10 Uhr

Das Wetter gab sich nochmal richtig Mühe, vor Weihnachten einen Schlussspurt hinzulegen und die Skigebiete großzügig zu beschenken. Eine dicke Schneehaube lag auf dem Dach der Almspitz-Seilbahnstation, große Schneehäufen umgaben den frisch geräumten Parkplatz, auf dem die Autos schon wieder eingehüllt waren vom leise rieselnden Schnee. Neben dem Stationsgebäude glänzte eine Schlitterstrecke, wahrscheinlich von Skikurskindern festgetreten; Max Haderbichler versuchte ein paar gleitende Schritte und lächelte: Er sollte doch mal wieder eine Skitour ausprobieren. Dann wurde er wieder ernst. Das würde ein spannendes Gespräch werden.

Das Büro von Sabine Seegrübler war erfüllt von dem Blütenduft, den er schon bei ihrer ersten Begegnung wahrgenommen hatte. Ein Weihnachtsstern und eine weiße Orchidee schmückten das Fensterbrett, davor eine Hydro-Palme; auf dem schlichten Buchenschreibtisch standen statt Aktenstapeln ein Räuchermännchen-Rübezahl und ein Teller mit Mandarinen.

„Grüß Gott Herr Haderbichler", Sabine Seegrübler kam ihm entgegen und drückte ihm die Hand, „mein Mann hat mir schon gesagt, dass Sie mit mir sprechen wollten. Sorry, dass ich so schwer zu erreichen war. Nehmen Sie Platz. Worum geht's denn?"

Herzlich, offen, unbeschwert – das machte es nicht gerade einfacher.

„Tut mir Leid, wenn ich ziemlich direkt mit der Tür ins Haus fallen muss. Aber bei der Recherche zum Ratrac-Absturz haben wir erfahren, dass Sie und Heiner Kniebrich bei der Weihnachtsfeier die Letzten im Liftstüberl waren. War da was zwischen Ihnen beiden?"

Sie wurde blass und umklammerte die Lehne ihres Stuhls, aber ihr Ton war hart. „Was hat denn das mit dem Unfall zu tun?"

Haderbichler drehte wie entschuldigend die Handflächen nach oben: „Das ist das Schmutzige an der Polizeiarbeit: Wenn ein Tötungsdelikt nicht ausgeschlossen werden kann, müssen wir alles Drumherum aufarbeiten. Bitte, Frau Seegrübler. Heiner können Sie nicht mehr helfen. Aber vielleicht der Wahrheit, wenn es so etwas überhaupt gibt."

Sie atmete tief durch. „Ja. Wir hatten eine kurze Affäre. Ich hätte es Ihnen sowieso gesagt, wenn Sie früher gefragt hätten." Er musste sich vorbeugen, um ihre Stimme zu verstehen. „Wie es dazu kam, spielt keine Rolle. Es war ein Ausrutscher. Aber es war für mich schon beendet, bevor Heiner abgestürzt ist."

„Wusste Ihr Mann davon?"

„Ich habe es ihm gestern abend gesagt."

Warum erst gestern?, schoss es Haderbichler durch den Kopf. Wenn doch nichts mehr war? Hatte diese charismatische Frau gehofft, dass die Sache still in der Vergangenheit verschwinden würde? Aber das war eine Sache der beiden Eheleute. Statt dessen fragte er: „Und? Wie hat er reagiert?"

„Sie meinen, ob er wütend wurde? Das ist nicht Josefs Art. Er ist ein ziemlich rationaler Mensch. Ich würde sagen, er ist ziemlich ruhig geblieben. Und als ich ihm gesagt habe, dass Heiner nie eine Zukunft für mich hätte bedeuten können, hat er nur gesagt ›dann ist ja gut.‹"

Ein Ausbund an Selbstbeherrschung, der Liftchef. Aber die nach außen coole Reaktion konnte Abgründe an Rachedurst verbergen – wenn er den Seitensprung schon vorher durchschaut hatte. „Hat er denn überrascht gewirkt? Oder erschrocken?"

Sie schloss für einen Moment die Augen, wie um sich die Szene ins Gedächtnis zu rufen. „Schwer zu sagen. In letzter Zeit kam Sepp mir ziemlich angespannt vor. Die Geldprobleme der Skiwelt GmbH. Dann der Ratrac-Absturz mit Heiners Tod. Gestern noch der Reifen-Anschlag und der Ärger mit den Liftgästen… Vielleicht war in ihm nicht mehr viel Energie für eine auffällige Reaktion. Ich habe jedenfalls nichts bemerkt." Sie knetete die Finger im Schoß.

Der nächste Pfeil, den er in ihre Seele schießen musste: „Können Sie mir sagen, wo Ihr Mann in der Nacht auf gestern war?"

Erschrocken fuhr sie auf: „Sie fragen nach einem Alibi? Denken Sie etwa, er hätte seinen eigenen Betrieb geschädigt?"

„Wir sammeln Informationen, Frau Seegrübler", sagte Max mit seiner sanftesten Stimme, „also: Wo war er Montag Nacht?"

„Am Montag war ich noch ziemlich erschöpft von der Messe und bin früh ins Bett. Wann Josef schlafen gegangen ist, weiß ich nicht; wir haben getrennte Zimmer, weil er öfter schnarcht."

Das wäre die einzige Lücke in einer Reihe fehlender Alibis gewesen. „Also hat Ihr Mann für keine der Nächte vor den Sabotagen und dem Ratrac-Absturz ein Alibi. So Leid es mir tut: Es ist eine Tatsache, dass schon viele gehörnte Ehemänner zu Mördern geworden sind."

„Aber Josef nicht!" Fast schrie sie es ihm entgegen, halb hob es sie aus ihrem Sessel. Dann sank sie wieder zurück und sagte leise, aber bestimmt: „Josef würde nie jemanden umbringen. Er ist ein Menschenfreund, er verabscheut Gewalt. Er könnte das nie tun. Und Heiner war für ihn mehr als ein guter Mitarbeiter; sie standen sich echt nahe."

„Gerade dann kann ein Seitensprung besonders weh tun", gab Haderbichler zu bedenken. Ihr bedingungsloses Vertrauen in ihren Mann rührte ihn. Kein Wunder, dass dessen Augen so geleuchtet hatten, als sie damals zur Tür hereinkam. Aber sie wäre nicht die erste, deren Vertrauen getäuscht, enttäuscht worden wäre. Möge ihr doch diese Erfahrung erspart bleiben. „Ich würde auf jeden Fall gerne auch mit ihm reden. Ist er da?"

Ihre braunen Augen bohrten sich in seine: „Tut mir Leid, ich weiß nicht wo er ist. Als ich heute morgen aufgestanden bin, war sein Bett leer, seine Skitourenausrüstung war weg. Ich denke, er ist irgendwo auf den Berg gegangen, das tut er manchmal, wenn er Zeit zum Nachdenken braucht. Dann schaltet er sein Handy aus und zieht sich zurück nach oben, weg von der Welt."

„Na, da wird er ja auch mal wieder herunterkommen", versuchte Haderbichler, einen versöhnlichen Ausstieg zu finden. „Könnten Sie mir bitte Bescheid geben, wenn er wieder da ist? Und ihm sagen, dass wir mit ihm reden möchten?"

„Ich richt's ihm aus", sagte sie, als sie ihm die Hand reichte, „auch wenn mir nicht ganz klar ist, was Sie ihn fragen wollen."

Wenn er ehrlich war: Das wusste er auch nicht so genau.

25   Donnerstag, 24. Dezember, 12 Uhr

„Servus Max, ich bin dann weg. Muss noch einen Weihnachtsbaum kaufen, sonst hängen die Kinder das Lametta an mir auf. Frohes Fest!" Wenn's ums Gehen ging, war Kreglinger meistens am dynamischsten. Zwei Grundschulkinder verlangten schließlich einiges an Energie; kein Wunder, dass er sie sich im Job sparte. Und dass ihn der Vaterjob so einnahm, dass er nicht an die Lebenssituation anderer Leute dachte, war verständlich. Auf Haderbichler wartete niemand in der kleinen Wohnung, die er hier sein Zuhause nennen musste. Vielleicht Weihnachts-Postkarten oder SMS von Jonas und Tina; für die Telefonnachrichten gab es mittlerweile ja auch schon kitschige elektronische Bildchen, die man anhängen konnte.

Haderbichler war der letzte im Büro. Frieder und Julia hatten den Heiligen Morgen frei genommen. Zeit, Papierkram zu erledigen. Musste ja auch mal sein. Von den Akten ging sein Blick zum Fenster. Draußen war richtiges Weihnachtswetter: Der Schnee fiel in dicken Flocken vom Himmel, am Gartenzaun des Polizeireviers bildeten sich schon Verwehungen. Gar keine schlechte Voraussetzung für seinen Plan. Dieses Jahr würde er sich nicht dem X-Mas-Blues ergeben. Aus der Internetseite des Bergvereins hatte er sich eine kleine Hütte in den Voralpen rausgesucht, deren Winterraum offen und heizbar war. Dort würde er mit den Tourenski hinaufsteigen, sich einen schönen Abend mit Rotwein und Käsefondue machen, sich umhüllen lassen von den Bergen, die ihm seine Frau genommen, aber auch viel gegeben hatten.

Ein Toyota Prius hielt vor dem Zaun des Reviers, schwarz-rot lackiert, „Almspitz Skiwelt GmbH" stand darauf. Die Person, die da ausstieg, schwarzer Wintermantel, ein weinrotes Kopftuch umgebunden, das musste Sabine Seegrübler sein! Er stand auf, denn auch der Pförtner hatte ab mittags frei.

„Ich möchte eine Vermisstenanzeige aufgeben", sagte sie, als sie die verschneite Überbekleidung abgelegt hatte und vor ihm saß. „Josef ist gestern abend nicht nach Hause gekommen. Und selbst wenn er irgendwo auf einer Hütte übernachtet hat, müsste er allmählich zurück sein." Sie suchte seinen Blick, sah ihm in die Augen. „Außerdem habe ich ein schlechtes Gefühl."

„Machen Sie sich mal nicht verrückt", lag Haderbichler auf der Zunge. Aber das hatte sich die Frau sicher selbst schon gesagt, gestern hatte sie einen recht abgeklärten Eindruck gemacht. Doch heute wirkte sie anders: beunruhigt, besorgt.

Er deutete zum Fenster: „Vielleicht hat er auf einer Hütte übernachtet und traut sich nach dem Schneefall wegen Lawinengefahr nicht mehr ins Tal."

„Ich weiß schon, was die vernünftige Erklärung wäre", antwortete Sabine leise, aber bestimmt. „Und Josef ist zum einen ein erfahrener Bergsteiger und zum anderen neigt er nicht zu hysterischen Reaktionen." Ihre Schultern sackten nach unten. „Aber diesmal habe ich einfach ein schlechtes Bauchgefühl. Und ich mache mir Vorwürfe, Herr Kommissar. Wenn ich nicht auf diese Messe gegangen wäre, weil ich mich für mein Windkraftprojekt informieren wollte, hätte ich Josef vielleicht früher die Sache mit Heiner gestehen können. Wir hätten mehr Zeit gehabt, darüber zu reden, er wäre nicht durch den Reifen-Anschlag zusätzlich belastet gewesen. Ich habe Angst, dass ihm das alles zu viel geworden ist und dass der vielfältige Druck sein Urteilsvermögen getrübt hat: Vielleicht ist er in eine Lawine gekommen; die Situation ist heikel genug bei dem vielen Neuschnee."

„Mit Selbstvorwürfen helfen Sie weder sich noch ihm, Frau Seegrübler." Natürlich konnte sie Recht haben mit diesen Überlegungen, aber das musste er ihr nicht noch in die offene Wunde reiben. „Das Vergangene können Sie nicht ändern; lassen Sie uns lieber nachdenken, was wir tun können. Haben Sie denn eine Idee, wo Ihr Mann hingegangen sein könnte?"

Ihre Finger verknoteten sich. „Er hatte mehrere Lieblingstouren. Aber wenn ich einen Tipp abgeben müsste, würde ich sagen, er ist zur Sommerbachalm oder noch weiter zum Sommerloch gestiegen. Das ist eine Doline, zu der wir gelegentlich im Sommer gemeinsam gewandert sind und die ihn immer besonders fasziniert hat. Und bei der Alm weiß er, dass der Schlüssel auf dem Türbalken versteckt ist; sie gehört einer Kooperative von Almbauern, mit denen er geschäftlich verbunden ist."

Haderbichler machte sich Notizen, fragte sie nach weiteren möglichen Tourenzielen und Ausgangspunkten, nach Seegrüblers Autokennzeichen und der Farbe seiner Tourenkleidung. „Danke, Frau Seegrübler. Ich werde gleich die Kollegen von der Schutzpolizei bitten, die Ausgangspunkte der Skitouren abzufahren, ob das Auto Ihres Mannes irgendwo steht. Mit der Bergwacht rede ich auch mal; aber bei dem Wetter wird wahrscheinlich kein Suchflug möglich sein. Und eine einzelne Skispur von gestern würde man nach dem Schneefall kaum mehr finden."

„Das weiß ich alles, Herr Haderbichler", sagte sie müde, „aber rational bleiben ist nicht immer leicht. Und daheim sitzen und warten und sich überlegen was sein könnte und was anders hätte laufen können…" sie atmete tief durch … „das ist ein harter Job."

Es war nicht das erste Mal, dass Max einem Menschen in dieser Situation gegenübersaß, der gegen die Gespenster von Ungewissheit und Angst versuchen musste, Zuversicht aufrechtzuerhalten. Bei dieser Frau tat es ihm besonders weh; so lebensbejahend hatte sie gewirkt in dem Moment, als er sie zum ersten Mal gesehen hatte; so viel hatte sie seither verkraften müssen.

„Tut mir Leid: Ich fürchte, Sie werden sich gedulden müssen. Aber Sie haben getan, was Sie konnten. Wenn wir einen Anhaltspunkt finden, werden wir unser Bestes tun, und wenn ein Suchtrupp zur Sommerbachalm aufsteigen muss. Bleiben Sie stark! Wir melden uns, wenn wir mehr wissen."

„Ja Hallo, Herr Kommissar! Was führt Sie denn hierher?" Felix hatte seinen Corsa neben dem Subaru des Kriminalers abgestellt und wagte einen kumpelhaften Schulterklopfer.

Haderbichler, der gerade mit den Skischuhschnallen kämpfte, richtete sich auf: „Ach, der Herr Onlineredakteur. Gutes Neues noch! Was ich hier tue? Raten Sie mal, Herr Investigativjournalist!"

Es war wirklich nicht schwer zu erraten: Der Parkplatz fürs Elferberger Hörnle war so ab vom Schuss, dass sich hier nur Fuchs, Hase und Skitourengeher gute Nacht sagten. Und trotzdem oft überfüllt, denn es gab nicht viele Gipfel, die auch nach einer so lang anhaltenden Niederschlagsperiode noch mit vertretbarer Lawinengefahr zu besteigen waren. Heute und um diese Zeit waren sie allerdings noch die ersten. Und das trotz dreißig Zentimeter Neuschnee, die es letzte Nacht gegeben hatte.

„Normal hätte ich ja getippt, dass Sie eine Skitour machen wollen, Herr Haderbichler. Aber mit den uralten Spaghettilatten kann das ja wohl kaum sein. Ich glaube eher, dass Sie sich auf dem Weg zum Sperrmüll verfahren haben." Der hatte tatsächlich noch so alte Ski aus den neunziger Jahren: lang und dünn wie italienische Nudeln. Dass man mit so was mal hatte fahren können… Und das bei dem Körperbau; Haderbichler erinnerte Felix immer an einen Bären, mit seinem massigen Oberkörper, den braunen Haaren und Augen. Dass er aber Jeans, Gabardine-Anorak und Schiebermütze zur Skitour trug, das war so retro, dass es fast schon wieder cool war.

„Lästern Sie nur, Felix", brummte der Bär gutmütig, „für meine ersten Wiederbegegnungen mit dem Schnee wollte ich nicht gleich ein halbes Monatsgehalt investieren. Außerdem hab ich's nicht so eilig wie Ihr jungen Leute, die nachmittags gleich als erste einen Eintrag im Tourenforum posten müssen. Da braucht man natürlich selbstlaufende Ski, Latexklamotten und Rucksack mit Helium im ABS-Ballon."

Schlagfertig war er, und tatsächlich cool, der Alte; machte Spaß, sich mit ihm zu kabbeln. „Jaja, und ewig ruft der Arbeitsberg… Nee, heute will ich auch nur den Kopf ein bisschen auslüften und hab's nicht eilig. Wie wär's: Tun wir uns zusammen beim Spuren und machen einen kleinen Wettbewerb um die Entdeckung der Langsamkeit?"

„Sie wollen ja nur wieder Insider-Informationen aus der Polizeizentrale abgreifen, geben Sie's zu!"

„Ertappt!", Felix breitete die Arme aus, „gegen so einen Ermittler sind meine Vertuschungsversuche hoffnungslos. Aber meine Einladung steht trotzdem: Zu zweit sind wir weniger allein."

Es wurde dann doch kein großes Gemeinschaftserlebnis. Denn obwohl Felix beim Aufstieg die Spurarbeit größtenteils selber übernahm, hatte der Polizist Mühe, hinterherzukommen. Felix fühlte sich an Touren mit seinen Eltern erinnert, die zwar besser trainiert waren als der Kommissar, aber doch auch ein gemütliches Tempo verlangten. Nun: Reden konnte man noch am Gipfel, und schweigend blieb mehr Zeit zum Schauen und Denken.

Unten am Parkplatz hatte noch ein klammer Nebel im Tal gelastet, die weiß verpackten Bäume trugen zusätzlich eine Reifschicht am Stamm. Der Atem hing als dicke Wolke in der Luft, auf der verschwitzten T-Shirt-Brust bildeten sich kleine Eiskristalle. Gleichmäßig schob Felix einen Ski vor den anderen; allmählich wurde der Kopf frei. Mit ein paar Bergfreunden hatte er Silvester gefeiert, Sekt und Wein waren geflossen, aber er hatte sich fremd gefühlt in der fröhlichen Runde. Es hatte sich ja schon länger abgezeichnet, dass auch die Beziehung zu Nicole keine Zukunft haben würde. Dennoch war es immer bitter, wenn man wieder einmal Hoffnungen auf eine erfüllende Partnerschaft begraben musste. Offensichtlich waren Bergsteiger und Flachlandtiroler wirklich nicht kompatibel.

Nach einer Stunde wurde der Wald lichter, und auch die Wolken lockerten sich. Mal blinkte ein Fleck Blau von oben durch, mal zeichnete sich schemenhaft eine Gratlinie im Grau ab. Schlagartig riss plötzlich der Nebel auf, zerfaserte zu letzten feinen Gespinsten, die Sonne wärmte das Gesicht und bestrahlte eine geradezu kitschige Winterwelt. Die Hütten der Elferbergalm waren weiß eingemummelt wie in einer Schneekugel, ein strahlendweißer Rücken führte von ihnen auf die Kuppe des Elferberger Hörnle, rechts reckten sich die dunklen Felswände des Elferbergs über seinem Kar, links ging der Blick frei zur Zackenkette des Oberbergener Hornkamms. Voralpenzauber!

„So viel schön!", rief Haderbichler von hinten, „so habe ich es mir erhofft. Das Jahr fängt gut an. Aus dem Nebel in die Sonne!"

„Braucht nur ein bisschen Energie", bestätigte Felix. Das Bergsteigen als Metapher fürs Leben zu nehmen, lag auf der Hand. Wenn es nur immer klappen würde…

„Mit großem Bedauern geben wir bekannt, dass wir uns künftig auf getrennten Wegen weiter auseinander entwickeln wollen. Wir danken uns gegenseitig für eine unvergessliche Zeit und werden stets gute Freunde bleiben." Ein Facebook-Post schoss ihm durch den Kopf, wie er unter Promis gerade in Mode war. Stilvoll trennen, mit Formulierungen wie bei der Kündigung. Scheiße! Schwamm drüber war einfach gesagt. Zum Glück gab es die Berge – auch wenn sie wohl der Grund für die Misere gewesen waren…

Still spurte er weiter.

„Magst probieren?", fragte Haderbichler und hielt Felix ein Stück Knoblauchsalami vor die Nase. Er griff zu und streckte dem Kommissar seinen Steingäuer Almkäse hin. „Wird der mit Skitourenstrümpfen aromatisiert?", fragte der naserümpfend, schnitt sich aber mit seinem Schweizer Taschenmesser ein großes Stück ab und fing genüsslich an zu kauen.

Die Holzbank unter dem geschnitzten Gipfelkreuz hatte Felix mit seiner Lawinenschaufel freigeräumt und mit dem verschwitzten Hemd abgerieben. Kein Lüftchen wehte, in der Sonne ließ es sich im Faserpelz bestens aushalten.

„Dafür gibt es keinen Ersatz", sagte Haderbichler, als er den Käse mit einem Schluck Willi runtergespült und den Flachmann an Felix weitergegeben hatte, „hier oben sitzen, zwischen Himmel und Erde, die Anstrengung hinter sich, entspannen, eine schöne Abfahrt vor uns, der Blick in die Runde…"

„Ja, das kann man niemandem erklären. Nicole hat es leider nie verstanden."

„Ist sie endgültig weg?"

„Sie hat's lange probiert, aber die gemeinsame Basis war ihr einfach zu schmal." Felix nahm einen großen Schluck. Der Willi schmeckte mild und aromatisch, wärmte von innen – trügerisch, er wusste es, trotzdem schön. Und machte den Kopf leichter. „Und bei Ihnen? Gibt es eine Frau Haderbichler?"

Der Kommissar nahm die Pulle zurück und setzte sie nochmal an. Genüsslich schloss er die Augen, bevor er den Obstbrand hinunterschluckte. „Es gab eine. Sie war genauso bergbegeistert wie ich. Aber sie ist auf einer Wanderung umgekommen. Der zweite Versuch, abseits der Berge, war nichts. Zur Zeit freunde ich mich gerade wieder mit den Bergen an. Ob's mit Frauen noch mal was wird, lass ich auf mich zukommen."

„Tut mir Leid." So hatte jeder seine eigenen Probleme, auch der Brummbär von der Polizei. Felix biss ein Stück vom Käse ab, schob ein paar Brotchips hinterher und kaute die knackig-würzige Mischung. Seine Augen fingen sich am Kamm der Hornspitzen, folgten der gezackten Linie des Hallelujagrates. Das wäre jetzt eine Winterbegehung nach alter Sitte, bis zum Bauch im Schnee, nicht auf gestapfter Spur im Firn, wie er es schon öfter genossen hatte.

„Die Frau Seegrübler wird sich auch an den Gedanken gewöhnen müssen, dass ihr Mann nicht wiederkommt aus den Bergen", schnitt er nun das fällige Thema an. Gestern hatte die Polizei eine Pressemitteilung rausgegeben, dass die Suche nach dem Liftchef eingestellt worden war. Sein Auto war am Start der Tour zur Sommerbachalm gefunden worden, aber im frischen Neuschnee waren keinerlei Spuren zu finden gewesen. In der Almhütte hatten die Bergwachtler niemanden angetroffen. Und draußen waren nach einer Woche richtigem Winter die Überlebenschancen minimal.

„Ich glaube, sie ist schon dabei", bestätigte Haderbichler, „wie ich sie erlebt habe, ist sie eine starke Frau. Wann kommt eigentlich das Interview auf Ihrem bergezweigo?"

Felix fixierte den Kommissar: „Halten Sie mich tatsächlich für so widerlich, Herr Haderbichler? Ich bin doch kein Witwenschüttler wie die Kollegen vom Boulevard! Schlimm genug, dass sie die fiesen Kommentare lesen muss. Die unterstellen dem Seegrübler doch tatsächlich, dass er vor der Pleite der Almspitz Skiwelt davongelaufen ist und über die Grenze abgehauen ist oder sich umgebracht hat."

„Die Leute haben eine schmutzige Fantasie, Felix", gab Haderbichler zurück, „aber geben Sie's doch zu: Sie haben sicher auch ein paar Theorien durchgespielt."

„Klar, dazu stecke ich zu weit in der Sache drin, als dass ich mir keine Gedanken machen würde. Aber Sie werden doch sicher die Kollegen hinter der Grenze aktiviert haben."

Haderbichler schaute ihm scharf in die Augen. „Ok, Felix, ich erzähle ein bisschen aus dem Nähkästchen. Aber das bleibt hier oben und unter uns, klar? Off the record!"

„Aye, aye, Sir", Felix hob die Hand zum Stirnband.

„Wir haben natürlich Interpol informiert", fuhr Haderbichler fort, „und Seegrübler zur Fahndung ausgeschrieben, weil sein Verschwinden zumindest seltsam wirkt. Aber er wurde nicht auf der anderen Seite des Gebirges gesehen. Natürlich gibt es dort jede Menge Wege, da kann ein Ortskundiger vielleicht auch durchschlupfen. Aber gefühlsmßig glaube ich nicht, dass Seegrübler der Mann ist, der vor Problemen davonläuft."

„Und Selbstmord?", hakte Felix nach.

„Genauso wenig. Ist ja auch eine Art Davonlaufen." Haderbichler nahm noch einen Schluck aus dem Flachmann, packte ihn weg und schloss einen Moment die Augen. „Und er würde auch nicht seine Frau im Stich lassen. Da war so eine Wärme zwischen den beiden, das war richtig spürbar…"

„Es wird ja gemunkelt, dass Sabine Seegrübler ein Verhältnis gehabt hätte mit dem abgestürzten Ratracfahrer", wandte Felix ein, „vielleicht wollte Seegrübler sie doch verlassen, oder war depressiv wegen der Untreue."

„Aha, Sie haben die Zeit zwischen den Jahren nicht nur für Skitouren genutzt", gab Haderbichler zurück, „das Gerücht stimmt. Aber Ihre Schlüsse, glaube ich, nicht. Als Kriminaler entwickelt man ja ein bisschen psychologisches Gespür für seine Kunden. Mit der Affäre habe ich mich zwar in Sabine Seegrübler getäuscht, aber bei ihrem Mann bin ich mir ziemlich sicher, dass er Probleme offen und ehrlich angeht. Und nicht davonläuft."

„Ihr Wort in Gottes Gehörgang, Herr Kommissar", ein bisschen Sticheln musste erlaubt sein, auch wenn der Polizist offener war, als Felix zu hoffen gewagt hätte, „aber täuschen kann man sich in Jedem. Es gibt ja auch Theorien, dass Seegrübler hinter den Sabotagen steckte – womöglich um den Mord am Rivalen zu überdecken. Und seit er verschwunden ist, hat die Anschlagserie aufgehört."

„Tja, Verschwörungstheorien machen den Menschen eben Spaß,

Felix. Vor allem solchen, die sich in Internetforen tummeln", schoss Haderbichler zurück, aber mit einem kleinen Grinsen, „das Ende der Sabotagen kann alle möglichen Gründe haben. Trotzdem fürchte ich, dass die Staatsanwaltschaft die Ermittlungen bald einstellen lässt, wenn nichts mehr passiert; rausgefunden haben wir bisher nichts Aussagekräftiges." Haderbichler knipste das Grinsen aus und starrte ihm bedrohlich in die Augen. „Dann müssen Sie ein neues Thema für Ihre Seite finden, Herr Liebergsell. Oder selber Lifte sabotieren. Wenn Sie nicht eh schon dahintergesteckt haben." War das ein besonders schräger Witz? Eine Provokation, um seine Reaktion zu testen? Oder meinte der das ernst? Felix starrte unerschrocken zurück. „Och, Herr Kommissar, wo denken Sie denn hin? Aber ich bin nicht beleidigt wegen Ihres Verdachts; ist wahrscheinlich typisch für die Leute aus dem Blaulichtmilieu, dass sie immer ans Böse im Menschen glauben müssen."

Haderbichlers Blick blieb eisern. „Die Empirie zeigt, dass wir leider oft richtig liegen."

Felix zuckte die Achseln. „Sei's drum: Ich bin sauber. Natürlich hat die Naturator-Geschichte meinem Bankkonto gut getan. Und ein bisschen Sympathie hege ich auch für ihn. Schließlich hat schon in den Neunzehn-Achtziger Jahren der Umweltschützer Karl Partsch angeregt, man sollte die Drahtseile an den Liftmasten festschweißen. Aber mir wär das zuviel Arbeit. Nachts schlaf ich lieber. Zur Not sogar allein."

Haderbichler lachte gutmütig. „Schon gut, Felix, packen wir die Kriegsbeile wieder weg. Und das restliche Gepäck vielleicht auch. Der Powder wartet, oder wie sagt man bei euch Jungen?"

„Jung ist relativ. Aber stimmt: Sogar die Januarsonne kann dem Pulver einen Stich versetzen, wenn sie so schön scheint. Und da unten kommt schon die Konkurrenz; von der lassen wir uns den Gipfelhang nicht zerspuren."

Schnell war zusammengepackt und Felix cruiste in langen Turns den ersten Hang hinunter, der Spray staubte ihm bis ins Gesicht und nahm ihm fast den Atem. Auf einer kleinen Kuppe hielt er an und sah Haderbichler zu, der in rhythmischem Kurzschwung herabgewedelt kam.

„Hey, das ist ja Oldschool-achtziger-Skilehrer-Style", rief dem Polizisten zu, als der in einer Staubwolke neben ihm zu stehen kam. „Ja, die – wie haben Sie gesagt: Spaghettilatten? – lassen sich eben am besten mit Blockbildung fahren", stieß der schwer atmend hervor. „So hab ich's gelernt, und ich bin froh, dass die Reflexe noch funktionieren. Diesem breitbeinigen Freeride-Getue kann ich eh nichts abgewinnen: ist ja wie auf dicke Hose machen, nur auf Ski."

„Ach reden Sie doch was Sie wollen. Nur Speed macht high. Wer bremst, verliert!" Felix stieß sich ab und pflügte in den nächsten Hang, ließ den breiten Latten die Zügel sausen, bis sie fast zu schweben schienen und ein Juchzer aus seiner Kehle drang. Plötzlich packte etwas seinen Skischuh. Brutal wurde er zurückgerissen, dann hob es ihn aus, er wirbelte durch die Luft, schlug seitlich in den Schnee, überschlug sich noch zwei, drei, vier mal, dann blieb er mit dem Kopf voraus im kalten Powder liegen.

„Felix!" Ein erschrockener Schrei drang durch die weiße Masse an sein Ohr. Jeder Knochen tat ihm weh von dem kapitalen Sturz. Hoffentlich war nichts gerissen, jetzt wo die Saison gerade ins Laufen kam. Die Bindungen hatten ausgelöst, wenigstens konnte er sich frei bewegen. Mühsam rappelte er sich aus dem Pulverschnee, der kaum Halt bot, zum Sitzen auf, klopfte und tastete Beine und Arme ab; keine extremen Schmerzen. Glück gehabt, das war ein Monstercrash gewesen. „Felix, alles in Ordnung mit Ihnen?", hörte er wieder rufen. Haderbichler kam mit erhöhter Geschwindigkeit auf ihn zugewedelt. Nett, dass der Kommissar sich um ihn sorgte. Aber da war doch was…

„Obacht, Max!", schrie Felix, als ihm klar wurder, warum er gestürzt war. Doch es war zu spät. Wie im Slapstickfilm wurde die Fahrt des Kommissars abrupt gestoppt und auch er landete Nase voraus in der weißen Scheiße. Felix hastete im Tiefschnee hinauf zu dem langgestreckt daliegenden Bären, der sich nicht mehr bewegte. Doch, jetzt kam Leben in die Gestalt. Haderbichler wälzte sich talwärts, um die Füße unter den Körper zu bringen, und stützte sich vorsichtig auf. Der Bär sah aus wie ein Eisbär.

„Die Vollpfosten von der Elferbergalm haben vergessen, den Draht vom Weidezaun abzunehmen", rief Felix, „alles in Ordnung mit Ihnen?"

Haderbichler schüttelte sich den Schnee von den Klamotten. „Fragen Sie mich das wieder, wenn ich die Knochen sortiert und gezählt habe. Aber es scheint nichts kaputt zu sein. Die machen's einem nicht leicht die Berge, mit der Wieder-Anfreundung."

„Na, zum Glück sind Sie heute nicht im Dienst. Sonst könnten Sie gleich wegen fahrlässiger Körperverletzung ermitteln."

„Wenn Sie schon wieder blöde Witze machen, haben Sie's wohl auch überstanden", lachte Haderbichler, und Felix stimmte ein: „Nur beim Lachen tut's weh."

„Hey, ihr tollkühnen Schneemänner auf euren fliegenden Latten! Alles klar bei Euch?" Der erste der nachkommenden Tourengeher war plötzlich neben ihnen aufgetaucht. Eine Frau! Ihr eng anliegender Renndress dampfte vom Schweiß. Rote Haarsträhnen und eine Stupsnase unter grüner Bommelmütze – war das nicht die Bergführerin von der Almspitz-Pistentour?

„Danke, alles im grünen Bereich. Lass Dich nicht aufhalten!", rief Felix ihr zu.

„Na gut. Also dann: erfolgreiche Talfahrt noch", rief sie zurück, und schon gab sie wieder Gas.

„Berg Eil!", schrie er ihr hinterher. Ob sie das überhaupt noch hörte?

Cyprian Schwalm zu Wendelshorst war irritiert. Doktor Cyprian Schwalm zu Wendelshorst. Aber auch ein promovierter Betriebswirtschaftswissenschaftler musste gelegentlich für kleine Jungs. Und nun fand er aus dem weitläufigen, verwinkelten und mit Spiegeln ausgekleideten Sanitärbereich nicht mehr heraus. Das hatte noch gefehlt, direkt vor diesem wichtigen Termin. Nicht Vögelnest, sondern Vogelkäfig müsste das heißen.

Ah! Da war die Tür, dunkelgrau umrandet inmitten einer schwarzen Schieferwand mit rechtwinkligem Linienmuster; ein hellgrauer Taster ersetzte die Klinke. Er trat wieder hinaus in den lichtdurchfluteten Empfangsbereich, die blonde Schönheit hinter dem Granit-Tresen lächelte ihn an: „Sie werden sofort abgeholt, Herr zu Wendelshorst." Nicht dass dieses Engelslächeln seine Irritation sonderlich besänftigt hätte. Geschweige denn der Modellathlet, der mit federnden Schritten herankam und ihm die Hand entgegenstreckte: „Boris Petrenko, Guten Tag. Ich bin der persönliche Assistent von Iwan Lochnow und darf Sie begleiten." Der maßgeschneiderte Leinenanzug schien die breiten Schultern kaum fassen zu können, fiel aber trotzdem so leger um den muskulösen Oberkörper, dass man auch die Ausbeulung eines Schulterhalfters kaum wahrgenommen hätte. Zwei kalte eisgraue Augen fixierten ihn ein paar Sekunden, dann wandte Petrenko sich ab und ging voraus.

Mit einem verbindlichen „Bitte sehr!" öffnete er eine schwere Zirbenholztür und ließ Cyprian eintreten. Es war, wie auf die Sonnenterrasse einer Seilbahn-Bergstation zu treten: Ein Eckraum der weitläufigen Villa, von dicken Glasscheiben eingefasst, bot ungehinderten Blick auf die verschneiten Berge des Steinöder Tals. Auf dem Boden aus grünem Tessiner Gneis stand ein riesiger Tisch aus rötlichem Lärchenholz, tiefe Ledersessel waren darum gruppiert, aus denen die Wänste der drei Seilbahnkönige quollen. Ein weiterer Bulle erhob sich, der trotz seiner Massigkeit und fortgeschrittenen Alters sportlicher als die drei Glatzköpfe wirkte, mit kantigen Zügen und dichtem Silberhaar, das in Wellen in seinen Nacken floss. Der Hausherr, offensichtlich.

„Herzlich Willkommen", ein volltönender Bass, „ich bin Iwan Lochnow. Herr … Schwalm, hat man mir gesagt?" – „Dr. Cyprian Schwalm zu Wendelshorst"; es war nicht leicht, das Zittern der Stimme zu kontrollieren, „sehr erfreut."

„Ein neues Gesicht bei IHS?", meldete sich der Glatzkopf im Lodenjanker mit schneidender Stimme.

„Jawohl, Herr Zacher, unser Geschäftsführer Herr Ribisel liegt leider nach einem Skiunfall im Krankenhaus, aber Herr Lochnow wollte den Termin nicht absagen."

„Ja, der Ribisl-Xari, mit dem samma scho oiwei guad auskemmen, gell? Und wie sag ma zu Dir? Cypri?" Der mit dem rotgeäderten Gesicht und dem Weißbierglas in der Hand musste Mittlermeir sein – was durch den vierten der Runde gleich bestätigt wurde, der ein schniekes Jacket trug, Ray-Ban-Brille und Laberfeld-Zöpfchen: „Geh lass den Herrn doch erst mal ankommen, Wasti. Ich bin Hans Bachlinger, guten Tag. Und das ist Sebastian Mittlermeir aus Westerbach. Er schätzt eine vertraute Basis für Geschäfte."

„Ain gutes Stichwort: Geschäfte mögen wir alle gern, nicht wahr?", rollte Lochnow, „setzen Sie sich doch bitte – wir sind sehr gespannt, wie Sie uns helfen können, die Ergebnisse unserer cheutigen Sitzung zu unterstützen."

Cyprian stürzte in einen der tiefen Ledersessel; wie von Zauberhand erschienen ein Glas Mineralwasser, eine Tasse Kaffee und ein Teller mit Petit Fours vor ihm. Ruhig atmen, nach vorne denken, am Konzept bleiben: „Guten Tag, meine Herren, vielen Dank, dass ich in Vertretung von Herrn Ribisel das Halbjahresbriefing mit Ihnen leisten darf, als Vertreter der Inhocsigno, Agentur für Lösungen."

„Bassd scho, schieß los", quakte Mittlermeir.

„Ähh, ja. Also: Wir von Inhocsigno möchten die vertrauensvolle und überaus erfolgreiche Zusammenarbeit mit Ihnen fortsetzen als win-win-Prozess, der nicht zuletzt die touristische Performance Ihrer Destinationen zukunftsfähig zu erhalten und gestalten hilft. Die auf einer leistungsfähigen Winter-Infrastruktur beruht, aber auch im Kampf gegen das Sommerloch: denn Wanderer lassen sich nicht so dicht packen wie Skifahrer."

„Des wiss ma selber", raunzte Mittlermeir und sog an seinem Weiß-bier.

Gaaanz ruhig bleiben. Rückgrat strecken, soweit das in diesem Sessel möglich ist. „Unser gemeinsames Erfolgskonzept basiert auf der Triade >heute – morgen – übermorgen<. >Heute< bedeutet, die aktuellen Innovationen mit einem attentiven Go-Live für optimalen medialen Response zu platzieren. >Morgen< ist die Aufgleisung des next step, die proaktive Penetration des Fortschritts, mit all round Lobbying zur Vermeidung unnötiger Irritationen. Doch das quality plus bringt erst das >Übermorgen<: Realitäten brauchen Visionen. Denken Sie groß, schützen Sie Wachstum, sichern Sie Nachhaltig-keit."

„Mei, erzählen's de ollen Kamellen der Presse", grantelte Mittler-meir.

Bachlinger besänftigte: „Geduld, Wasti; es kann nicht schaden, sich den großen Rahmen nochmal in Erinnerung zu rufen. Aber ich denke, wir können jetzt zum konkret Operativen kommen."

Cyprian riss sich zusammen. „Danke, Herr Bachlinger. Leider bin ich nicht ganz auf dem Laufenden bezüglich Ihrer operativen Planung und wäre deshalb dankbar für ein Update. Möchten Sie vielleicht mit den Berghausener Plänen den Anfang machen?"

„Ok. Berghausen wird seine Marke >Urlaubsgarantie< im sportlichen Bereich profilieren. Hier setzen wir vor allem auf den Trend Klettersteig, wofür wir den zeitgemäßeren Begriff >climbing ways< etablieren wollen. Wir beginnen mit den >Climbing Way Days< im Frühsommer, dann kommt die Eröffnung der >Summit Gorge Ferrata< durch die Schlucht des Hundstalbachs. Wenn Sie uns da bei der Umweltverträglichkeitsprüfung, Pressearbeit und Eventplanung ein wenig unterstützen können …"

„Kein Problem", Cyprian tippte eine Notiz in sein iPad, „haben Sie schon über einen Claim nachgedacht?"

„Vielleicht >sei extrem!<?"

„Hm, ob das nicht zu sehr nach Risiko klingt? Wie wär's mit >Der ultimative Kick: Sicher über dem Abgrund<?" Ein paar Tipps auf dem iPad. „Aber das präzise Wording können wir noch zeitnah klären. Was gibt's denn in Westerbach, Herr Mittlermeir?"

„Mia kemmen mit dem Edelweiß-Express. A Sommerrodel-Achterbahn beim Steingrat-Sessellift, dass au im Sommer passt mit der Auslastung."

„Klingt prima. Und wie gedenken Sie dabei den Nachhaltigkeitsgedanken zu implementieren?"

Mittlermeirs Gesicht wurde, wenn möglich, noch eine Spur röter: „Nachhaltigkeit? Was soll der Schmarrn? Is des etwa ned nachhaltig, wann i meine Seilbahnleut im Sommer nimmer nausschmeiß?"

„Nun … Sie wissen doch … wir sollten die Sabotage-Anschläge dieses … Naturators nicht vergessen. Ich könnte mir vorstellen, dass ein derartiges Projekt in sein Feindbildschema passt."

„Der Naturator, woaßt wos der mi kon? Der kon mia die Buckelpistn obarutschn, der Naturator!", explodierte Mittlermeir.

Zacher griff vermittelnd ein: „Ich denke, da seit dem Verschwinden von Josef Seegrübler keine weiteren Anschläge mehr stattgefunden haben, sollte dieses Thema vom Tisch sein. Die Zusammenhänge scheinen doch sehr offensichtlich."

„Unser ehemaliger Grundschulkamerad scheint auf einen bösen Pfad gekommen zu sein", assistierte Bachlinger. „Was auch immer hinter seinem Verschwinden steckt – es ist sicher kein Schaden für eine erfolgreiche Zukunft des Bergtourismus."

„Ääh, jaah … dennoch … die Presse ist bei spektakulären Innovationen sehr vorschnell bereit, einer indifferenzierten Verunglimpfung Raum zu geben, wie sie von manchen sogenannten Naturschutzverbänden betrieben wird", wandte Cyprian ein. „Können Sie nicht vielleicht … warten Sie mal … mit dem Edelweiß…"

„Ich weiß was", meldete sich Bachlinger, „mach doch einfach einen Edelweiß-Alpengarten bei der Bergstation. Damit schützt du bedrohte Arten und weckst Verständnis für die Alpenflora."

„Okay, des bring ma noch unter. Vielleicht aa noch an Murmeltier-Streichelzoo", grummelte Mittlermeir, „dass de Eltern mit eahne Schrazn an extra Incentive zum Auffifahrn ham."

„Hervorragend!", Cyprian kam langsam in Schwung. „Und was gibt's in Steinöd?"

Zacher blickte kurz auf und erklärte: „Wir spielen voll die Nachhaltigkeitskarte; Steinöd wird die etwas aufwendigeren Zukunftspläne der Nachbarorte abpuffern. Im Sommer eröffnet unser Berghüttendorf >Alp inclusive< bei der Schönalm, mit original Almchalets aus echten, abgerissenen Heustadeln. Für die Phase >Morgen< wollen wir Vorder-Steinöd als DBV-Bergsportlerdorf anerkennen lassen."

Cyprian musste kurz durchatmen. „Ambitioniert … haben Sie da schon vorgefühlt beim Bergverein? Die sollen ziemlich genau hinschauen. Und ist nicht direkt oberhalb von Vorder-Steinöd der Pumpspeichersee am Sonnenkopf geplant?"

Zacher fixierte sein Gegenüber mit stechenden Augen: „Wo liegt das Problem?"

„Ääh … nicht falsch verstehen", beeilte Cyprian sich zu versichern, „Sie kennen ja den Slogan unseres Hauses: „Probleme gibt's nicht,

Herausforderungen waren gestern: Wir bringen die Lösung!"

„So ist's recht", Zachers Gesicht war eine Maske der Entschlossenheit, „Außerdem bin ich an dem Thema dran. Der Sonnenkopf wird sauber bleiben."

„Do host jo au dei Jagdhüttn, un dei Schussrevier", warf Mittlermeir ein und winkte mit seinem leeren Weißbierglas in die Tiefe des Raums.

„Und du wirst weiterhin ungestört als Gast willkommen sein", gab Zacher scharf zurück.

Bachlinger meldete sich zu Wort: „Berghausens Beitrag für die Phase >Morgen< wird Deutschlands erste Wanderhalle sein."

„Wanderhalle?" War Cyprian im falschen Film?

„Warum soll ein beliebter Sport nicht indoor abbildbar sein?", gab Bachlinger ungerührt zurück, „bei Ski- und Kletterhallen klappt's ja auch. Bergwandern ohne Berg, wohnortnah, wetterunabhängig, sieben–vierundzwanzig–dreihundertsechzig-Grad. Das ist Nachhaltigkeit par excellence. Bergtourismus ohne Touristen am Berg, die nur unser Kapital, die Landschaft, abnützen."

„Das neueste Patent meiner Constructa GmbH", warf Iwan ein, „meine Ingenieure chaben lange getüftelt, aber das Ergebnis ist otschen charascho. Laufbänder, in Geschwindigkeit und Steigung stufenlos regelbar; mit ausfahrbaren Raster-Boden-Elementen, die jede Art von Untergrund simulieren können."

„Davor wahlweise Panoramafenster oder Großmonitore, auf die die Berge aufprojiziert werden", fuhr Bachlinger fort, „echter als die Natur, ohne störende Liftmasten."

„Bachlinger setzt auf naturnahen oder -ähnlichen Sport, Steinöd auf Nachhaltigkeit – und Wasti kann vorpreschen für den entscheidenden nächsten Schritt", Zacher machte eine geheimnisvolle Pause: „den Haberfeldjet. Der ist unser primäres Kommunikationsthema für dieses Jahr."

In Cyprians Kopf drehte sich alles: „Haberfeldjet?"

„Mei, is doch logisch, dass der Gründeltalspitz nur an Schritt gwesn is", Mittlermeir wirkte wie ein genervter Grundschullehrer, „lang gnua hi gschafft hamma jo eh. Host no nia gseng, dass vom Gründeltalspitz zum Schönberg ummi nur a paar Kilometer Luftlinie san? Des is die ultimative Skischaukel, wann Berghausen-Westerbach und Steinöd verbunden san. Wie host gsogt? Zukunft schützen oder wie?" Mittlermeir war jetzt wie ausgewechselt, die Schweinsäuglein blitzten unternehmungslustig.

„Aber, da liegt ja das Haberfeld drunter! Ein Naturschutzgebiet! Das wird gewaltige meinungsbildende Maßnahmen erfordern. Und intensive, was sag ich: intensivste politische Hintergrund- und Überzeugungsarbeit."

„Jo wos glabst denn, zu was mia di do eilodn? Bloß zum gscheid daherredn? Woaßt eh: Der Haberfeldjet schafft die Brücke vom Morgen zum Übermorgen!"

„Übermorgen?"

„Host doch selber gsagt vorhin. Des is unsa Strategia Mortadella: oane Scheim nach der andern."

„Ja, aber ... was soll denn da noch kommen?"

Zacher grinste breit, wie ein Haifisch im Kinderbecken: „Denken Sie doch mal groß, Herr Schwalm zu Wendelshorst. Wenn wir erst mal drin sind im Haberfeld, dann steht uns die Welt offen."

„Zerscht kommt mei ›Weitblix‹, die Aussichtsplattform mit Banshiehupfstation am Gründeltalspitz", Mittlermeirs nächstes Weißbier war schon wieder halb leer.

„Dann das Haberfeld Alpine Joy & Health Centre" – Bachlinger.

„Das Eine-Million-Sterne-Alpengourmetrestaurant" – Zacher, „ideal auch als Tagungsort für sicherheitsrelevante Kongresse – denken Sie nur an den Monster-Aufwand, den die mit ihrem G7 neulich hatten."

„Un ois Haileid die Vipp-Zone mit Heli-Dancing; do wern die Geldigen direkt vom Talort eigflogn und der special Catering glei dazua, vom Iwan seim Muschi-Express."

„Mit dem Sommerstein haben wir ein fantastisches Spielfeld für kreative Ideen", Bachlinger war auch nicht zu bremsen, „mit Climbing Ways, Summit Center – und Coasterbahnen, inklusive Freefall ins Sommerloch."

„Mit dem Sommerloch besiegen wir das Sommerloch", selbst der sonst so coole Zacher ließ sich anstecken von der Begeisterung seiner Kumpane, „in hoc signo vinces, in diesem Zeichen wirst du siegen, gell, Herr Schwalm zu Wendelshorst? Was sind sie denn so blass geworden?"

Cyprians Lippen bewegten sich, aber es kam kein Ton heraus. In seinem Kopf rauschte es wie in einer Waschmaschine.

„Tja", lächelte Zacher grimmig, „wenn Sie mich fragen würden: Wollt ihr den totalen Berg? dann kennen Sie jetzt die Antwort."

„Geh, Toni, jetzt lass ihn erst mal verdauen", Bachlinger war zwar genau so wahnsinnig wie die anderen, aber noch der netteste, „Ludmilla, bring unserem Berater bitte einen doppelten Whisky als Digestif."

„Jo der Ribisl-Xari, der hod aa gschluckt bei de ersten Treffen, weil mia glei no amoi so kreativ warn wie sein ganzer Sinktank oder wia des hoaßt", kollerte Mittlermeir, „aber nachand hod er si doch arranschiert. Werst scho aa hikriang, Cypri; jetzt bleibst erschd amoi zum Essn do und nachand werschd scho merkn, zwengs wos des hier Vögelnest hoaßt."

Iwan erhob sich und legte Cyprian eine zentnerschwere Pranke auf die Schulter: „Keine Angst, Herr Schwalm, chier beißt niemand. Aber wir chaben aine vorzüglich bestückte Bar: Grappa da Viagra, Johnny Speed Walker, Batida da Cocaine."

Angriff aufs Haberfeld – Skiorte rüsten auf
Die Tourismusorte Berghausen-Westerbach und Steinöd
planen eine Verbindung ihrer Skigebiete – durch eine
Gondelbahn über das Naturschutzgebiet Haberfeld.
Das gab der Aufsichtsratsvorsitzende Sebastian Mittler-
meir gestern auf einer Pressekonferenz bekannt.
[+ mehr...]

Bisher 5 Kommentare

DaKini: De ham ja wohl an Oasch offen! A Gondel-
bahn übers Haberfeld. Wo woins as denn noch überall
hibaun, eanare damischen Lift?

Schifoarer: Also ich fänd's cool, wenn man die ganzen
Lifte mit einer Karte nutzen könnte. Wär mal was gei-
leres als diese Minigebiete immer. Drüben im Ödstal
geht's ja auch.

Preissnbasher: Ja geht's noch! Muss denn für Euch
Pistenheinis alles zugebaut werden?

Tr8ler: I moin allat, mr sott dr Naturator wiedr akti-
viera; dass der si so lang scho nimma griaret hod, isch
echt schod.

keinweg2t: Genau! Alle Liftmasten absägen das die
Funken grat so fligen, wie beim Timbersport!

Im Foyer des „Bergstadels", des Headquarters des Deutschen Bergvereins im Herzen von Mingelham, herrschte reges Getriebe. Die blaue Enzianblüte prangte als Wappensymbol mannsgroß über dem Empfangstresen. Und die Mingelhamer Alpinschickimickeria war komplett angetreten; Felix sah: einige altgediente Alpinheroen, wettergegerbte Haudegen in fusseligen Faserpelzen. Zwei, drei aus der Fraktion „jung und wild", mit Fünftagebart, Fettmähne und Sponsorenbappern auf großkariertem Funktionshemd. Diverse ehrenamtliche Strippenzieher aus dem Verein und seinen örtlichen Sektionen, die ihre Funktionärsgeschwüre unter weiten Jacketts oder geräumigen Strickwesten verbargen. Und natürlich etliche Kollegen, von denen einige erfahrungsgemäß vor allem am kostenlos ausgeschenkten Wein interessiert waren.

Felix hatte sich gerade in der zweiten Sitzreihe des Festsaals etabliert, als eine zaundürre Vogelscheuche, von einem braunkarierten Sakko umflattert, auf die Bühne sprang. „Guten Abend, liebe Bergfreundinnen und Bergfreunde", begann er, „herzlich Willkommen beim Deutschen Bergverein. Ich bin Martl Greinstadler, Pressesprecher des DBV, und freue mich, sie begrüßen zu dürfen zu unserer Podiumsdiskussion unter dem Titel >Quo Vadis, Alpentourismus?<. Der volle Saal belegt Ihr Interesse an dem Thema, das durch die Pläne zum Haberfeldjet brisante Aktualität bekommen hat." Höflicher Beifall. Die blauen Augen im braungebrannten, kantigen Gesicht blitzten. „Ich darf gleich den ersten Gast auf dem Podium begrüßen: Horst Zirndörfer, Leiter der Abteilung >Alpine Raumordnung< im DBV."

Ein Zwetschgenmanderl in Lodenjoppe erklomm die Bühne, reichte Greinstadler die Hand und machte es sich auf einem Bistrohocker so gemütlich, wie es auf derartigen Sitzmöbeln eben möglich ist. Der

Pressesprecher tat es ihm gleich und fragte dann: „Horst, welche Werte stecken für den DBV hinter dem Schlagwort Alpine Raumordnung?"

„Zuerst einmal ein herzliches Grüß Gott, liebe Damen und Herren", kam statt einer Antwort, dann aber legte Zirndörfer los: „unsere Werte haben wir in unseren Claim gemünzt: >Herausforderung. Nachhaltig.Schützen<. Das sagt zum einen, dass wir die Herausforderung, die die Berge den Bergsportlern bieten, für kommende Generationen nachhaltig bewahren wollen. Und zum anderen liegt für uns eine Herausforderung darin, die Nachhaltigkeit des alpinen Naturschutzes zu realisieren. Der Haberfeldjet steht dazu in doppeltem Widerspruch: Er bedroht wertvolle Natur und gleichzeitig deren alpine Herausforderung."

„Vielen Dank, Horst", sagte Greinstadler, „du gibst mir das Stichwort in die Hand: der Haberfeldjet. Über dieses Projekt wurde in der letzten Woche viel diskutiert; wir dürfen nun jemanden begrüßen, der als Geschäftsführer der Skiparadies Berghausen-Westerbach GmbH direkt an der Planungsquelle sitzt: Johann Bachlinger!"

Mit einem dynamischen Satz wuchtete sich der Koloss im silbergrauen Wolljanker auf die Bühne, dass sein Nackenzöpfchen unter der Tonsur flatterte, nahm Platz und fing gleich an zu reden: „Guten Abend, und danke für die Einladung. Sie kennen ja den Satz: Entweder man geht mit der Zeit, oder man geht … mit der Zeit. Wir nehmen die Herausforderung an, durch stetiges Wachstum Nachhaltigkeit für kommende Generationen zu sichern. Und dazu gehört eben eine gewisse kritische Größe für ein Skigebiet. Nur der Haberfeldjet garantiert die Zukunftsgrundlagen und Arbeitsplätze für unsere Kinder und Kindeskinder und den Erhalt unserer wunderschönen alpinen Kulturlandschaft."

„Vielen Dank für diesen Einblick in die Hinter- und Beweggründe eines Tourismusmachers", sagte Greinstadler. „Zum Begriff Nachhaltigkeit gibt es natürlich unterschiedliche Vorstellungen. Zum Beispiel von unserem nächsten Gast: Stefan Nixlinger, Vorsitzender der >Alpine Wildlife Friends<."

Der Umweltschützer war ein sportlicher junger Mann etwa in Felix' Alter in Jeans, T-Shirt und Lederjacke mit rotblondem Vollbart, der seinen Steingäuer Dialekt nur mühsam bändigte: „Griasseich midnand. Jo dui Nachhaltigkeit, des isch oine von de meischtverbrauchte Hohlphrase überhaupts. Des hoißt nämlich ursprünglich, dass mr nur grad so viel nemmt wie nochwachst. Desdrum isch a nochhaldigs Wachstum a Widrspruch in sich, oddr! Nochhaldig hoißt jo grad, dassd mr it ällat mehr will, oddr!" Szenenapplaus belohnte diese vehemente Tirade. Felix checkte den Kameramonitor – gut erwischt: die brennenden blauen Augen gaben dem Gesicht eine Intensität, die das Publikum in den Bann seiner drängenden Worte zog. „Lueget doch emol naus in die Berg: ällat werd no a nuis Klepperatatsch nagschtellt: e Seilbahn, en Windkraftrotor, en Klettersteig, an Speichrsee. Abr d'Natur, de kaasch nur einmal vrkaufe. I go au gern z'Berg, abr i mecht gern, dass meine Enkel ihre Kinder de gluiche Spaß dra hend wia i! Oddr!"

Heftiger Applaus; Bachlinger wand sich unruhig auf dem ohnehin viel zu kleinen Bistrohocker. „Genau das verlangt unser Konzept der Alpinen Raumordnung!", meldete sich Zirndörfer zu Wort, „eine sinnvolle Aufteilung des alpinen Raums in Zonen intensiver Nutzung und in Ruhezonen. Und das Haberfeld ist eben eine solche Ruhezone: Deutschlands größte Karstfläche, Heimat speziell angepasster Pflanzen und vom Aussterben bedrohter Alpentiere, seit über vierzig Jahren Naturschutzgebiet."

„Für uns muss der Naturschutz immer dem Wertevergleich mit der Zukunftsfähigkeit künftiger Generationen standhalten", hielt Bachlinger dagegen.

„Eure Werte sind ja nur die auf dem Konto, ihr presst noch den letzten Cent heraus, bis von der Natur gar nix mehr übrig ist!" Zirndörfers Gesicht rötete sich, beim Reden versprühte er kleine Speicheltröpfchen.

Bachlinger blieb cool: „Ist etwa ein Verband mit zwei Millionen Mitgliedern wirtschaftlich unabhängig? Ihr kommt ja nicht mal ohne Sponsoren aus. Und müsst Eure Hütten auch immer hotelähnlicher ausbauen, damit die Geister, die ihr ins Gebirge ruft, euch nicht im Bewertungsportal abstrafen. Wo bleibt die Bergromantik auf diesen computergesteuerten Glas-Beton-Kästen?"

„Jo, mr muass halt ällat genau hiluege, was mr duad", versuchte Nixlinger zu vermitteln, „klar isch freili, dass Prinzipiereiterei heit nimme goht. Die Gedanken sind frei, hoißt's, aber was mr duad, muaß mr abwäga."

„Diese Abwägung ist für den Deutschen Bergverein tägliches Brot", gab Zirndörfer von sich, „denn am Ende des Tages zählt doch, was den zentralen Stellenwert einnimmt: die Affinität zu dem, was über eine besondere Bedeutung für uns verfügt – die Herausforderung Natur."

Nixlinger legte nach: „Stellat uich vor, dr Wäg ins Gebirg isch asfaltiert, un koinr will meh hi. Dui Berg miasset wild bleibe, sonsch isch es ganze Erläbnis bloß a Fata Morgana."

Bachlinger blieb standhaft: „Das ist reichlich elitär. Dann dürfte es auch keine Straßen, Wege und Schutzhütten, keine atmungsaktiven Anoraks und Bergseile geben. Was den Homo Sapiens vom Tier unterscheidet, ist die Emanzipation vom Zwang der Fakten."

„Aber wie weit das gehen darf, muss verhandelt werden", wandte Zirndörfer ein, „und darf nicht vom blinden Walten des Marktes bestimmt sein."

„Wir können uns dem Markt nicht entziehen. Wenn die Mitbewerber bessere Angebote machen, geht uns die Nachfrage verloren."

„Marktwirtschaft ist die Fortsetzung des Faustrechts mit anderen

Mitteln." Zirndörfer war ein hartnäckiger Brocken. „Ihre Argumentation erinnert an das Wettrüsten im Kalten Krieg. Keiner wollte anfangen aufzuhören. Vielleicht bräuchte der Tourismus einen Gorbatschow."

„Jo Nastarowje", trötete Nixlinger, „vielluicht so oinr wia dr Naturator, oddr? Dass es Weitrmacha meh weh duad wia's Uffhöre?"

„Ja von wegen!", platzte Bachlinger heraus, „der bewirkt gar nichts, der verdirbt bloß unschuldigen Skifahrern die Freude an der Freizeit."

Greinstadler hob beschwörend die Hände: „Bitte meine Herren, beruhigen Sie sich. Gewalt kann keine Lösung sein. Wollen wir hoffen, dass die derzeitige Pause bei den Sabotage-Anschlägen auch ihr Ende ist."

Unruhe im Saal; offensichtlich hatten die Anschläge starke Emotionen ausgelöst. Greinstadler fuhr fort: „Lassen Sie uns bitte dieses Thema zur Seite stellen. Und statt dessen beleuchten, welche Konzepte der DBV für einen neuen Alpentourismus der Nachhaltigkeit hat."

Zirndörfer war angesprochen: „Ich darf noch einmal auf unseren Claim verweisen: Herausforderung.nachhaltig.Schützen. Der DBV nimmt die Herausforderung an – mit den Bergsportlerdörfern: Das sind Alpenorte, die sich um nachhaltigen Tourismus bemühen, ohne Intensiv-Erschließung …"

Es dauerte noch fast eine Stunde, bis Felix endlich ins Foyer entweichen konnte. Jede Menge heiße Luft vom Podium hatte die Atmosphäre gegen Schluss fast unerträglich gemacht. Interessant war höchstens noch gewesen, als Nixlinger irgendwann etwas von „Vrständnis fir Notwendigkeita" herausgerutscht war. Offensichtlich war auch der Naturschutz-Fundamentalist nicht völlig frei von Kompromissbereitschaft.

„Na, was hältst Du vom innovativen Naturschutzkonzept des Grö-vaz?", Richi Mattscheibler, ein Kollege vom online-mag „byteauf-byteab", stand plötzlich neben ihm, zwei Gläser Wein in der Hand.

„Gröfaz?"

„Mit „V", Felix: Größter Verein aller Zeiten! Mit seinem neuen Pro-fil braucht der Laden irgendwann einen neuen Namen. Oder wie wär's mit FKK? Funsport Klettern Kommunity?", lachte Richi, stieß mit ihm an, dann verschwand er, um andere mit seinen Kalauern zu beglücken.

„Hallo Herr Liebergsell", Felix verschluckte sich fast, als ihm jemand auf die Schulter klopfte, „gibt das eine große Geschichte morgen?"

„Ach, Herr Kommissar!" Was tat Haderbichler hier? „Viel Neues war nicht dabei, Sie haben's ja gehört. Aber wie es mit dem Haberfeldjet weitergeht, interessiert meine Leser schon. Was führt denn Sie nach Mingelham? Suchen Sie den Naturator auf dem Podium? Der Nix-linger hat sich ziemlich exponiert."

„Ich glaube, der redet lieber als zu handeln, Felix. Nee, der Fall ruht erst einmal, die Untersuchungen sind tatsächlich eingestellt wor-den."

„Vielleicht war's doch der Seegrübler?", Felix zwinkerte dem Kom-missar zu.

„Indizien haben wir jedenfalls keine. Und hier bin ich eher aus per-sönlichem Interesse an den politischen Hintergründen des Themas. Und an den Bergen."

„Verstehe. Und wie steht's mit dem praktischen Verständnis? Waren Sie mal wieder auf Skitour?"

Die Augen des Kommissars leuchteten: „Ja, nicht alles was aus Russ-land kommt ist schlecht: Ein paar Tage von dem schönen Festlands-hoch konnte ich nutzen. Allerdings haben die Leute schon seltsam geschaut auf meine ... Spaghettiski. Und wie war's bei Ihnen? Sollen wir mal wieder was zusammen machen?"

Felix schluckte. „Ich glaube, diesen Winter kann ich knicken. Nach dem Sturz am Hörnle ist mein Knie dick geworden, und trotz Punktierung und Bandagen fühlt es sich nicht nach Skifahren an. Wenn Sie wollen, könnte ich Ihnen meine Ski ausleihen."

Haderbichler lachte: „Meinen Sie, die passen zu meiner Gewichtsklasse?"

„Nee, nicht wirklich. Aber vielleicht kann ich Ihnen ein paar Testski vermitteln. Und ein zeitgemäßes LVS-Gerät."

„Danke, lassen Sie mal. So enge Kontakte zur Industrie überlasse ich lieber den Experten von der Presse. Prost." Augenzwinkernd hob Haderbichler das Glas und nahm einen Schluck, dann verzog sich seine Miene.

Felix grinste: „Tja, der Finanzchef vom DBV führt ein sehr verantwortungsbewusstes Kostenregime. Neulich war ich mal bei einer Presseveranstaltung des Südtiroler Bergvereins eingeladen, da hat uns der Vorstand hinterher in seinen privaten Weinkeller mitgenommen. Das war was anderes."

Haderbichler schaute sich vergeblich nach einem Blumenkübel um, dann deponierte er sein halbvolles Glas erfolgreich auf dem Sockel einer Statue, die einen Steinbock im Sprung zeigte. „Na dann machen Sie's gut, Felix. Ich muss noch … Bahn fahren."

30   Samstag, 23. April, 20 Uhr

Ruedi Andermatten war zufrieden. Das abendliche Menü auf 3000 Meter Höhe – Lauchcremesuppe, Salat, Zürcher Geschnetzeltes, Pfirsich Melba – hatte den Gästen gut gemundet, das Geschirr war gespült und verräumt, einige von den teureren Rotweinflaschen standen draußen auf den Tischen, durch das Panoramafenster über dem blitzblank geputzten Induktionsherd leuchteten die weißen

Hänge der großen Ski-Viertausender herein, die sich im Abendlicht orange einfärbten. In zwei Stunden war Hüttenruhe, nach einer sternenklaren Nacht würde er seinen Gästen das Frühstücksbüffet vorsetzen und sie dann in einen strahlenden Skitourentag entlassen. Er schaltete die Heizung in der Küche herunter, griff sich einen Villiger Kiel und machte sich auf den Weg durch den Gastraum zur Terrasse.

„Na, Ruedi, hast du uns gutes Wetter organisiert für morgen?", der Tourenleiter der DBV-Gruppe, ein massiger Mittfünfziger in blauen Funktionslatzhosen und Body-Mapping-Rolli, erhob sich und klopfte ihm auf die Schulter.

„Sött scho passa, güet hans gseit im Meteo. A schtärnchlare Nacht und en strahlende Tag. Gönd nur go nit z'längsam go, Nullgradgränz got uf vierduusig Mäter ufe."

„Na das ist mal ein Wirt: präzise wie ein Schweizer Uhrwerk – oder wie seine Hightechhütte", lobte der Fachübungsleiter seinen Gastgeber und damit gleichzeitig sich selbst als Organisator, „und ein Wetterbericht genau wie ihn meine Meteo-App vorausgesagt hat. Danke, Ruedi, hast dir deinen Zigarillo verdient."

„Merci – ah – Charlie. Wann Ihr noch es Rotwii bruuchet, nacher gönd er's go am Anni sägä." Andermatten schloss die Tür zum Gastraum hinter sich, ging am Trockenraum vorbei, in dem leise die Luftheizung zischelte, und trat auf die Terrasse, die er tags zuvor mit der Schneefräse für seine Gäste gesäubert hatte. Am Nachmittag hatte schon ein Hauch von Frühling in der Luft gelegen, jetzt in der Abendkühle schmeckte sie frisch und klar; schon gut, dass das lärmende und stinkende Dieselaggregat nicht mehr nötig war. Seine Hütte – er nannte sie „seine" Hütte, weil er schon seit über zwanzig Jahren Wirt war und sie quasi als Heimat und Revier betrachtete – seine Hütte war vor fünf Jahren komplett neu gebaut worden. Als Ersatz für den Traditionsbau aus der Gründerzeit des

Schweizer Bergeclubs hatte man zusammen mit der berühmten Technischen Hochschule ein Vorzeigeprojekt in die Gletscherwelt gesetzt: Passivhausbauweise, Solarenergie für Strom und Warmwasser, Aktivlüftung mit Wärmerückgewinnung – das Schlagwort „Energieautarkie" hatte viele Schlagzeilen erzeugt. Aber auch Kritik hervorgerufen, Hightech gehöre nicht in die stille Welt des Hochgebirges. Für ihn hatte der Neubau mit seiner modernen Technologie einiges an Einarbeitung bedeutet; allein um die komplizierte Steuerungs- und Regelungssoftware zu kapieren, hatte er einige Tage Coaching gebraucht. Aber man gewöhnte sich an manches. Und mit viel hellem Holz und großen Fenstern wirkte die Hütte, die von außen einem versilberten Überraschungsei glich, innen warm und gemütlich. Er zog die Daunenjacke über, steckte den Zigarillo in den Mundwinkel und genoss von der Sonnenbank den vertrauten Blick über den langen Gletscherstrom auf Felshörner und Riesenhänge.

„Na, Leute, hab ich zuviel versprochen?" Charlie Beck hatte allen Grund, stolz auf sich zu sein. Die Verhältnisse im berühmten Skihochtourenrevier waren glänzend, bei der Anfahrt hatte alles problemlos geklappt, der Fendant hatte super zum Geschnetzelten gepasst und jetzt war der Dôle genau recht als Absacker. „Eine tiptop Hütte, und gleichzeitig sind wir da an der Spitze alpiner Umwelttechnologie. Naturerlebnis mit Naturschutz."

„Ja, ich bin sehr zufrieden", Susanne Mailinger war zum erstenmal mit dabei, eine Fesche mit guter Vorbräunung um helle Sonnenbrillenränder, „gar nicht so ein unpersönlicher Technokasten, wie man nach diversen Magazinbeiträgen hätte meinen können."

„Ich hab ein bisschen befürchtet, mit den großen Fenstern wird's viel zu kalt", ergänzte Renate Hofer, eine kleine drahtige Skitouren-Rennsau mit jeder Menge Sommersprossen, „aber ich find's schnuckelig warm."

„Fast schon zu warm", bestätigte Heinz Weber, Charlies langjähriger Tourenpartner, der auch auf die Vereinsausflüge immer gerne mitkam, „oder liegt das am Dôle, Charlie? Sang de l'Enfer, Höllenblut, da muss einem ja warm werden,"

„Quatsch, den trink ich im Wallis immer, hat zwar dreizehn Umdrehungen, aber ist fein und elegant, kein Pulstreiber." Doch es war nicht zu leugnen: Auf seiner Bauchwölbung zeigte der Mikrofaserrolli die ersten Tröpfchen. Charlie öffnete den Reißverschluss am Rollkragen ein Stück und zeigte zum Nachbartisch, wo vier muskulöse Wilhelm-Tell-Epigonen in Muscleshirts saßen: „Schaut, den Jungs scheint's auch zu warm."

„Na die stehen ja auch noch unter Testosteron-Alarm", witzelte Renate. Riskierte dann aber doch einen zweiten Blick, als einer sein Hemd über den Kopf zog und sich damit den Schweiß von der Stirn wischte.

„Na: Testosteron funktioniert offensichtlich", neckte Heinz, „wie beim Borkenkäfer, so auch bei einsamen Skitourenhasen. Keine Ahnung, wozu man beim Skitourengehen so viele Muskeln braucht." Der junge Mann hatte offenbar bemerkt, welche Aufmerksamkeit er erregt hatte, und grinste Renate an: „Ich hoffe, es stört nüd. Aber es het gö go es Huurehitz do herinne. Müend scho entschuldige."

„Kein Problem", beruhigte Charlie; man musste ja im Ausland nicht unbedingt als spießiger Piefke auffallen, „nach so einem guten Abendessen macht die Verdauung halt warm. Wir können ja den Ruedi nachher bitten, dass er die Heizung etwas runterdreht. Und wieder zum kühlen Weißwein übergehen."

„Oder einfach das Fenster aufmachen?", schlug Susanne vor.

„Tja, das ist der Nachteil an der Hightech-Hütte: Die wird künstlich belüftet, mit Wärme-Rückgewinnung. Fenster öffnen ist da nicht vorgesehen, die sind dreifach verglast und superisoliert." Heinz als Ingenieur hatte sich natürlich schon lange vor der Tour mit der vielgerühmten Technologie befasst. „Alles außentemperaturgesteuert und per Algorithmus vollautomatisch optimiert und geregelt."

„Hm, vielleicht hat sich der Algorithmus einen Virus eingefangen und braucht's jetzt etwas wärmer", Renate konnte einfach das Witzeln nicht lassen. Sie war nicht mal beim Spuren totzukriegen und hielt oft im Sauwetter die Stimmung hoch, aber manchmal übertrieb sie es auch mit ihren Kalauern. Zum Beispiel damals, als sie Charlie in seinem neuen, eng anliegenden Skitourenanzug mit dem doppeldeutigen Ausdruck „alte Wursthaut" angeredet hatte…

„Lass gut sein, Renate, wenn der Ruedi vom Rauchen reinkommt, sag ich ihm, dass er's ein bisschen kühler stellen soll."

Der Villiger Kiel ist ein Schweizer Ritualobjekt: ein knapp zwanzig Zentimeter langer filzstiftdünner Zigarillo mit Plastikmundstück, den der stilbewusste Eidgenosse mit Hingabe und Geduld genießt. Vor allem an so einem gelungenen Abend, wo die Gipfel allmählich als dunkle Silhouetten im verdichteten Blau des Nachthimmels verschwammen. Deshalb dauerte es noch fast eine halbe Stunde, bis Ruedi Andermatten den Stummel entsorgte und sich wieder auf den Weg in seine Hütte machte. Als Charlie Beck – dunkle Schweißflecken auf dem Bauch und unter den Achseln – ihn gleich hinter der Tür abfing, kam es Ruedi vor, als habe sich der Gastraum in den Bistrobereich des städtischen Schwimmbads verwandelt. Fast alle Männer saßen oben ohne an den Tischen, die Frauen im Sport-BH oder mit ganz weit hochgekrempelten Ärmeln. Eine Sauna sollte da nicht noch draus werden, da brauchte er nicht den aufgeregten Deutschen, um das zu erkennen.

„Öha leck, isch es gö ga z'warm. I gang go glei luege, dass i d'Hiizig abidrah."

Ruedi ging wieder hinaus und durch den Trockenraum – hatte die Heizung vorhin auch schon so laut gerauscht? – in sein Büro und klappte den Laptop für die Haustechnik auf. Als er die Digitalanzeige der Heizungssteuerung sah, wurde es ihm gleich noch ein paar Grad wärmer: 60°C zeigte das Soll-Feld für die Raumtemperatur an. Dabei hatte er sie ganz sicher vor dem Abendessen auf 21 Grad eingestellt, wie sein Geburtsdatum, vergangenen Donnerstag: 21. April. Huure-Elektronik! Früher hatte man das Fenster aufgemacht oder Holz nachgelegt, heute ging alles nur noch per Tastatur und Joystick. Von wegen Joy! Ruedi klickte auf den Menüpunkt „Heizung" – und das Licht ging aus! Jo Huurebockmischt, gopfridstutz! Er fummelte das Feuerzeug aus der Hosentasche und suchte in seinem Schein die Taste F12, die das Licht-Steuerungsmenü öffnete – als er sie drückte, fing plötzlich die Lüftung in Orkanstärke zu blasen an. Ruedi öffnete das Lüftungsmenü: Das Licht begann stroboskopartig zu blinken, die Sollwertanzeige der Heizung sprang auf 80°C. Als er das Eingabefeld anklickte, saß er wieder im Dunkeln. Huure-Voodoo, verrecktes! Im Schein des Feuerzeugs kramte er die Stirnlampe aus dem Schrank und stieg in den Keller zum Technikraum. Doch welchen Knopf er auch drückte, welchen Touchpin er betatschte, es zeigte sich keine Reaktion. Was war da los? Das konnte doch nicht sein! Seine Hütte ließ ihn im Stich!

Ruedi hastete in den Gastraum, in dem mittlerweile kaum noch jemand eine Hose anhatte. „Tüet mir leid, i dänke ga, mir hend a Probläm! Isch villicht a Inscheniör bi üich?"

Einer aus der Deutschengruppe stand auf, das rote Gesicht glänzend vor Schweiß. „Heinz Weber, servus. Kann ich helfen?"

„Der Stüerungscomputer chennt mi nimme un macht wa ner will. Chennsch du di aus mit Chompiuter?"

„Probieren kann ich's", sagte Heinz und folgte Ruedi ins Büro. Aber obwohl er wie wild auf der Tastatur herumtippte und Bedienungsfenster aufmachte, die Ruedi noch nie gesehen hatte, lehnte er sich nach einer halben Stunde zurück und zuckte die Achseln: „Ich komm nicht weiter. Ich fürchte, jemand hat das Steuerungssystem gehackt."

„Gehackt?"

„Ihr habt doch Internetanschluss, oder?"

„Jo chlar, dass die Chölläge von de Technisch Hochschul die Leischtigsdate chönnt chontrolliere."

„Nun, anscheinend hat sich jemand von außen in das System eingehackt und die Kontrolle übernommen. Der Administratorzugang ist blockiert, abschalten funktioniert nicht. Wir könnten höchstens versuchen, die Hardware abzukoppeln, sozusagen der Steuerung den Stecker zu ziehen. Gibt es einen Technikraum?"

Ruedi führte ihn ins Allerheiligste, aber auch da musste der Deutsche nach diversen Versuchen die Waffen strecken: „Es scheint alles redundant abgesichert. Im Prinzip vernünftig, um in dieser exponierten Lage Funktionssicherheit zu garantieren – aber für uns heißt es, dass wir den Angreifer nicht aus der Fernsteuerung rausschmeißen können."

„Des heißt, mir müend uns alles gfalle laa?", stöhnte Ruedi.

„Ich fürchte: ja", nickte der Deutsche, „tut mir Leid. Lass uns zurückgehen und Bescheid sagen."

Sie erreichten den Gastraum nicht mehr. Sämtliche Besucher drängten sich halbnackt im Flur, vor der offenen Tür, durch die angenehm kalte Nachtluft hereinkam, während der Schnee vor der Hütte vom regelmäßig an- und abschwellenden Licht rhythmisch beleuchtet wurde. Die Saunatemperaturen hielten an bis gegen Mitternacht, als die Energiespeicher von der Überlastung schlappmachten und die eisige Kälte einer Sternennacht auf 3000 Metern das Zepter übernahm. Zum Glück gab es wenigstens noch eine Analog-Technologie auf der Hightech-Hütte: warme Wolldecken.

Die gehackte Skihütte – ist der Naturator zurück?
Der Hacker-Angriff auf die schweizerische Corno-Ros-
so-Hütte vom vergangenen Samstag bekommt eine neue
Perspektive: Am Tag nach dem Anschlag ging bei berge-
2go.de ein Bekennerschreiben des Saboteurs „Natura-
tor" ein. [+ mehr…]

Exklusiv: Das neueste Bekennerschreiben des Natura-
tors [hier]
Die Berge sind kein Ort für Hightech. Bescheidenheit
ist der angemessene Rhythmus. Und nicht alles, was
gemacht werden kann, ist gut. Der Naturator steht auf
der Seite der Natur.

> *Bisher 6 Kommentare.*
> *Wortsepp: Er is wieder do! Der Naturator is wieder do!*
> *Gamsei: Da freust du dich auch noch? Wir brauchen*
> *keine Verbrecher in den Bergen!*
> *Preissnbasher: Verbrecher? Das sind die, die alles mit*
> *Technik vollbauen!*
> *Steinbock78: In dem Fall dient aber die Technik doch*
> *dem Naturschutz: moderner Komfort auf der Hütte*
> *ohne Verbrauch fossiler Energie.*
> *keinweg2t: Dass weis doch jeder, das so ein Sollarmo-*
> *dul fiel mehr Energie bei der Herstellung braucht wie*
> *es liefert. „Moderner Komfort"? Wellnesshotels sind dass*
> *doch, was die Bergvereine da ins Hochgebirge stellen!*
> *DaKini: Oiso i hob nix gegen a Sauna auf da Hüttn –*
> *wenn fesche Madels drin san…*

Meiomei, für wen macht man das nur? Die sind so blöd, dass sie nicht über ihren begrenzten Horizont rausschauen können. Und ich hätte gedacht, dass eine substanzielle Diskussion losgeht. Schlagzeilen hat die Aktion ja gebracht – aber ob sie was bewirkt? Na, bald geht die Sommersaison los, dann wird sich schon was rühren. Ein paar Ideen für die nächsten Manöver hab ich ja schon… Und mein Multiplikator funktioniert auch wieder wie es sich gehört. Gut, dass Medien so berechenbar sind.

Und schön, dass ich wieder im Geschäft bin. War auch zu blöd, das Glatteis auf dem Kirchgadener Parkplatz. Dass eine Schultereckgelenksprengung so schmerzhaft sein muss und einen so lange lahmlegt. Tastatur bedienen geht immerhin schon wieder, und bis Ende Mai – wenn die Klettersteigsaison losgeht und diverse Events anstehen – ist auch der Rest wieder fit. War eine hübsche Fingerübung zur Einstimmung auf einen Sommer, an den man länger denken wird; wenn das mein Prof vom Seminar Computersicherheit wüsste…

32   Mittwoch, 11. Mai, 20 Uhr

„Guten Abend, Herr Lochnow.“

„Sagen Sie Iwan zu mir – darf ich Sabine sagen?“

„Von mir aus.“ Ihr Händedruck war fest, die Haltung gerade, die dunkelbraunen Augen fixierten ihn furchtlos. „Kommen Sie herein, Iwan.“

Mit federnden Schritten ging sie ihm voraus ins großzügige, helle Wohnzimmer, der schwarze Rollkragenpullover betonte ihre üppigen Hüften in den nachtblauen Jeans. Knapp fünf Monate war es jetzt her, dass Sepp Seegrübler gestorben war – die Polizei führte ihn freilich noch als „vermisst“. Neulich, nach dem Hacker-Anschlag auf die Schweizer Berghütte, hatte Iwan Boris geneckt „Na, hattest du dich doch auf den falschen eingeschossen?"; der hatte nur geantwortet: „Es gibt keine falschen Opfer. Irgendeinen Dreck hat jeder am Stecken." Das mochte stimmen, aber ein Profi sollte nicht zu viele Fehler machen.

Wenigstens machte Seegrüblers Frau nicht den Eindruck einer gebrochenen Witwe. Im Gegenteil, an ihr verstärkten die dunklen Farben die Ausstrahlung von Souveränität. Auch die Wohnung wirkte freundlich und klar: Grünlilien und Orchideen wucherten vor den großen Fenstern, unter der hohen Decke spannten sich hell lasierte Balkenkonstruktionen. Ahornparkett, ein Gabbeh-Teppich in den Farben des Frühlingswaldes, ein runder schwarzer Holztisch. „Kaffee?", fragte Sabine und verschwand auf sein Nicken in der Küche, aus der gleich darauf das Zischen einer Espressomaschine zu hören war. Durch das Panoramafenster schaute die Almspitze herein, eine Wand bedeckte ein überfülltes Bücherregal, die andere war weiß, mit einem Kunstdruck der „Gelben Kuh" von Franz Marc; kein Fernseher. Schon war sie zurück, stellte Kaffee, Milch, Zucker und einen Teller Kekse auf den Tisch und setzte sich ihm gegenüber in einen der bequemen Sessel. Eine Frau mit Stil. Auch ihr Kaffee war gut: stark, schwarz, bitter. Wie er ihn mochte. Wie seine Seele.

„Tja, Sabine, jetzt ist es sowait. Die Gesellschafterversammlung chat dem Verkauf der Almspitz Skiwelt GmbH an maine Black Hole Holding zugestimmt, die Eigentumsübertragung wird am 1. Juni rechtskräftig. Chaben Sie sich überlegt, ob Sie main Angebot annehmen wollen?"

Sabine Seegrübler lehnte sich zurück und schlug die Schenkel über einander: „Lassen Sie mich bitte eine Geschichte erzählen: Es treffen sich zwei Planeten. Auf die Frage >Wie geht's?< sagt der eine >Oh, schlecht, ich hab mir ne fiese Krankheit eingefangen: Homo sapiens<, und der erste dann >Kein Problem, das geht von selbst vorbei<. Nein, Sie brauchen nicht zu lächeln, Iwan. Es geht nicht um die Heilung des Planeten, sondern um unsere Gattung. Die Menschheit ist von einem Virus befallen: dem BWL-Virus. Ein Virus wäre ohne Wirt nicht lebensfähig; seine einzige Aufgabe ist die Selbstreplikation. Dafür verbraucht der Virus die Ressourcen des Wirts, und wenn der eingegangen ist, zieht er weiter zum nächsten."

„Warum erzählen Sie mir das, Sabine? Sie chaben selber BWL studiert."

„Ich habe meine Aufgabe immer als dienende verstanden. Unternehmerische Entscheidungen sollen auf Fachkenntnis und Leidenschaft basieren; ich liefere die Zahlen, um zu verhindern, dass man dabei in Fallen tappt. Heute treffen zu oft die Zahlenleute die Entscheidungen – eine verkehrte Welt. In vielen Firmen werden sinnvolle Investitionen vermieden, weil sie kurzfristig die Bilanz belasten; Menschen werden entlassen, bis die Qualität in den Keller geht; die Natur wird erschlossen, bis nichts übrig bleibt. Und wofür? Für Wachstum. Wachstum ist die Krankheit, die der BWL-Virus auslöst. Und Wachstum führt zu Schädelweh. Denn wer immer weiter wächst, stößt irgendwann mit dem Schädel an die Decke."

„Ein schönes Bild, Sabine. Aber worauf wollen Sie chinaus?"

„Wenn ich den Job als Geschäftsführerin der Almspitz Skiwelt GmbH unter Ihrer Leitung annehme, Iwan, dann möchte ich nicht von Wachstumsvorgaben getrieben werden, sondern ehrlich nachhaltig wirtschaften können. Das heißt: zufriedene Gäste, ausreichende Einnahmen, gesunde Landschaft."

„Erfolg werden Sie nur chaben, wenn die Zahlen stimmen, Sabine. Ohne Wachstum gehen Firmen ein. Nachhaltigkeit ist aine kindische Vision."

„Nein, Iwan: Nachhaltigkeit ist der einzige Weg, auch wenn der Begriff unerträglich ausgehöhlt, gedehnt und missbraucht worden ist. Dass Wachstum in einem begrenzten System möglich sei, glauben bekanntlich nur Vollidioten und Betriebswirtschaftler."

Ein freches Luder; es machte richtig Spaß, mit ihr zu streiten: „Aber wie wollen Sie die Almspitz Skiwelt am Laufen chalten? Schon jetzt ist die Konkurrenz übermächtig, und der Klimawandel kommt. Ohne Beschneiung wird es schwierig."

„Auch mit Beschneiung wird die Skiwelt nicht mehr länger leben, als Sie statistisch zu erwarten haben, Iwan." Die Frau hatte sich in Schwung geredet, eine lebhafte Röte überzog ihre vollen Wangen. „Wir brauchen langfristige Konzepte: für sanften Tourismus. Angebote zum Wandern, das geht auch im Winter, mit Schneeschuhen oder ohne, wenn kein Schnee mehr kommt. Oder das Sportklettergebiet „Kreizteifiwand", das haben unsere jungen Sportler selbst erschlossen und es kommen Leute von weit her, auch ohne Schneekanonen. Rückbesinnung auf unsere alpinen Wurzeln ist der Weg. Kirchgaden hat noch viel echte Landschaft hinter den Pistenrändern, es hat das Zeug zu einem echten DBV-Bergsportlerdorf, nicht so wie Zachers Potemkin-Laden."

„Aber Zacher chat lange Hebel."

„Der DBV lässt viel mit sich machen; dass er einen Autohersteller als Sponsor wählt, der eine Handvoll Elektroautos als ökologisches Feigenblatt inszeniert, um seine Limousinen und SUFFs zu kaschieren, hat mich auch enttäuscht. Aber die Kriterien für die Bergsportlerdörfer sind streng. Zacher wird mit Vorder-Steinöd nie durchkommen."

„Und wenn – mit ainem Bergsportlerdorf ist nicht viel Geld zu machen."

„Alles um was ich Sie bitte, Iwan, ist Geduld. Der Begriff Nachhaltigkeit stammt aus der Forstwirtschaft. Da pflanzt man Bäume, die die Enkel ernten. Mit einem Bergsportlerdorf ist nicht viel Geld verdient, aber man kann damit langfristig leben. Sie sind doch kein

Zacher und nicht so hohl wie Bachlinger und Mittlermeir, Iwan – glauben Sie an die Zukunft!"

Ihre Stimme war tief, eindringlich, fast flehend – versuchte sie ihn um den Finger zu wickeln? Eine Charme-Offensive gegen Iwan den Schrecklichen? Natürlich hatte sie recht. Die drei Skikönige waren wie pubertäre Jungs, ums glänzendste Spielzeug kämpfend. Aber er hatte auch mit ihnen geschäftliche Verbindungen – ablenken: „Chat nicht Ihr großer Landsmann Konstantin Wecker gesungen >Genug ist nicht genug<?"

„Ach, Iwan, da drehen Sie dem Wecker das Lied im Mund rum!" Ihr Lachen wirkte echt – und ansteckend. „Eine andere Zeile von ihm passt eher: >Von Genuss bekommt man nie zuviel<. Ums Glücklichsein geht es, nicht ums immer mehr. Kennen Sie nicht die Ergebnisse der Glücksforschung, dass Südseevölker, die von der Hand in den Mund leben, die glücklichsten Menschen sind? Und die besten Burn-Out-Patienten sind die Männer, die nach immer mehr Sex, Geld und Macht gieren. Wie hohl! Sind Sie glücklich, Iwan?"

Jetzt hatte sie ihn doch noch erwischt, war von der argumentativen Oberfläche zum schmerzhaften Kern vorgedrungen. Hohl! Frustration war das Ergebnis seines Lebenstraums. Willige Weiber im Wellnessbereich, sie wurden fade mit der Wiederholung. Geld und Gewalt waren kein Ersatz für Liebe. Wahrscheinlich hätte er mehr Frieden in Sabine Seegrüblers starken Armen, an ihrem großen Busen gefunden. Nicht jedem gefielen solche barocken Formen, ihm schon. Vielleicht war das mit ein Grund gewesen, den Job ihr anzubieten und nicht irgendeinem beliebigen Manager. Es musste ja nicht gleich was Konkretes draus werden, allein sie zu sehen kitzelte schon die romantische Ader, die unter seiner harten Schale schlummerte. Auch wenn sie ein anstrengender Diskussionspartner war. Aber vielleicht war gerade das ein extra Reiz für ihn: zumindest die verbalen Waffen kreuzen mit dieser attraktiven Frau.

„Sie sind ganz schön frech, Sabine. Ist Ihnen klar, dass Sie mit dem Feuer spielen? Ain Fingerschnipsen von mir, und Sie sind weg. Sie kriegen kainen Fuß mehr auf den Boden chier."

„Und? Was hab ich zu verlieren? Mein Mann ist tot, davon bin ich überzeugt, auch wenn es noch keinen Totenschein gibt. Aber ich lebe. Mein Beruf macht mir Spaß, aber ich finde auch leicht etwas anderes. Ich bin 44, gesund, nicht dumm, mein Leben liegt noch vor mir. Karriere brauche ich nicht, Glück kommt aus anderen Quellen. Lieber ein achtsamer, aber zufriedener Tellerwäscher als ein Millionär mit Minderwertigkeitskomplex. Sind Sie frei, Iwan? Können Sie alles hinter sich lassen?"

Er würde alles hinter sich lassen, irgendwann, wenn der Tag kam. Sein Imperium würde zerfallen, Boris hatte nicht das Zeug es zusammenzuhalten, und auch sonst gab es in der Black Hole Holding niemanden mit seinem Niveau. Die Ära Lochnow würde mit Iwan dem Schrecklichen in die Grube fahren. Er war alleine auf der Welt. Vielleicht war es ganz gut, wenn irgendwo etwas weiter existierte … Vielleicht sogar etwas, das ganz anders war als die Unternehmungen, die ihn bis hierher gebracht hatten.

„Lassen Sie's gut sein, Sabine. Sie kriegen Ihren Willen."

33   Samstag, 21. Mai, 9 Uhr

„Na, gehst du auch zum ersten Mal klettern?"

Felix musterte verdutzt die aufgebrezelte Blondine in Mikrofaserhose mit farblich abgesetzter Hinterpartie, hauteng anliegendem Funktions-Tanktop und atmungsaktivem Dreilagenanorak; an ihrem überdimensionalen Rucksack baumelten außen Kletterschuhe, -gurt und Helm. Outfitmäßig unterschied sie sich damit nicht wesentlich von den anderen vierzig jungen Leuten, die sich auf der Wiese vor dem Berghausener Sessellift drängten. Aber so eine Frage! Wo sollte er da anfangen? Dass das Thema des Tages Klettersteige hieß, und dass das nichts mit Klettern zu tun hatte? Dass er schon einige Klettersteige gemacht hatte, aber eigentlich lieber im unerschlossenen alpinen Gelände herumstieg statt sich an willkürlich verspannten Drahtseilen hinaufzuzerren? „Nee, ich bin als Journalist eingeladen."

„Ui, dann machst du sicher Fotos? Gibst mir deine Facebook-Adresse, dann like ich dich und du kannst mir ein paar schöne Bilder von mir schicken. Das machst du doch sicher, gell?"

Oh Mist, das war die ungünstigste Antwort gewesen. Aber vielleicht war so eine SM-Tussi (diese Abkürzung für Social Media hatte ihm schon immer gefallen) ein guter Multiplikator für berge2go.de. Und wenn man bedachte, wie schwierig es sonst war, an eine Handynummer oder Mailadresse von hübschen Frauen zu kommen... Als SMS – seriell monogamer Single, der er zur Zeit wieder war – musste man ja immer wachsam sein. Diese Outdoormaus passte allerdings weniger in sein Beuteschema. Eher umgekehrt. Und das setzte tendenziell Fluchtreflexe in Funktion. Trotzdem: Optisch gab sie schon was her; also immer professionell bleiben... „Klar, geht schon. Kennst Du berge2go.de? Das ist mein Bergportal. Schau doch mal rein. Und schick mir über das Kontaktformular deine Adresse. Wie heißt du eigentlich?"

„Chantal – hey, das wär echt geil, wenn du mir Bilder schickst. Und krass, Mann, du hast ein echtes Bergportal?"

„Ja, deshalb bin ich auch hier eingeladen; Berghausen möchte nach dem Naturator-Trubel im Winter und den Diskussionen um das Haberfeldprojekt mit bergsportlichen Aktivitäten in die Medien kommen."

„Verschärft, Alter, ich bin schon ganz gespannt auf das Klettern. Das Free Climbing wär ja nichts für mich, so ganz ohne Seil, da ist das mit dem Drahtseil schon besser. Ich weiß ja gar nicht mal, ob ich schwindelfrei bin, normal krieg ich schon von einem Glas Hugo weiche Knie. Wenn du dich so gut auskennst, vielleicht kannst du mir nachher mit dem Gurt helfen – oder gibt's dafür Bergführer?"

„Ich glaub, die haben fitte Bergführer hier. Schau, da drüben stehen sie."

„Boah ey, die sehen echt fit aus!" Ruckzuck war Chantal wegdiffundiert und rematerialisierte sich in Reich- und Sichtweite von sechs langhaarigen, muskelbepackten Freaks in den Farben der Bergschule „AlpinTimes": senfgelbe Hosen, blaues Hemd mit weißen Karo-Linien, darüber rostrote Softshell-Weste oder -Jacke mit gestickter Bergskyline als Logo. Einer trug die Weste direkt auf dem nackten Oberkörper, dazu Ziegenbart und Dreadlocks: Franz Gschloßner, der Bergschulleiter. Unter Insidern war er bekannt als der „Wilde-Westen-Franze", weil er fast immer in diesem „Bis-auf-Weste-oben-ohne"-Look herumlief, nur je nach Jahreszeit und Anlass wechselte das Material zwischen Baumwolle, Fleece, Daune und Loden.

Es ging los: Der Tourismusdirektor Johann Bachlinger höchstpersönlich war zur Eröffnung des Events erschienen, in eine Alpin-Times-Jacke gewandet, und erklomm ein hölzernes Rednerpult.

„Grüß Gott miteinander, liebe Bergsportfreundinnen und Bergsportfreunde. Herzlich willkommen zu den ersten Berghausener Climbing Way Days. Wie ihr wisst, hat sich Berghausen das Erlebnis Berge auf die Fahne geschrieben: Living Mountains. Wir wollen allen bergaffinen Menschen das Abenteuer Outdoor nahebringen und ermöglichen, auf Ski wie im Sommer. Aber natürlich mit safety first. Deshalb könnt ihr heute nicht nur unsere wunderbaren Climbing Ways ausprobieren, sondern gemeinsam mit unseren erfahrenen Guides auch Eure Kompetenz erweitern und zur Krönung des Tages die erste Berghausener ClimbingWayCard mitnehmen, die Euch Sicherheit vermittelt auf Euren weiteren steilen Wegen. Und

hier sind sie, unsere Guides und ihr Capo, der Franz Gschloßner!"
Freundlicher Applaus erklang, als der Franz zu Bachlinger aufs Rednerpult stieg und loslegte: „Griaß Uich midanandr. Mir freuet uns
gewaltich, dass mir mid uich heit dia schöne Klättersteig geha kennat. Blos hend mr momentan noch a kloins organisatorisch Probläm. Also hocket uich noch a paar Minute na, odr holet uich an
Kaffee, unsere freindliche Mädle en dr Liftschtation schenket uich
gern oinr ei – ond an Prosecco zum Ufwacha gibts au."
Gemurmel in der Besucherschar, aber die versprochenen Wohltaten
lockten dann doch bald alle zum Ausschank hinüber. Felix ging auf
die Bergführergruppe zu, die gerade mit Bachlinger diskutierte.
„Ich verlass mich auf dich, dass du das Ding irgendwie schaukelst,
Franz", hörte er Bachlinger gerade noch sagen, dann rauschte der
Tourismuschef ab. Franz schaute genervt drein, was sich nicht bes-
serte, als er Felix erspähte. „Was duescht du denn do?"
„Grüß Euch, ich bin der Felix Liebergsell von berge2go.de."
„Du liabe Zeit, dr Schurnalischt! Do gibts nix zum Schreiba!"
„Hey, Mann, entspann dich. Wenn Ihr Probleme habt, die könnt ihr
eh nicht ewig aus den Medien raushalten, eure Gäste haben sicher
alle ihre Smartphones dabei. Ich wollte nur hören, was los ist, und
vielleicht kann ich sogar helfen, ich bin kein Klettersteig-Anfänger.
Oder für die Nachwelt festhalten, wie ihr heldenhaft das Problem
löst."
„Helfa ond dokumentiera? Wer woiß?", der Wildwest-Franze war
offensichtlich nicht ganz der tumbe Naturbursch, als der er sich
inszenierte, und schaltete schnell, „horch zua: Irgendoinr wo was
gäga uns hed, hed Schmieröl an die Drahtsoiler higschmiert.
Wenn mir dia Klättersteigdäg retta wellet, miasset mr schnell sauber
macha. Do isch jeder Mann recht."
Felix traute seinen Ohren nicht: „Schmieröl an den Drahtseilen?
Sabotage? Ist der Naturator jetzt wieder zurück?"

„Des isch mir wurscht, wer die Sauerei vrbrocha hed, zerscht muss putzt werra, Ursacheforschung kennat mr henderher macha." Dann bewies der Bergschulleiter sein organisatorisches Talent und erstellte in Minutenschnelle einen Aktionsplan: „Also: I geh mit dene ganze Kraddler dr Wanderwäg nauf. Ihr fahrat mit am Sessellift hoch, und miassat des Schmieröl wegputzt ha, bis mir droba send. Dr Bene isch glei zruck vom Baumarkt mit Lompa un Fettlösr, mit dem gohsch du, Heini, in „Seppls Reality". Dr Arnie un dr Burli putzet die „Airgames". Dr Bernie werd mid am „Walk on the wild side" alloi fertig. Und du, Felix, kasch dr Silke em „Luftikus" hölfa. Am elfe treffet mr ons an dr Bergschtatio un teilet die Gruppa ei."

Silke? Das hatte Felix gar nicht mitbekommen, dass unter den Bergführern auch eine Frau war. Doch, tatsächlich: Ein kleines, kerniges Kraftpaket mit Stupsnase, rötlichem Strubbelkopf und Sommersprossen trat auf ihn zu, quetschte seine Hand und sagte: „Hey, wir kennen uns doch. Bist du nicht der Schneemann vom Elferberger Hörnle?"

Tatsächlich, das war die Speed-Bergführerin. „Und du bist die rasende Rennsemmel im Latex-Outfit – grüß dich!"

Sie grinste: „So trifft man sich wieder. Und heute wird der Schneemann zum Traummann, der der Frau beim Putzen hilft."

Sollte das ein Witz sein? Oder eine Chance? Spinn dich aus, Felix, es war ein Witz! „Ob ich dein Traummann bin, musst du selber rausfinden. Aber ich versuch gerne zu helfen."

„Schön, wenn ein Kerl nicht gleich >kein Problem< rauströtet. Hast Du schon mal mit Grigri gesichert?"

„Naja, ich weiß zwar, dass man das beim Sportklettern zum Sichern verwendet, aber in der Hand gehabt hab ich es leider noch nie, bin eher Bergsteiger ohne Seil", musste Felix zugeben.

Sie schlug ihm auf die Schulter, dass er in die Knie ging. „Keine Sorge, wird schon werden. Ich erklär's dir, und wenn du kein kom-

pletter Bewegungs-Analphabet bist, wirst du schon klar kommen."
Bene, ein langes Elend mit schwarzer Fettmähne und Xisteinkette,
kam neben der Bergführergruppe mit seinem T5 zum Halten und
verteilte Lumpen und Kanister mit Fettlöser unter den Kollegen,
dann marschierten alle zum Sessellift.

„Der Schnee hält sich lange dieses Jahr. Letzte Saison waren Ende
Mai die hohen Gipfel schon weitgehend schneefrei. Heuer können
wir froh sein, dass die neuen Klettersteige an der Stadelwand nur
auf 1400 Meter Höhe liegen und südseitig exponiert sind", erzählte
Silke, als sie und Felix im Doppelsessel nach oben schwebten. Die
Wiesen um die Talstation knallten schon in saftigem Grün, die Luft
war trotz der frühen Stunde frühsommerlich mild.
„Nur sind die Drahtseile wohl leider nicht benutzbar", entgegnete
Felix, „weißt du genau, was da los ist?"
„Tja, der Arnie möchte dieses Jahr auf Expedition gehen und war
deshalb heute morgen schon um sechs Uhr auf den Beinen. Seine
Trailrunningstrecke geht hoch zur Sesselbahn-Gipfelstation und auf
die Stadelwand. Dabei rennt er gern auch mal einen Klettersteig
rauf. Und heute hat er festgestellt, dass im „Walk on the wild side"
fünfzig Meter über dem Einstieg das Drahtseil mit Schmieröl über-
zogen war. Er ist dann zum nächsten gegangen, da war das gleiche
Problem, und bei den anderen beiden auch. Beim Berglauf hat er
leider kein Handy dabeigehabt, deshalb hat er den Franz erst informieren können, als er zurück ins Tal gerannt war. Der hat dann
gleich den Bene losgeschickt, Putzmaterial kaufen; den Rest hast du
mitgekriegt."
„Und was werden wir jetzt genau machen?"
„Wir steigen zusammen den „Luftikus"-Steig rauf, der hat die
Schwierigkeit D. Die Schmierölpassage muss ich am Fels frei klettern, ohne die Drahtseile. Du musst mich dabei sichern und danach

164

über eine Umlenkung wieder ablassen, damit ich beide Hände frei habe, um das Drahtseil zu putzen."

„Ok, das klingt nicht allzu kompliziert, auch wenn ich noch nie wirklich mit dem Seil gesichert habe. Ich gehe lieber klassische Bergsteigerrouten im zweiten Grad, so Zeug wie den Hallelujagrat oder die Schlappschwanz-Ostwand zum Beispiel." Sie kicherte über das Wortspiel mit dem Berg, der eigentlich Scharfzahn hieß. Schön. „Eine Dreierstelle kriege ich auch noch hin. Aber den ganzen technischen Kram mag ich nicht, auch wenn ich natürlich bei der Arbeit für meine Website davon gehört habe, zum Beispiel durch die Veröffentlichungen vom Bergverein zur Sicherungstechnik."

„Ah, ein Alpinist", Silke grinste ihn schräg von der Seite her an, „das sind bekanntlich die, die nicht schwer klettern können und deshalb den landschaftlichen Erlebniswert ihrer Touren in den Vordergrund stellen. Der meistens eher ein landwirtschaftlicher ist."

„Jaja, und die Sportkletterer sind die, die sich die Beinmuskeln zwecks Gewichtsersparnis wegtrainiert haben und deshalb nicht weiter als fünf Minuten vom Parkplatz zum Felsen gehen können", gab Felix zurück.

„Hey, nicht gleich beleidigt sein; als Bergführerin habe ich ja selber ein alpines Herz in meiner Brust. Aber halt auch eins für den puren Spaß an der Bewegung, fürs Klettern."

Felix verkniff sich mit knapper Not die Anmerkung, dass beide Herzen sehr attraktiv verpackt seien, und versuchte, in die schöne Landschaft zu schauen. „Schon gut, ich bin ja nicht beleidigt. Hab nur meine Prioritäten klar gesetzt. Bergsteigen kann ich gut alleine, was mir als Freiberufler entgegenkommt. Da brauch ich nicht ewig nach einem Seilpartner suchen."

„Dann lernst du halt mal jetzt ein bisschen Praxis zu deinen journalistischen Beiträgen. Wird der Qualität deiner Arbeit nicht viel schaden; wäre eher ein Alleinstellungsmerkmal im alpinen Medienbereich, wenn jemand was von dem versteht, worüber er schreibt. So, jetzt sind wir eh schon da!"

Tatsächlich schwebte der Liftsessel in eine Art überdimensionalen Heustadel mit rotweißen Fensterläden ein; Felix und Silke traten aus dem Gebäude in eine Wiesenmulde, in der Trollblumen, weiße Anemonen und Schusternagel-Enzian um die Wette wucherten. Über den Wiesen leuchtete ein zweihundert Meter hoher Kalkriegel in der Morgensonne, die Stadelwand. Knallrote Schilder wiesen zum „climbing way paradise Berghausen". Silke stürmte den Weg durch die Blütenpracht hinauf, als ob sie keinen Zehn-Liter-Kanister Fettlöser im Rucksack hätte, und Felix war froh, dass die Rennerei nach zehn Minuten unter einer senkrechten grauen Platte endete. „Luftikus" stand auf einem blauen Blechschild in Wolkenform geschrieben, ein daumendickes Drahtseil pfiff geradeaus die Platte hinauf.

„Nicht schlecht marschiert, Herr Alpinist", lobte Silke. Hatte er das nötig? Was soll's. Sie hatte sich als Frau in der Bergführer-Gesellschaft wahrscheinlich selber genug blöde Sprüche anhören müssen. Und er hatte versprochen zu helfen – aber an berge2go. de durfte er wohl auch noch denken. Felix zückte die Kamera und dokumentierte, wie Silke Gurt, Helm und Klettersteigset anlegte und das Putzmaterial sortierte, dann beeilte er sich, es ihr gleich zu tun. „Partnercheck!", verkündete sie, zupfte an seinem Gurt herum und präsentierte ihm ihr Material, dann hangelte sie mit affenartiger Eleganz und Geschwindigkeit am Drahtseil über die Platte hinauf.

Mit leicht angedickten Armen holte Felix Silke ein, die hundert Meter über dem Einstieg unter einer steilen schwarzen Wand auf ihn wartete; das Kletterseil, das auch in ihrem Rucksack gewesen war, hatte sie schon abgewickelt. „Da schau", sagte sie und deutete auf das schwarz verschmierte Drahtseil, das in allen Regenbogenfarben schillerte, „es sind nur zwanzig Meter eingepinselt, aber das reicht, um den ganzen Steig unbegehbar zu machen."

Sie zeigte ihm, wie er das Seil durch das Sicherungsgerät ziehen sollte, wie das Halten und Nachlassen funktionierte, und entschwebte. Ein anderes Wort hätte kaum gepasst. Felix hatte natürlich haufenweise Videos von High-End-Sportkletterbegehungen und schweren Bouldern auf seiner Website veröffentlicht, wusste also, wie Klettern aussehen konnte. Aber es war etwas völlig anderes, live zu erleben, wie sich Silkes Körper mal an die Wand schmiegte, mal schlangenhaft daran hinaufglitt, sich zusammenkauerte und dann explosiv streckte. Es war ein Tanz in der Senkrechten, der eine geradezu erotische Energie ausstrahlte und Felix' Herzschlag beschleunigte. Ab und zu wickelte sie als Zwischensicherung eine Bandschlinge um die Eisenstifte, mit denen das Drahtseil an der Wand befestigt war, sonst hatten die Installationen überhaupt keine Bedeutung für sie; die schwarze Wand sah unter ihr wie eine Leiter aus.

„Okay", tönte es schon bald von oben, und Felix blockierte das Seil im Sicherungsgerät. Dann ließ er es nach Silkes Anweisungen langsam durchgleiten oder stoppen und die Bergführerin schwebte ihm entgegen, wobei sie Meter für Meter das Drahtseil mit Lumpen und Fettlöser vom Schmieröl befreite. Schon nach einer halben Stunde war die Arbeit erledigt und sie stand wieder neben ihm.

„Wow, das war eine reife Vorstellung, Silke", ein kleines Kompliment würde sie schon nicht in den falschen Hals kriegen, „ich hoffe, dass ich auch ein paar gute Fotos machen konnte."

„Ja, ging flotter als gedacht", gab sie fröhlich zurück, „was meinst Du: Sollen wir noch einen Testlauf bis oben raus machen? Wir sind eh schon kurz unterm Ausstieg und deutlich vor dem Zeitplan. Ich hab ziemlich geschwitzt bei der Putzerei und hätte Lust auf ein erfrischendes Bad oben im Schnieblerweiher."

„Wenn du meinst. Führerin befiehl, wir tragen die Folgen."

Fünfzehn Minuten später entstiegen sie den Drahtseilen – in ein Natur-Idyll, wie es Felix im Bannkreis des Skigebiets nicht erwartet hätte. Der Gipfelkamm der Stadelwand streckte sich als steinerne Zackenlinie hinauf zum Grat der Oberbergener Hornspitzen, deren felsige Ostflanken steil abbrachen in ein weitläufiges grünes Kar, mit einzelnen Latschen betupft; in einer Mulde unter ihnen, aber hoch über dem dunstigen Tal, glitzerte ein kleiner Teich.

Silke machte sich gar nicht erst die Mühe, das Klettersteigzeug wegzupacken, sondern lief mitsamt dem Gurt die paar Minuten hinunter und begann dort, sich auszuziehen. Bis Felix am Ufer ankam, stand sie schon bis zu den Waden im Wasser und spritzte sich Wasser auf Arme und Gesicht – dann stürzte sie sich platschend hinein. Ein spitzer Quietscher erfüllte das Kar, dann strampelte sie sich prustend und lachend so schnell wie möglich wieder zurück ans Ufer. Wie die schaumgeborene Venus entstieg sie dem Weiher, die Wasserperlen auf ihrer winterhellen Haut funkelten im Sonnenlicht.

„Komm doch rein! Worauf wartest du?"

„Auf die Temperaturanzeige – wie warm ist es denn?"

„Sportlich chillig", lachte Silke und zeigte zwischen Daumen und Zeigefinger eine imaginäre Länge an, die dem Fortpflanzungsorgan eines Hermelins entsprechen mochte. „Schnieblerweiher – Schniedel, weich er! Auf geht's, das ist ein Spiel für harte Männer."

Sie watete heraus, schüttelte sich und wischte die Tropfen flüchtig ab, dann legte sie sich, wie Gott sie geschaffen hatte – und das hatte er nicht schlecht gemacht – zum Trocknen in die Blumenwiese. Felix war halb froh, dass er sich beim Ausziehen unverfänglich abwenden konnte, etwas mehr als die andere Hälfte drängelte nach dem Anblick dieses knackigen Körpers, mit allen Rundungen da wo sie hingehörten: an Bizeps, Schultern und durchaus auch an den frauenspezifischeren Stellen. Vielleicht half das Wasser, cool zu bleiben. Er tat zwei Schritte in den Teich, spritzte sich das brennend kalte Wasser auf die Brust und stürzte sich todesmutig kopfüber nach vorne.

Es war wie ein Sprung in ein schwarzes Loch. Eisige Kälte packte ihn und quetschte seinen Brustkorb zusammen, der Atem stockte, sein Herz sprang auf 180. Als sein Kopf wieder die Oberfläche durchbrach, schnappte er nach Luft und versuchte, sich in Richtung Ufer zu drehen. Aber die Muskeln krampften, gehorchten kaum den Befehlen aus dem Hirn. Panisch wand er sich in der Kälte. Irgendwie gelang es ihm dann doch, eine halbwegs koordinierte Vorwärtsbewegung zu erzeugen. Und endlich spürte er wieder Boden unter den Füßen. Auf allen Vieren kroch er japsend ans rettende Ufer, die Haut prickelnd wie bei einem Igel mit falschherum angebrachten Stacheln.

„Voll cool, Frau", keuchte er, als er sich neben Silke in die Wiese streckte.

„Ja, Ende Mai ist noch nicht die optimale Gebirgsbadesaison. Ich muss zugeben: Ich geh öfter in die Sauna und bin vom Wechselduschen her einiges gewöhnt. Ist es nicht geil, wenn der Schmerz nachlässt?"

„Eigentlich bin ich nicht so der >per aspera ad astra<-Typ."

„Aber Bergsteiger. Da strengt man sich doch auch mal an. Und selbständiger Unternehmer."

„Da geht's ja um Träume, nicht um Leidensüberwindung als Selbstzweck. Wenn ich eine lange Gratüberschreitung gehen will, kann ich mich gerne mal plagen. Und das eigene Bergportal war eigentlich die Idee eines Kumpels – eher: meines besten Freundes –, der mit mir die Seite gegründet hat. Wir hatten so viele Ideen, die wir in den Angestelltenverhältnissen bei etablierten Zeitschriften nicht umsetzen konnten. Elmar hat an das Projekt geglaubt und mich mitgerissen. Leider ist er vor drei Jahren abgestürzt, seitdem kämpfe ich alleine weiter."

„Oh, Scheiße", kommentierte sie. „Aber du hast weitergemacht?"

Felix suchte ihre Augen, seine Kehle war trocken. „Ich wollte und konnte das Projekt nicht aufgeben. Am Berg bin ich ja auch gern alleine unterwegs, mach mit mir selber aus, was ich mich traue, und trage auch die Konsequenzen selber. Berge2go.de ist so was wie meine persönliche Eiger-Nordwand."

„Klingt spannend. Und läuft's?"

„Es braucht Geduld. Ein paar Rücklagen als Backup, ein paar Nebeneinnahmen durch Fotoverkauf oder Werbetexte; aber irgendwann sollte es natürlich komplett selbständig laufen. Der Hype um den Naturator hat mir ziemlich geholfen. Mal sehen, ob der jetzt eine Sommer-Offensive startet, scheint ja, dass der heutige Anschlag auf sein Konto geht."

„Ich find's ja witzig, was der sich einfallen lässt, auch wenn er uns etwas mehr Arbeit beschert hat."

„Tja, welcher Bergfreund würde nicht sympathisieren mit Sabotage gegen die Intensiv-Tourismus-Industrie. Aber wenn der tote Pistenraupenfahrer auf sein Konto geht, ist eine Grenze überschritten."

„Wird wohl noch ein paar Wochen dauern, bis der Ratrac im Seckeltobel ausapert und man den Hergang klären kann."

„Tja. Aber erzähl doch mal von dir. Was hat dich zum Bergführerberuf getrieben? Es gibt nicht viele Frauen in der Branche."

Silke drehte sich ihm zu. Wassertropfen glitzerten auf ihren Brüsten. Felix drehte sich auf den Bauch und ließ sich die Nase von würzig duftenden Horstseggen kitzeln.

„Den Männern der Überhang, den Frauen der Übungshang. Ganz so schlimm ist es heute nicht mehr, aber das Berufsbild ist halt nur für einige Mädels sexy. Für mich war Bergführer schon ein Kindertraum", erzählte Silke, „schon als kleines Mädchen wollte ich immer nur klettern und bergsteigen, habe mir in der Bibliothek unserer DBV-Sektion alle verfügbaren Klassiker ausgeliehen: Junger Mensch im Gebirg, Jungborn, Vor den Toren des Himmels, Sterne und Stürme. Die Bergführerausbildung habe ich während des Geologiestudiums gemacht, und seither mische ich die zwei Felder. Zuerst habe ich ein paar Jahre in einem Ingenieurbüro für geologische Gutachten gearbeitet und nebenher geführt. Momentan bin ich auf dem Freiheitstrip und lebe hauptsächlich vom Führen. Aber in der Zwischensaison übernehm ich manchmal kleinere Aufträge von meinem alten Arbeitgeber; bisher sagt er immer noch, dass ich jederzeit wieder fest einsteigen könnte. Freiheit mit doppeltem Boden sozusagen, wie die Seilsicherung beim Sportklettern. Mein Lebensentwurf ist eher Plaisirklettern statt Eiger-Nordwand wie bei dir."

„Das war nur so dahingesagt. Ich fühl mich ja ausreichend safe dabei. Hauptsache ist einfach, dass man einigermaßen nach eigenem Entwurf leben und seine Wünsche verwirklichen kann. Große Karre und Karriere haben mich nie interessiert."

„Topp, da bin ich dabei. Aber jetzt müssen wir den eigenen Entwurf doch so langsam dem Gesamt-Zeitplan unterordnen und schauen, dass wir bis elf an der Station sind. Zwanzig Minuten müssen wir rechnen."

Die letzte Chance, sich ein Herz zu fassen: „Hat Spaß gemacht mit dir, Silke. Würde mich freuen, wenn wir uns wieder mal treffen."

„Ja, war ein nettes Vorspiel vor dem Bergführer-Alltag. Wenn Du magst: Am Montag hab ich frei, und weil Sauwetter angesagt ist, wollte ich in der Knaglfinger Halle Bouldern gehen. Kannst ja kommen; ich steig dir gern ein paar leichte Touren vor."

Felix schluckte. Ein paar leichte Touren. Das war wohl die Art von Sprüchen, die man sonst als Frau zu hören bekam. Aber Recht hatte sie ja. Wie sie sich am Fels bewegt hatte, da konnte man wirklich nur staunen. „Okay, dann lass ich mich mal auf das Abenteuer mit Seil und Haken ein. Schöne Idee, ich freu mich drauf."

Sie stiegen in ihre Klamotten und joggten in dem lockeren Trab, der Abstiege am angenehmsten erträglich macht, auf dem markierten Weg durch die Blumenwiesen. Vor der Bergstation des Sesselliftes war Franz schon mit seinen vierzig Schäfchen angekommen, die mittlerweile ziemlich erschöpft und verschwitzt aussahen und heftig den bereitstehenden Energiedrinks zusprachen. „See you – bis Montag", sagte Silke und gesellte sich zu ihren Kollegen, denen der Franze gerade die Teilnehmergruppen zuordnete.

„So Felix, isch es guet gange? Du kasch mit am Bene seinere Grupp en dr >Walk on the wild side< ga. Do kriagsch an Huufe Afänger vors Objektiv, und nebezus kasch end Hängeloitr vom >Airgames< nüber fotografiera. Des gibt optisch am moischte här."

„Ach, du bist mit uns unterwegs? Super!", Chantal hatte das Tanktop mittlerweile abgelegt und präsentierte sich in einem – zugegeben: ansehnlich gefüllten – Sport-Bustier, dazu trug sie nun einen verwegen schräg sitzenden Helm. Die definitiv unkleidsame Hose hatte sie immer noch an und darüber den Klettergurt mit chaotisch verdrehten Beinschlaufen. „Du warst doch mit den Bergführern unterwegs, gell, Felix? Dann kannst du mir sicher helfen, diese blöden Beinschlaufen richtig hinzudrehen. Ich posier dann auch für ein tolles Foto für deine Website."

Seufzend bückte sich Felix Chantals Schenkeln entgegen. Und vermeinte aus dem Bergführergrüppchen im Hintergrund den Ruhrpott-Buchtitel zu hören: „Schantall, tu ma dat Foto winken!"

34   Montag, 23. Mai, 11 Uhr

Schmieröl-Olympiade in Berghausen – der Plan des Naturators
Der Erschließungs-Saboteur „Naturator" ist zurück.
Mit einem Bekennerschreiben [hier] offenbart er seinen
neuesten Coup als Teil eines übergreifenden Konzeptes
[+ mehr…]

Zähflüssiger Start für die Berghausener „Climbing Way Days" am vergangenen Samstag: Alle vier Klettersteige in der Stadelwand waren mit Schmieröl unbegehbar gemacht. Doch Glück im Unglück für die Teilnehmer des erstmals abgehaltenen Events: Die Bergführer von „AlpinTimes" konnten die Drahtseile schnell reinigen und die Veranstaltung retten, unter aktiver Beteiligung des berge2go.de-Reporters [exklusive Bildstrecke hier]. Der Berghausener Tourismuschef Johann Bachlinger sprach hinterher von einem „vollen Erfolg", und auch die Teilnehmer waren begeistert. „Das war obergeil: die Felsen, die Tiefe, die coolen Bergführer. Ich hab mich fast angepiselt vor Grusel, obwohl alles safe war – Klettern ist spitze!", sagte zum Beispiel Chantal Zickenbacher (Foto), die extra aus Castrop-Rauxel ins Steingäu angereist war.

Einen besonderen Touch erhält der Anschlag durch ein Bekennerschreiben des „Naturators" [alle Hintergründe hier], das bei berge2go.de einging. Daraus wird klar, dass für diesen Sommer mit weiteren Sabotageakten gegen Tourismuseinrichtungen zu rechnen ist. Ob der Verfasser allerdings wirklich identisch ist mit dem Saboteur aus der Wintersaison, bleibt noch offen, denn so ausführlich hat der Saboteur noch nie argumentiert. Sichern Sie sich stets die Neuigkeiten: mit einem Abo des berge2go.de-Newsletters [hier].

Exklusive Fotogalerie: *Bergführerin Silke Dingler putzt die Drahtseile im „Luftikus"-Steig (D) [hier] – powered by Domestos*

Exklusiv auf berge2go.de: Das neueste Bekennerschreiben des Naturators

Ein Monster hat die Alpen im Würgegriff: Das Monster der Wachstums-Wirtschaft. Nicht nur unsere Industriekonzerne sind befallen von diesem Wahn. Auch die Tourismusbetriebe in den Alpen, die oft schon industrielle Dimensionen erreicht haben, stecken fest im Hamsterrad des „Immer mehr", des Wettrüstens unter dem Motto „wer hat den Größten?". Als ob der Kuchen der Alpen-Urlauber beliebig groß werden könne, versklaven sich die Alpenorte unter dem Diktat des Wettbewerbs. Dabei kann es bei diesem Nullsummenspiel nur ein paar Gewinner geben – die Tourismus-Monopole. Und jede Menge Verlierer, die insolvent auf ihrer kaputtgenutzten Landschaft sitzen bleiben. Die Natur verliert in beiden Fällen. Doch erst wenn das letzte Edelweiß plattgewalzt, der letzte Gipfel verdrahtet, die letzte Alm ans Autobahnnetz angeschlossen ist, werdet ihr erkennen, dass weniger mehr gewesen wäre.

Das Schlimmste an der Sache: Es gibt keinen sanften Weg aus der Sackgasse. Nach den Gesetzen des Marktes kommen Aussteiger unter die Räder – wie im Gleichgewicht des Schreckens im Zeitalter des Kalten Krieges kann sich keiner trauen, aus dem Konkurrenz-Zwang auszuscheren; Emanzipation impossible. Die Rettung kann nur von außen kommen. Nur ein externer Störfaktor kann die heilende Katharsis auslösen. Wenn Erschließungen auf Kosten der Natur teurer und schmerzhafter werden als Zurückhaltung und wirklich nachhaltige Konzepte – erst dann haben die Alpen wieder eine Chance.

Ich bin der Naturator. Ich bin natürliche Energie für die Alpen. Ich bin der Stein des Anstoßes, der die Lawine ins Rollen bringt. Aber ich kann nicht alleine bleiben, die Lawine muss rollen. Helft mit, die Bewohner der Alpenorte aus dem Schwitzkasten des Zwangswachstumswahnsinns zu befreien! Belohnt guten Tourismus! Bestraft rücksichtslose Erschließung! Gemeinsam sind wir der Sturm der Reinigung, der wind of change. Wir sind viele! Wer Erschließung sät, muss Ärger ernten!

> *Bisher 6 Kommentare*
>
> **Schifoarer:** *Ja ist denn der komplett durchgeknallt? Wachstumskritik ist doch mit dem Club of Rome ausgestorben. Wer nicht wächst, verreckt, das ist einfach Tatsache.*
>
> **Gamsei:** *Und genau dagegen will der Naturator doch helfen, verstehst du das denn nicht?*
>
> **Wortsepp:** *Genau! Es hilft doch niemandem, wenn man sich mit immer härteren Waffen um einen Kuchen schlägt, der dabei nicht größer wird.*
>
> **Tr8ler:** *Äba. Ond schwätza helft au nix. Hendr ned ghert, jetz werds Zeit zom eppas do.*
>
> **jwd:** *hey leute! kriegt euch wieder ein. liftmasten sprengen wie damals die bumser in südtirol bringt doch nichts.*
>
> **Dakini:** *Oba gscheid bumst hod des fei scho. Is des nachand nix?*

„Guten Tag Herr Liebergsell. Na, Sie sind ja wieder ziemlich gut auf den Beinen."

Der Junge ließ sich nicht provozieren, strahlte ihm entspannt ins

175

Gesicht. „Hallo Herr Haderbichler! Ja, seit Mitte April ist das Knie wieder schmerzfrei. Zu spät für den Winter, aber ein paar Wanderungen sind schon wieder gegangen. Kommen Sie doch rein! Was führt Sie zu mir?"

Haderbichler folgte ihm durch den Flur, der mit Bergausrüstung vollgestellt war, und setzte sich ihm gegenüber an den wie immer überfüllten Küchentisch. Dann legte er los: „Mei Felix! Sind sie so naiv, oder wollen Sie mir was vorspielen? Was sind das für neue Naturator-Geschichten auf Ihrer Website? Sie sollten doch die Paragraphen mit dem Anstacheln zu Straftaten kennen, um zu wissen, dass Sie da eine ziemlich wilde Welle surfen."

Felix setzte sich rittlings auf seinen Schreibtischstuhl und schaute ihm in die Augen. „Ach Herr Kommissar. Wollen Sie wirklich Ihre Energie auf so einem Nebenkriegsschauplatz verplempern? Wenn Sie schon wieder einsteigen in den Wettlauf mit unserem ungreifbaren Spielpartner, dann suchen Sie doch da wo es Sinn macht, und nicht beim externen Beobachter."

„Danke für den freundlichen Tipp, Herr Liebergsell. Und was macht Ihrer geschätzten Meinung nach Sinn?"

„Echt schwierig. Ich hab natürlich bei den letzten Bekennermails wieder versucht, die Herkunft nachzuvollziehen, bin aber wieder jedesmal versandet; an der Grenze zum Darknet komme ich nicht weiter. Am Computer hat er's drauf, das hat ja auch der Hack an der Corno-Rosso-Hütte bewiesen."

Das konnte man sagen; die Kollegen aus der Präsidiums-Abteilung für Computersicherheit hatten damals auch nichts rausgefunden. „Kam denn die neueste Mail über die gleichen Wege wie die vor Weihnachten, oder nur über ähnliche?" So könnte man vielleicht rausfinden, ob der Absender der „echte" Naturator war oder ein Nachahmer – war eine clevere Idee von Kreglinger gewesen.

Felix zuckte die Schultern. „Kann ich leider nicht sagen. Es gab schon damals nicht wirklich ein wiederholtes Muster. Nur dass sie irgendwo aus dem Tor-Net kam."

Mist! „Und ist ihnen bei ihrem – ganz zufälligen – gell?", er schaute ihm scharf in die Augen, „Hilfseinsatz an den Klettersteigen irgendwas aufgefallen?"

Der Kerl zuckte keinen Millimeter. „Natürlich habe ich die Zeit genutzt, mich umzuschauen, während Silke – ich meine, die Bergführerin – das Drahtseil geputzt hat. Schließlich lag der Verdacht nahe, dass der Naturator wieder am Werk war. Aber mir ist echt nichts aufgefallen."

„Gar nichts?"

„Mei, der Täter wird halt am Drahtseil aufgestiegen sein, absteigend oder abseilend das Schmieröl hingeschmiert haben und dann runter und zum nächsten. Das kriegt ein Bergsteiger bei den vier Steigen in einer Stunde hin – und was sollen da für Spuren bleiben? Von Lederhandschuhen? Die Steige werden ja von hunderten anderen Leuten begangen."

„Schon recht; die Profis von der Spurensicherung haben auch nichts gefunden. Ist natürlich nicht gerade praktisch, dass alles schon blankgeputzt war."

„Mei, stellen Sie sich mal vor, was das für ein Druck ist mit vierzig Klettersteignovizen im Genick. Wenn Sie nur die Chantal erlebt hätten…"

Haderbichler richtete sich auf seinem Stuhl auf und beugte seinen massigen Körper nach vorne, dem Gesprächskontrahenten entgegen. „Schon recht, Liebergsell. Aber vergessen Sie nicht: Wer am Tatort rumdümpelt, gehört immer gleich zur ersten Liga der Verdächtigen. Nur weil wir einmal eine Gipfelbrotzeit geteilt haben, kriegen Sie keinen Bonus. Und es gibt Kollegen, die haben Sie ganz genau auf dem Kieker." Rossmeier zum Beispiel. „By the way: Wo waren Sie eigentlich in der Nacht vor dem Schmieröl-Attentat?"

Felix grinste: „Im Bett, Herr Kommissar."

„Und gibt es jemanden, der das eventuell bestätigen könnte?"

Der Junge breitete die Arme aus wie ein Entertainer: „Zu meinem größten Bedauern, Herr Haderbichler: in dieser Nacht leider nein."

„Mei, Felix, Sie können's nicht lassen, was?" Er musste zugeben: Irgendwie hatten die mehr oder weniger fein kalkulierten Frechheiten des Redakteurs auch was Lustiges. Aber manchmal nervten sie einfach. „Machen Sie es mir doch nicht so schwierig. Besser täten Sie dran, uns zu unterstützen. Also: Wenn wieder eine Ankündigung reinkommt, erwarte ich Meldung. Hammer uns verstanden?"

„Peace, Herr Kommissar. Ich war's nicht. Und das Bekennerschreiben hab ich erst gesehen, als ich wieder Mails gecheckt hab, Ankündigung gab's diesmal keine, die ich Ihnen hätte weiterleiten können. Natürlich stehe ich den ehrenwerten Beamten der Exekutive gerne hilfreich zur Seite. Aber ich bitte Sie, auch die Freiheit der Presse in Ehren zu halten. Und irgendwoher muss ich auch den Schinken aufs Brot verdienen."

„Wenn Sie sich nur mit Ihren Aktionen keinen Tritt in den Schinken holen, Felix. Man sieht sich."

„Tschüss, Herr Haderbichler."

35   Donnerstag, 26. Mai, 12 Uhr

*Stunk um den Speicherteich – Skandal bei Protest-
versammlung*
*Die Bürgerversammlung gegen den geplanten Wasser-
kraft-Pumpspeichersee bei Steinöd endete mit einem
Eklat: Ein Stinkbomben-Attentat setzte ihr ein Ende.
Und wieder bekennt sich der Naturator als verantwortlich. [+ mehr...]*

178

Chaos im „Schwarzen Raben" in Steinöd. Die „Alpine Wildlife Friends" hatten zur Informations- und Protestversammlung eingeladen, aber eine halbe Stunde nach Beginn war sie schon zu Ende: Eine Stinkbombe beendete den Event abrupt.

Zuvor hatten Stefan Nixlinger, Vorsitzender der AWF, Anton Zacher, Bürgermeister von Steinöd, und Jeremias Brezelbub, Unterstaatssekretär im Wirtschaftsministerium, sich vehement gegen den Plan eines internationalen Finanzinvestors ausgesprochen, am Sonnenkopf oberhalb von Vorder-Steinöd einen Pumpspeichersee zur Speicherung regenerativ erzeugter Energie anzulegen. Die Redner wandten sich dagegen, dass der Erholungs- und Heimatwert der alpinen Landschaft kommerziellen Zwecken geopfert werde.

Gut 150 Einheimische waren am Vorabend von Fronleichnam gekommen, denn das Projekt ist auch in der Bürgerschaft umstritten. Doch bevor die Diskussion richtig in Gang kommen konnte, breitete sich ein Übelkeit erregender Gestank im Saal aus und löste eine Massenpanik aus: Fluchtartig stürmten alle Besucher ins Freie. [exklusive Fotogalerie hier]

Heute morgen erreichte ein exklusives Bekennerschreiben [hier] des „Naturators" [alle Berichte hier] die Redaktion von berge2go.de. Darin übernimmt er die Verantwortung für den Anschlag und befürwortet den Speicherteich. Stefan Nixlinger von den AWF bekräftigte in einem Kurzinterview [hier] für berge2go.de seine ablehnende Haltung.

Exklusive Fotogalerie: *Panik im Schwarzen Raben – powered by 4712*

Nur auf berge2go.de: *Das Bekennerschreiben des „Naturators"*

Ich bin der Naturator. Ich bringe die Natur zu Wort. Erschließung ist nicht gleich Erschließung. Die Alpen sind eine großartige Landschaft. Aber die Erde ist ein viel wertvollerer Schatz. Klimaschutz ist wichtiger als dekorativer Landschaftsschutz. Wenn wir Generationen- und Völkergerechtigkeit verwirklichen wollen, müssen wir unseren Teil dazu beitragen. Und das energiewirtschaftliche Potenzial der Alpen nutzen, wo es sinnvoll ist. Ein Pumpspeichersee am Sonnenkopf tut niemandem weh. Kämpft gegen Projekte, die die Alpen missbrauchen, nicht gegen sinnvolle Vorhaben! Und schützt das Klima, nicht die Kulissen!

3 Fragen an: *Stefan Nixlinger, Vorsitzender der* **Alpine Wildlife Friends (AWF)**

berge2go.de: Warum machen die AWF gegen den Pumpspeichersee am Sonnenkopf mobil und nicht gegen den Haberfeldjet?

Nixlinger: Wirksamer Naturschutz für die Alpen ist eine umfassende Aufgabe, die selbst eine breit aufgestellte Organisation wie die Alpine Wildlife Friends an die Grenzen des ehrenamtlich Leistbaren bringt. Deshalb müssen wir unsere Kräfte auf das Wesentliche konzentrieren. Wir wollen verhindern, dass auch noch die Energiewirtschaft am „Kuchen" Alpen schmarotzt.

berge2go.de: Warum arbeiten Sie bei dem Protest mit Anton Zacher zusammen, der vom Haberfeldjet profitieren würde?

Nixlinger: Reine Oppositionshaltung ist nicht zielführend. Durch gemeinsamen Einsatz für die Ziele des

Naturschutzes wollen wir langfristige Überzeugungsarbeit leisten und im Schulterschluss auch vermeintliche Gegner für den Erhalt der alpinen Landschaft motivieren.

berge2go.de: Wo ziehen Sie die Grenze zwischen akzeptabler und nicht hinnehmbarer Erschließung?

Nixlinger: Das muss immer im Einzelfall differenziert betrachtet werden, auch im Hinblick auf die Menschen, die in und von den Bergen leben. Ein Pumpspeichersee direkt über dem Siedlungsgebiet würde die Lebensqualität der Einheimischen drastisch senken.

Bisher 6 Kommentare

Wortsepp: Der ist doch voll gekauft, der Pseudo-Naturschützer. Soll gegen die echte Naturzerstörung im Schutzgebiet Haberfeld vorgehen, nicht gegen ein sinnvolles Energieprojekt in den Voralpen!

Gamsei: Aber stell dir mal vor, was das für eine furchtbare Baustelle wird! Jahrelang kannst du da den Sonnenkopf als Wandergebiet vergessen.

jwd: dann gehst halt woanders wandern. baustellen wachsen auch wieder zu. verbaute naturschutzgebiete bleiben immer verbaut.

keinweg2t: Den Pumpspeichersee, wollen die ja auch nur um Kohle ab zu zocken. Dass Gerede von Energiwende isst doch blos Gelaber. die wolen Rendite machen, dass ist dass einzige was sie interesiert.

steinbock78: Tja, ob eine Landschaft für den Tourismus oder die Energiewirtschaft verbaut wird, ist optisch letztlich egal. Aber ein Stausee ist eher erträglich als Seilbahnmasten. Und er tut was für die Zukunft.

Kungfuzius: Mich erinnert dieser dekorative Natur-schutz an den Typ, der dem Gangster auf die Frage „Geld oder Leben!" gesagt hat: „Nehmen Sie mir das Leben, das Geld brauch ich noch fürs Alter". Also: Unser Hoamat is so schee, de miass ma erhalten, auch wann d'Welt in Oasch geht.

Immer wieder musste Felix staunen, wie schnell dieses Medium war. Es war noch keine halbe Stunde her, dass er Nixlingers Antworten zusammen mit der Meldung online gestellt hatte, schon purzelten die Kommentare rein – qualitativ unterschiedlich wie gewohnt. Jedenfalls war es der Beitrag wert gewesen, den heutigen Feiertag zum Arbeiten zu nutzen. Man musste die Eisen schmieden, wenn sie heiß waren.

Dieser Naturator hatte echt Humor, das musste man ihm lassen. Kreative Ideen, die seine Opfer nicht massiv schädigten, aber blamierten, was vielleicht viel wirksamer war. Was ihm wohl als nächstes einfiel? Und wann? Ob er überhaupt am Wochenende eine Bergtour machen konnte oder sich nicht eher bereithalten musste, um über den nächsten Anschlag zu berichten?

Schade, dass Silke einen Kletterkurs geben musste; gerne hätte er die Bekanntschaft vertieft. Beim Gedanken an ihre Stupsnase und das Lächeln breitete sich Wärme in seinem Bauch aus und erinnerte ihn an den Hupfer, den sein Herz gemacht hatte, als er sie bei der Bürgerversammlung gesehen hatte. Eine Bergführerin! Wäre das die Traumfrau, die seine Leidenschaft für die Berge teilen würde? Oder würde sie ihn nicht eher überfordern? Mal sehen, was sich entwickelte.

Haderbichlers Team hatte sich in seinem kleinen Büro zusammen-
gequetscht zur Lagebesprechung vor dem Wochenende. Bis auf
Kreglinger; der hatte es geschafft, als erster den Urlaubsantrag für
heute einzureichen, und konnte das verlängerte Wochenende genießen. Kein Wunder, dass Rossmeier etwas verschnupft wirkte. Aber
fesch angezogen war er, wie eigentlich schon seit längerem. Ob er
womöglich Eindruck bei Julia schinden wollte? Er hatte in letzter
Zeit besonders gern mit ihr zusammengearbeitet.

„Jungs und Mädels, auch wenn's für uns nicht zum Mini-Urlaub
gereicht hat, so soll doch das kommende Wochenende wunderbares
Frühsommerwetter bringen, deshalb möchte ich euch nicht über
Gebühr lange zurückhalten. Aber wir sollten, bevor wir auseinander
gehen, noch einmal unsere Fakten zum Fall „Naturator" zusammentragen – auch wenn die bisherigen Sabotageakte keine Rechtfertigung für einen großen Aufwand unsererseits liefern. Zumal da der
neueste Anschlag wieder im Nachbarbezirk war."

Rossmeier räusperte sich: „Oiso, wannsd mi frogst, nachand is do
no lang ned Schluss. Des hob i im Urin, dass do no mehra kummt
von dem Naturator."

„Danke, Frieder. Ist zwar wieder mal nicht ganz angemessen ausgedrückt im Beisein unserer jungen Kollegin" – Max zwinkerte
Julia Körner zu, die in ihrem Sommershirt eine gute Figur machte
– „aber ich glaube auch, dass wir uns da auf noch weitere Geschich-
ten gefasst machen müssen. Die durchaus größere Dimensionen
annehmen können. Also: Was haben die Steingäuer Kollegen im
>Schwarzen Raben< gefunden?"

Rossmeier zückte einen zerknitterten Notizblock aus der Gesäßta-
sche seiner Jeans: „Die Stinkbomben san identifiziert wordn. Sechs
Ampullen von am frei verkäuflichen Scherzartikel; aus de Glassplitter

habn de Kollegen die Geschmacksrichtungen >Käsefüße und alter Käse< und >Röstzwiebel, Erbrochenes und Mülltonne< rekonstruiern kenna. Die Glasampullen hod der Täter zwischen zwei flache Stück Ziegel glegt, an Einmachgummi umadum gwickelt und ois in der Taschn von ara oiden Outdoor-Jacken deponiert. Standardprodukt, tausendfach verkafft, kannt aa aus'm Altkleidercontainer stammen; da wead si nix finden. An Aufhänger hod er angschnitten, so dass er grad no as Gewicht ghaltn hod; bei dem Gedrängel im Saal wird er grissen sein. Und beim Aufschlogn am Boden habn die Ziegelstücker die Ampullen zdruckt und an Stinkstoff freigsetzt. Oder der Täter hod de Jackn selber runtergrissen – die Leut san jo enger zsammgstanden ois wie die Schifahrer in der Liftschlangn, do deafats schwer werdn, an Zeugen zum findn, der wo sich erinnern ko, ob epper was an der Jackn gmacht hod. Zumindest solang wia dass es koa SoKo gibt, und auf des braucht ma bei dem Tatbestand grober Unfug kaum hoffn."

„Na, wir haben den toten Ratracfahrer und den vermissten Josef Seegrübler", wandte Julia ein.

„Hast schon recht, Julia", bestätigte Haderbichler, „aber außer den Bekennerschreiben haben wir keinen Zusammenhang, und die kann jeder ins Internet stellen. Sie haben auch ihren Charakter geändert, sind jetzt länger, argumentierend, rufen zum Nachmachen auf. Für mich ist gar nicht sicher, dass der jetzige Naturator der gleiche ist wie vor Weihnachten."

„Du moanst, do hod si oaner inspiriern lassn?", fragte Rossmeier.

„Warum nicht? Das einzig Vergleichbare ist, dass es auch jetzt keinerlei Spuren gibt", sagte Haderbichler. „An den Berghausener Drahtseilen haben wir nichts gefunden, die Steinöder Kollegen sind ratlos mit dem Schwarzen Raben. Wir können uns höchstens nochmal die Fakten zu den Beteiligten durchschauen."

„Do brauch i ned groß schaugn", polterte Frieder los, „i hob's scho immer gsagt: Der Liebergsell is der Sauhund. Der hod si sein Stoff zum Schreibn selber beschafft. Wie nacherd der Seegrübler Nagasaki gmacht hat…"

„Du meinst Harakiri, also Selbstmord", fiel ihm Julia verbessernd ins Wort.

„Moantwegen au Kawasaki", grantelte Rossmeier weiter, „jedenfalls hod des den Liebergsell a wengal gschreckt. Und außerdem hod er si doch's Knie verdraht, hosd verzählt, Max, bei euerner Skitour, nacherd hod er a Zwangspause ghabt. Aber jetzt legt er wieder los. Siehgst es ja, wie er des ausschlachtet, mit Interview und allem."

„Ich hab eine ganz schräge Idee", meldete sich Julia leise. Haderbichler nickte ihr aufmunternd zu. „Für mich strahlt der Zacher so eine böse Energie aus. Wenn ich das nur lese, was der Liebergsell damals recherchiert hat. Zachers Eltern sterben im gemeinsamen Familien-Skiurlaub bei einem Autounfall. Und als seine Frau, die mit in der Almhütte geblieben war, hinterher behauptet, er habe die Bremsen manipuliert, findet er einen Psychiater, der sie in die Klapsmühle schickt. Mit dem Geld von seinen Eltern und seiner Frau baut er dann sein Imperium auf. Das stinkt doch!"

„Aber es gab keine Belege", gab Haderbichler zurück, „die Ermittlungen wurden eingestellt."

„Wie jetzt auch", beharrte die Praktikantin, „diesmal wollte er den Konkurrenten Seegrübler durch den Ratrac-Anschlag in die Pleite treiben, und als der nicht aufgeben wollte, hat er ihn umgebracht. Oder umlegen lassen. Er hat ja die Kontakte zu diesem Iwan Lochnow, dem Russen mit der dubiosen Vergangenheit; die sitzen gegenseitig in den Aufsichtsräten ihrer diversen Firmen."

„Gewagte Spekulation. Aber nicht völlig auszuschließen", musste Haderbichler einräumen, „nur warum sollte er dann jetzt wieder anfangen, und seinen eigenen Interessen und denen seiner Kompagnons schaden?"

„Das kann ich mir auch nur mit einem Nachahmungs-Täter erklären", sagte Julia.

„Und spätestens jetzt kimmt der Liebergsell daher", tönte Rossmeier, „am End lafft doch ois auf den aussa!"

„Was hast Du denn nur gegen den?", fragte Julia unschuldig, und Rossmeier verzog das Gesicht. Wenn der Kollege sich Hoffnungen machte, bei der Praktikantin zu landen, war Eifersucht auf den gutaussehenden Redakteur verständlich. Aber davon durfte man sich doch nicht die Professionalität verderben lassen!

„Langsam, Leute! Es gibt ja noch mehr Menschen auf der Welt. Was ist zum Beispiel mit diesem Nixlinger, diesem öffentlichkeitsgeilen Umweltschützer? Vielleicht wollte der das Erschließungsthema hochspielen, damit mehr Spenden reinkommen? Oder einer seiner >Alpine Wildlife Friends< war's?"

„Vielleicht ist der Nixlinger sogar doch ein Überzeugungstäter, auch wenn er sich beim Speicherteich vor Zachers Karre spannen lässt", überlegte Julia, „wir könnten ihn ja mal fragen, wo er zu den Zeiten der Adventsanschläge war. Nur mit der Stinkbombe hat er sich selber reingelegt. Wenn's nicht ein ganz raffinierter Bluff war, um selber als Opfer dazustehen und damit aus dem möglichen Täterkreis rauszukommen."

„Die Stinkbomben kannt jo aa wer anders installiert habn", spann Rossmeier den Faden weiter. „Wer sogt denn, dass de Bekennermails nur von oanera Person kemmen? Als Naturator konn sich doch a jeder ausgebn."

„Liebergsell sagt aber, dass die Mails alle aus dem Tor-Net kommen. Und das kann ein Nachahmungstäter kaum wissen", wandte Haderbichler ein, „ganz zu schweigen davon, dass man dort erstmal reinkommen muss."

„Immer der Liebergsell", schnaubte Rossmeier, „jetzn samma scho wieder bei dem! So a Internetbürscherl, der kennt doch alle Tricks.

Aber wann ihr mir ned glaubn wollts, dass der dahintersteckt: Was isn nacherd mit der Seegrüblerin? Die kannt ihrn Lover abghängt habn, weil er >the end of the affair< ned akzeptiern wollt. Und ihrn Mann…" er kratzte sich am Bart, „a geh, i glaab, dass a jede Frau an Grund hod, ihrn Oidn umzumbringa. Und wenn's bloß die Kohle is; immerhin is' jetzn Gschäftsführerin wordn."

Ein Stich fuhr Haderbichler in die Magengrube. Sabine Seegrübler! Nein! Das konnte, das wollte er sich nicht vorstellen. Aber es war ja auch nicht möglich. „Sie hat Alibis für beide Tage. Verrenn dich ned, Frieder!"

„Jo die kennt jo aa den Iwan, und der hods' jetzn zur Chefin gmacht. Wer woaß, was die mitnand ausgmacht ham."

„Lass gut sein, Frieder. Ich glaube, diese Hypothesen bringen alle nicht viel. Wir können den Nixlinger mal fragen, wie er seine Adventszeit verbracht hat. Aber vielleicht ist der Naturator wirklich der große Unbekannte, und er hat Gründe für seinen seltsamen Rhythmus. Solange keine deutlichen neuen Indizien auftauchen, tappen wir im Leeren. Macht Euch ein schönes Wochenende."

„Host ghört, Julia?", nutzte Frieder gleich das Stichwort, „mogst des Wochenende gleich guad anfangn mit am gsunden Mittagessen? Der Italiener am Stefansplatz, der macht a super Pizza, mit Mozzarella und Origami."

„Au ja. Pizza Calzone hab ich schon lange nicht mehr gegessen."

37   Dienstag, 31. Mai, 18.30 Uhr

„Silke! Schön dass du da bist!"

Der strahlte tatsächlich wie ein Pennäler beim ersten Date. Süß! Und die blauen Augen, der Dreitagebart, die dunkelblonde Igelfrisur… schnuckelig! Sie drückte sich an ihn für ein Links-Rechts-

Links-Bussi, dann folgte sie ihm in ein vollgestopftes All-in-one-Zimmer (Küche, Wohnzimmer, Büro), das aussah, als ob ein Single mühsam versucht hätte, einen guten Eindruck hervorzurufen. Die halbmeterhohen Bücherstapel auf und neben dem Computertisch waren sicher kein Normalzustand, sondern durch rasches Wegräumen entstanden. Dafür brannten ein paar Teelichter im Regal. Und dieser Duft...

„Nett hast Du's hier, Felix." – „Klein aber mein."

„Auf jeden Fall deutlich größer als mein Caddy. Und was hast du da feines gekocht? Das riecht ja wie auf dem Basar in Marokko!"

„Hm, ich hab ein bisschen improvisiert, als du angerufen hast, dass du schon vor dem Kabarett vorbeikommst, und hab einfach zusammengeschmissen, was so da war. Schwarze Beluga-Linsen, die orangenen Kügelchen sind Forellenkaviar, dazu gehackte Avocado, Limettensaft und etwas gerösteter Sesam mit Fleur de Sel. Farblich macht es sich mal ganz gut, ich hoffe, es schmeckt auch. Und diese fränkische Burgundercuvee vom Weingut Wirsching müsste schön dazu passen. Setz dich hin, dann fangen wir gleich an – nicht dass wir noch Hektik kriegen bevor wir losmüssen."

Felix füllte einen Teller und ein Glas und prostete ihr zu. Der Wein schmeckte voll und cremig, nach Trauben und Vanille. Und der Linsensalat – Wahnsinn! Die kernigen Linsen, die nussige Geschmeidigkeit der Avocado, dazwischen die Forelleneier, die zwischen den Zähnen platzten und intensiv nach Fisch schmeckten, alles überlagert von Limettenfrische und den Röstaromen des Sesams ... „Mhm! Männer, die kochen, sind unwiderstehlich!" Süß: Jetzt wurde er auch noch rot.

„Das hab ich von meinem Papa gelernt. Der war schon früh ein emanzipierter Mann und hat ungefähr genau so gern gekocht, wie er in die Berge gegangen ist."

„Und deine Mutter?"

„Die hat lieber gegessen als gekocht. Sie hatten so ein Aggreement: Papa kochte, sie spülte ab. Dafür hat sie auf Skitour gespurt."

„Ach du liebe Zeit. Dann kann ich ja sozusagen dir gegenüber die Mutterrolle übernehmen?"

„Als Mutter sehe ich dich jetzt weniger, auch wenn du noch so gut kletterst", sagte Felix mit schelmischem Grinsen, das Silkes Sonnengeflecht zum Strahlen brachte, „aber erzähl doch was von Dir: Was ist das für ein Leben als Bergführerin?"

„Heute hier, morgen dort, aber Queen of the mountains. Ein bisschen Hobo-Romantik, viele nette und ein paar weniger nette Gäste, viel unterwegs. Mir taugt's zur Zeit."

„Und wo fühlst du dich daheim?"

„Für die Steuer bin ich noch bei meinen Eltern gemeldet. Aber wenn ich nicht auf Hütten oder in Talhotels übernachte, penn ich meistens in meinem Caddy, der ist mein mobiles Basislager. Und in Berghausen hab ich eine Garage gemietet, mit Klo und fließend Wasser im Gartenhaus, da kann ich im Sommer die Winterausrüstung unterstellen und umgekehrt; mit Klappliege und Heizstrahler halte ich's dort auch ein paar Tage aus. So wie jetzt, vor der Sommersaison, wo ich hier unregelmäßige Tages-Engagements übernehme. Manchmal penn ich auch bei einem Kumpel mit Dusche, um den Hormonhaushalt zu regulieren."

„Silke was a rolling stone – wherever she laid her head was her home", intonierte Felix, „ganz schön sportlich."

„Momentan ist's ok. Bisher hat mir noch kein Mann so viel Befriedigung gebracht wie diese Job-Kombi. Ich hab viel Freiheit und wenig laufende Ausgaben, zahle nebenher natürlich ganz brav und spießig in Krankenkasse und Lebensversicherung und stecke meine Überschüsse in Aktienfonds. Und wenn's mir irgendwann zu viel wird mit dem Landstreicherleben, kann ich jederzeit als Geologin wieder in einen „soliden" Beruf einsteigen."

„Na dann viel Glück dabei. Aber ich fürchte, wir sollten los, wenn wir rechtzeitig kommen wollen. Hat's geschmeckt?"

„Großartig! Darf ich jeden Abend kommen?" Hihi, es war so leicht, seine Teddybärenaugen zum Leuchten zu bringen.

Erfüllt von einem wohligen Gefühl – angenehm gesättigt, gut gelaunt vom Wein, ein netter Begleiter – schlenderte Silke neben Felix durch den Frühsommerabend. Die Hitze des Tages war einer sanften Erinnerung gewichen, der Abendwind wehte den schweren Duft der Rapsfelder in den Ort herein.

„Jetzt erklär mal genauer, wozu du mich da eingeladen hast, Felix. Du hast nur so geheimnisvoll von >Bergliederkabarett< gemunkelt."

„Der Martl Greinstadler ist Pressesprecher beim DBV. Aber nebenher tritt er als Kabarettist auf, dichtet alte Hits aufs Bergsteigen um."

Der „Grüne Adler" war, wie sein Name schon andeutete, eine Kneipe der anderen Art; von ein paar Aussteigern in den 1980er Jahren eröffnet, mit vegetarischer Küche, eigener Brauerei, Kleinkunstbühne, und angeblich waren zumindest damals auch ein paar Blumentöpfe mit Cannabispflanzen rumgestanden. Felix begrüßte den Kassier, einen Schrank mit blonden Dreadlocks und offener Batikweste auf behaartem Bauch, mit High Five, dann suchten sie sich einen Platz im Saal, der mit dreißig Leuten schon gut gefüllt war. „Früher hast du von hier nicht bis zur Bühne gesehen, so war hier der Rauch gehängt, dafür hast du den Heimweg in Trance gemacht. Das Rauchverbot hat Vor- und Nachteile", erzählte Felix.

„Wenn ich nicht gerade als Künstler Joe Cocker oder Tom Waits covern möchte, bin ich ganz froh, wenn ich frische Luft krieg."

„Joe Cocker hat der Greinstadler tatsächlich mal gecovert", gab Felix zurück, „>Lass Dein' Schuh an<, auf die Melodie von >You can leave your hat on<, ein Lied über Kletterschuhe und ihren Geruch. Bin mal gespannt, was er heute bringt."

Er brachte eine Explosion. Flammen züngelten über die Leinwand, vom Beamer projiziert, dazu hämmerten die Startakkorde von „TNT" durch den Raum. Greinstadler sprang auf die Bühne, eine Vogelscheuche in wehenden Leinenklamotten, und stieß zum „Hoi, hoi, hoi" den Arm mit dem Hardrockergruß in die Luft: geballte Faust mit gestrecktem Kleinem und Zeigefinger. Oder war das nicht eher eine gestreckte Hand und ein „Heil" – ein „Berg Heil"? Bevor Silke sich klar wurde, was genau sie da hörte, legte Greinstadler mit der ersten Strophe los:

„Wir fahren in die Berge | was andres fällt uns nicht ein

Doch seh'n wir das als Stärke | wir sind der Bergverein

Gipfel auf der linken Seite | und noch mehr Gipfel rechts

Das ist doch voll der Wahnsinn Leute

und garantiert nichts Schlechts

(wir sind:) DBV – Bergverein | DBV – fürs Berg&Steig'n

DBV – zum Gipfel rauf | DBV – da zieht's uns nauf"

„Yeah", schrie Felix und stieß die Rockerfaust in die Luft, und auch Silke ließ sich mitreißen von der Performance des zum Tier mutierten Pressesprechers, der zur zweiten Strophe ansetzte.

„Ja das Klima ist mir schnuppe | wenn ich zum Berg hinbraus

Dann drück ich auf die Hupe | fahr schon, du Sau: drive now!

Die Merkel macht mir grüne Welle | da bin ich voll gut druff

EU-Abgasnorm, fahr zur Hölle! | ich hab ja schließlich nen SUFF

(Wir fahrn:) BMW – aus Freud' am Fahr'n

BMW – nicht am Sprit spar'n

BMW – unser Sponsor | BMW – mit fettem Motor"

Plötzlich hatte Greinstadler eine aufgeblasene Gummigitarre in der Hand und hüpfte zum Gitarrensolo aus dem Lautsprecher über die Bühne. Johlender Applaus belohnte den Künstler, als er mit dem Schlussakkord auf der Bühne zusammenbrach und sich theatralisch wieder aufrappelte.

„Dankschee – und grüß Euch midnand, ihr lieben Berg-Affinen" – kleine Kunstpause – „und Berg-Affen." Gelächter. „Ja, Bergsteiger brauch ich gewiss nicht sagen zu Euch, heut sind wir ja nur noch Sportler, die in die Berge gehen. Nee, gehen tun wir auch nicht mehr, haben alle irgendeinen E-Antrieb, oder zumindest eine Seilbahn. Selber gehen ist ja out, wer was auf sich hält, lässt bergsteigen. Die Seilbahner haben das schon kapiert, bald werden sie Rolltreppen und Laufbänder auf den Bergen installieren, damit man leichter zu den Sommerrodelbahnen kommt und der Rubel nicht nur im Winter rollt, sondern auch im Sommerloch. Irgendwie hat er schon recht, der Naturator, wenn er die Berge von diesem Drahtseilwahn befreien will.

Andererseits: Schad wär's schon auch, wenn die Lifte pleite gingen. Helfen uns die Schneekanonen etwa nicht, dem Klimawandel mit seinem Inkontinentalklima ein Schnippchen zu schlagen? Denn ohne Kunstschnee hätten wir wenig Zukunft für unser Bedürfnis nach Skitouren."

Rhythmisches Klatschen erklang aus dem Lautsprecher, Greinstadler schlug die Hände über dem Kopf zusammen, um sein Publikum zum Mitklatschen zu animieren – der treibende Rhythmus von „We will rock you" von Queen. Aber die erste Strophe war der Text von „Schifoan" von Wolfgang Ambros. Silke war verblüfft, wie perfekt das Versmaß zur fremden Melodie passte. Die zweite Strophe aber war neu:

„Im November liegt noch ned gnug Schnee
da mach ich mir mein' Belag gleich he
Wär ja unzumutbar, wenn wir warten müssten
Zum Glück gibt's für Skitour'n Kunstschneepisten
I will, i will Skitour'n | I will, i will Skitour'n"

Un am Sudelfeld drenten is ja gar mei Freud
des werd jetzt aus am neien Speicherteich beschneit
Die Umweltschützer, die ham ja an Knall
Sudelfeld forever und überall!
I will, i will Skitour'n | I will, i will Skitour'n"
Das Gitarrensolo am Ende des Stücks jodelte Greinstadler, der Saal
tobte. Silkes Bauch tat weh, als der Künstler nach einer Dreiviertelstunde eine Pause einlegte. Das würde einen Zwerchfellmuskelkater
geben. „Hat der denn gar keine Angst, dass er aus seiner Stelle als
DBV-Pressesprecher rausgeschmissen wird, wenn er seinem Arbeitgeber so ans Bein pinkelt?"

„Mei, die werden schon zwischen Humor im Nebenjob und loyaler
Arbeit im Büro differenzieren können", antwortete Felix, „und so
ein großer Laden, der sich ja auch als demokratisch versteht, braucht
konstruktive Kritik sicher nicht zu fürchten, vor allem wenn sie
geistreich vorgetragen wird."

„Geistreich? Gfallt euch der Mist eppan?" Ihr Tischnachbar, ein
Schrank im Holzfällerhemd, schaute bedrohlich herüber. Sein
ähnlich gekleideter Kumpel, mit Glatze und tätowiertem Bizeps,
stimmte ein: „Des is ned witzig, was der Hampelmann do aufführt.
Mir ham denkt, der singt Bergvagabundenlieder und macht si über
de Preußn lustig. Des is ja Politik, was der macht."

„Ehnder noch Terrorismus, wann er den damischen Naturator lobt",
bestätigte der erste, „mir schaffn im Winter in Westerbach am Lift
und waarn froh, wann der Mittlermeir uns aa im Sommer beschäf-
tigen kannt."

„Und wann des mit de Sabotaschn so weitergeht, is ned gwiss, dass
ma im nächsten Winter unsern Job wieder kriagn", schimpfte der
zweite, „kimm, Xare, mach ma uns vom Acker und such ma uns a
Kneipn, wo oam ned der Durscht vergeht vom Bühnenprogramm."
Energisch schoben sie ihre Stühle zurück und stapften aus dem Saal.

„Tja, über Geschmack kann man streiten", sinnierte Silke.

„Und jedes Ding hat mindestens zwei Seiten", bestätigte Felix.

„Hey, das reimt sich ja!", lachte sie, „und was sich reimt ist gut. Sagt zumindest der Pumuckl, und der kann sich wohl kaum täuschen."

„Bist du etwa auch Pumuckl-Fan?", Felix Augen leuchteten auf, „ich hatte als Kind eine komplette Kasettensammlung."

Das war ja der Hammer! Hatte der auch noch den gleichen Sinn für Humor! Silke fing an zu singen: „Wenn der Meereswind in die Segel bläst…"

„… und wenn die Balken kraaaa-cheeen!", fiel Felix ein und ließ seine Stimme im höchsten Falsett krächzen, wie es auch Hans Clarin, der Sprecher des Comic-Kobolds, nicht besser hingekriegt hätte. „Super!", schrie sie und hob ihr Glas. „Prost!" – „Cheerio, Miss Silke!" Der war fast lustiger als der Greinstadler. Und das Bier, das sie hier im Grünen Adler selber brauten, schmeckte würzig und süffig.

„Macht echt Spaß mit Dir, Felix", sagte sie nach einem großen Schluck, „und hier herzukommen, war eine gute Idee; der Greinstadler hat schon ein cooles Programm. Das würde dem Naturator sicher auch gefallen."

„Glaub ich auch. Hauptsache, er schmeißt uns keine Stinkbombe vor die Füße."

„Das hat mich echt gefreut für den Nixlinger, den falschen Hund", brach es aus Silke heraus, in einer Direktheit, die sie fast selbst überraschte.

Auch Felix zog die Augenbrauen hoch: „Was hast du denn gegen den? Seine Positionen sind manchmal vielleicht ein bisschen wachsweich, aber im Prinzip steht er doch auf der richtigen Seite."

„Von wegen: Der steht da, wo das Geld ist", setzte sie nach; hatte Felix das etwa noch nicht gemerkt? „Ich kenn den Typ schon länger; er hat als Biologe früher Gutachten für ein Ingenieurbüro gemacht, das mit unserem konkurriert hat. Und dabei hat er teilweise schlampig gearbeitet oder etwas arg offensichtlich die Position der Kunden vertreten."

„Naja, Zahlen so hindrehen, wie sie einem passen, das tut doch jeder, ob Erschließer, Naturschützer oder Politiker", wandte Felix ein.

„Bei ihm war's schon ein bisschen gezielter. Einmal sollte ich ein Gegengutachten zu seinem erstellen und hab dazu seine Daten überprüft: Da gab es viele kleine Abweichungen im Detail, als einzelne kaum auffällig, aber mit ganz anderem Gesamtergebnis. Clever gemacht, aber sicher gezielt als Fälschung. Sein Gutachten ist vor Gericht mit Pauken und Trompeten durchgefallen und seitdem war er ziemlich draußen aus dem Geschäft."

Jetzt wirkte er beeindruckt: „Hoi, da hast du ihn ganz schön ausgebremst, Sherline Holmes."

„Tja, fast tut's mir ja Leid", sie nahm noch einen Schluck, „was man so hört, frettet er sich jetzt mit Gelegenheitsjobs durch, im Sommer als Gärtner, im Winter als Liftboy und so. Aber er hätte ja auch sauber bleiben können."

„Ich glaube auch, dass du dir da keine Vorwürfe machen musst", sagte Felix und hob das Glas, „jetzt hat er ja mit den Wildlife Friends wieder Popularität gewonnen. Was hältst du denn von dem Projekt mit dem Speicherteich in Steinöd?"

„Für mich ist der Fall klar: Wir brauchen die regenerativen Energien. Und die fallen nicht planbar an, also muss man sie speichern. Wenn die Öl-Industrie eine Wasserstoff-Speicherwirtschaft inklusive Brennstoffzellenautos blockiert, muss man leider mit herkömmlichen Speichertechnologien arbeiten. Und da kann man die Alpen nicht raushalten, nur weil es da so schön ist. Windräder und Speicherseen sind Symbole einer erwachsenen Gesellschaft."

„Das hast du schön gesagt, Silke. Man merkt die nüchterne Geo-Wissenschaftlerin. Ich bin ja ein bisschen hin- und hergerissen, weil ich es scheiße finde, dass dann auch wieder mit Alpen-Erschließung Geld verdient wird. Aber dem Nixlinger traue ich auch nicht wirklich über den Weg – und für berge2go.de war die Stinkbombe wertvoller News-Stoff."

„Ich gönn's Dir, Herr Pulitzer." Sie trank ihr Glas leer und lehnte sich auf dem Stuhl zurück. „Bringst du eigentlich von der Veranstaltung hier etwas auf deiner Seite?"

Er stellte sein leeres Glas neben ihres und winkte mit zwei Fingern wie ein Victoryzeichen zur Bar. „Nee: Ich bin zum eigenen Vergnügen hier, und mit dir macht's gleich nochmal so viel Spaß. Hinterher über eine Veranstaltung berichten ist keine News, im Internet musst du mehr bieten: immer wieder neue Kleinigkeiten."

„Sicher eine stressige Aufgabe."

„Man muss halt frech und kreativ sein. Einmal hab ich eine Frage an die Leser ins Netz gestellt: Was ist besser – Bergsteigen oder Sex?"

„Coole Frage. Und was kam raus?"

„Der Thread lief echt gut. Ein paar Antworten weiß ich noch: >Alles zu seiner Zeit!< – >Und beides ergänzt sich ideal.< – >Bergsteigen ist noch anstrengender.< – >Aber öfter!< – >Beides geht irgendwann nicht mehr jeden Tag.<"

Silke lachte: „Von wegen! Mountain guides do it: everyday! Vorausgesetzt, man hat jemanden."

„Einer hat auch gefragt: Was ist am rein-raus besser als am raufrunter?"

„Na mir macht's immer Spaß. Wer nicht verkehrt, lebt verkehrt!"

„Ich fand am interessantesten den Beitrag: Bei beidem ist der Kopf der wichtigste Muskel."

„Und der Partner ist wichtiger als das Ziel."

„In der Kletterhalle hat's ja schon ganz gut geklappt mit uns, Silke." Diesmal war er nicht rot geworden. Und schaute ihr direkt in die Augen – mit einem herzzerreißenden „armer schwarzer Kater"-

Blick. Es kribbelte auf – und unter – ihrer Haut wie nach einem Sprung in den eiskalten Schnieblerweiher.

Ein hartes Gitarren-Riff riss sie hoch: die Akkorde von „Highway to hell", von Greinstadler verwandelt in ein „Highway to hill". Die zweite Hälfte der Vorstellung steigerte sich noch: Der DBV-Pressesprecher fetzte über die Bühne, tanzte, sang, jonglierte, fantasierte von E-Tourenski und E-Nordic-Walking-Stöcken als Krönung der Technik, schüttelte Schüttelreime aus dem Ärmel („Der Ölscheich schwimmt im Reichtum, der Froschlaich schwimmt im Teich rum") und war nicht zu bremsen, bevor ihn das Publikum nicht zu drei Zugaben getrieben hatte.

Silke war durchgeschüttelt vom Lachen, tiefenentspannt und glücklich, als sie neben Felix zurückspazierte; in die milde Maienluft mischte sich schon die Kühle der Nacht und der nahen Berge. Felix' Körper neben ihr war ihr viel näher als die zehn Zentimeter Respektabstand, die er einhielt; es fühlte sich gut an. Ihre Finger fanden sich. Plötzlich standen sie vor der Haustür. Mit rauer Stimme fragte Felix: „Magst mit raufkommen?"

„Hm… der Caddy kann etwas Schonung vertragen."

38   Samstag, 4. Juni, 22 Uhr

Schraubenschlüssel, Rohrzange, Bolzenschneider. Reepschnur, Taschenmesser, Tape. Handschuhe, Gesichtsmaske, Rucksack. Alles beieinander. Alles schön schwarz, aber dort oben sieht ja eh keiner hin. Das richtig gute an diesen Anlagen ist doch, dass sie einigermaßen von den Städten weg sind und nachts eh keine Sau im Gebirge rumsteigt. Da hat man seine Ruhe, um unbeobachtet zu arbeiten. Und man braucht nicht mal viel Material, das lässt sich gut im Rucksack transportieren, auf Tourenski oder mit dem Fahrrad, das man im Wald verstecken kann. Unauffällig und sozusagen doppelt umweltfreundlich: die autofreie Anfahrt und der Kampf gegen die Erschließung. Ganz natürlich gewissermaßen, wie es sich für den Naturator gehört.

Cool ist ja auch, wie klein die Eingriffe nur sein müssen, um große Wirkung zu erzielen. Die nächste Aktion ist wieder nicht viel Aufwand, nur ein bisschen Fingerspitzengefühl… aber das wird geil, ein echter Knaller, ich seh die Bilder schon vor mir. Mein Multiplikator ist gut ausgewählt, diesmal wird er eh vor Ort sein, da braucht's keine Ankündigung, und die Bilder werden sicher bundesweit gedruckt werden.

Aber dass er sich jetzt an diese Dingler ranmacht, das muss ja wohl nicht sein. Wie die umeinander rumgewanzt sind auf der Bürgerversammlung, das stinkt fast so wie die Stinkbombe. Lass die Finger weg, Liebergsell! Wenn die Silke dich ranlässt, das wird euch beiden nicht guttun. Wie die mit mir umgesprungen ist, das soll sie büßen! Genug jetzt! Die Arbeit wartet, da muss der Kopf klar sein. Auf geht's, Buam!

39   Sonntag, 5. Juni, 10 Uhr

Selten sind Bergbäche so eindrucksvoll wie im Frühsommer, wenn die warmen Temperaturen den Winterschnee schmelzen. Der Hundstalbach machte da keine Ausnahme: Weiß gischtend tobte er durch seine Felsenschlucht, in Wasserfällen und Kaskaden zerstiebend, bevor er sich zwischen den letzten Felsblöcken durchpresste und dann als beinahe braver Bach durch die Frühlingswiesen floss, um zweihundert Meter später in den Hundstaler Weiher zu münden, den alpinen Badesee von Berghausen. Am Ufer des Sees stand der „Berghausener Strandbadestadel", eine überdimensionierte Almhütte mit Tretbootverleih, Naturholz-Uferterrasse und Sprungturm. Auf der Terrasse drängelten sich an die zweihundert Menschen, durch Absperrbänder in drei Gruppen geteilt: Die Einwohner von Berghausen standen am weitesten hinten, sie durfen nur zusehen, welche neue Attraktion hier den Wohlstand ihres Heimatortes vermehren sollte. In der zweiten Charge sah es aus wie bei einem Model-Casting für „Germany's next Top-Climber": Fünfzig Klettersteighelden, topstylish gewandet in hauteng Funktionskleidung mit farbig abgesetzten geometrischen Elementen, schon voll aufgerödelt mit Gurt und Klettersteigset, nur die Helme baumelten außen an den vollgepackten Rucksäcken. Außer bei den Ober-Heros, die den Helm schon aufgesetzt hatten, mitsamt Kamera für die Live-Dokumentation, die an einem Schwenkarm befestigt war und ihre Träger wie Insekten mit einem einzigen, absurd gebogenen Fühler aussehen ließ. Entweder hatten sie hundert Euro bezahlt für den „exklusiven Erstbegehungs-Event" oder sie hatten bei einem Gewinnspiel in Alpinzeitschriften und -websites gewonnen; ein paar waren auch Stammgäste der Bergschule „AlpinTimes". In der ersten Reihe, der Schlucht am nächsten, war der VIP-Bereich für geladene Gäste aus Politik und Presse.

Felix lehnte, dicht an Silke gepresst, ganz vorne am Holzzaun; ihm konnte das Gedränge kaum eng genug sein. Er war tiefenentspannt und so richtig glücklich. Fünf Nächte und vier Tage hatten nicht gereicht, um Silkes Hormonstand zu regulieren, und auch bei ihm war der Taumel noch lange nicht abgeschwollen. Aber auch reden mit ihr machte Spaß, vor allem das Lästern: „Schau sie dir an, die climbing way heroes!"

„Sei ein hero; die haben echt unter diesem Slogan Eintrittskarten gekauft."

„Ich bin ja lieber hetero", er schoss einen Blick in ihre Augen und etwas tiefer, der diese Aussage deutlich belegte.

Sie lachte. „Aber auf deinem berge2go hast du auch das Gewinnspiel angeboten."

„Warum soll ich nicht vom Marketingbudget einen Anteil abschöpfen?"

„Vielleicht weil du damit dieses Treiben billigst?"

„Treiben? Nur mit dir!", raunte er ihr ins Ohr, und stupste mit der Zungenspitze hinterher. Dann frotzelte er weiter. „Auf jeden Fall würde ich mir nie solche Klamotten anziehen, in denen die Schamgegend oder sonstige Schweißzonen durch andere Stoffe, Farben und Nähte herausgehoben sind, nur damit der Eindruck entsteht, irgendein Designer hätte sich was gedacht. Da siehst ja aus wie ein wandelnder Schnittmusterbogen."

„Dafür lassen sie den Helm außen am Rucksack rumbambeln, damit sie als Meister der Vertikalen erkennbar sind."

„Obwohl der Helm ja hohl ist, wie ihr Kopf. Wer was drin hat, stopft ihn aus, zum Beispiel mit Ersatzhemd oder Brotzeit, und packt ihn in den Rucksack."

„Manche lernen's nie." War das nicht etwas pessimistisch für eine Bergführerin und Alpinpädagogin? Aber wo sie Recht hatte…

„Und für diese Meschpoke werden die Berge zurechtgeschustert. Ich kann den Naturator schon verstehen mit seinem Zorn."

„Ja, früher war das wohl ein traumhafter Fleck hier, der Wildbach, der in den Bergsee mündet. Heute ist es die >Summit Gorge Ferrata<. Mal sehen, ob wieder was passiert."

„Beschrei's nicht, Silke. Da, schau, es geht los!"

Drei Männer betraten ein Holzpodest, das in der Wiese zwischen Seeterrasse und Felswand aufgestellt worden war. Zwei trugen die Farben von „AlpinTimes", dazwischen einer in schwarzer Soutane, mit der Stola eines Priesters um die Schultern. Alle hatten Klettersteig-Gurtzeug angelegt und Helme mit Headsets auf, Bachlinger hatte sich zur Feier des Tages einen Gamsbart drangesteckt. Der kernige Oberkörper vom Gschloßner-Franz steckte in einer Soft-shellweste; Silke zwickte Felix in die Seite: „Schau mal, der Sticker." Tatsächlich, der Kragen der Weste war teilweise eingeklappt, so dass vom Logo-Aufnäher nur „inTimes" zu lesen war – vielleicht gar nicht so irreführend bei einem durchtrainierten Bergführer. Die hatten ja immer auch weibliche Gäste in ihren Gruppen.

„Grüß Gott, liebe Kletterfreundinnen und Kletterfreunde, liebe Berghausener Bürgerinnen und Bürger, sehr verehrte Ehrengäste, meine Damen und Herren von der Presse", feuerte Bachlinger routiniert seine politisch korrekte Begrüßung ab; Lautsprecher verstärkten seine Stimme, „Ein ganz herzliches Grüß Gott Euch allen miteinander, die Ihr zur Einweihung und Erstbegehung der Berghausener Summit Gorge Ferrata gekommen seid!" Höflicher Applaus. „Berghausen hat die Zeichen der Zeit erkannt: Climbing Ways sind eine ideale Gelegenheit, sich auf das Erlebnis der wilden, ungezähmten Natur einzulassen, seine Grenzen zu erforschen und über sich hinauszuwachsen. Ich möchte Eure Lust auf die Erstbegehung unserer neuesten Attraktion nicht auf die Folter spannen – aber da wir in unserer Region den Werten des christlichen Abendlandes verbunden sind, wollen wir zuvor unseren Ortspfarrer Ägidius Nieshardt bitten, den neuen Klettersteig mit dem göttlichen Segen zu versehen."

Der Mann in Schwarz trat an den Rand des Podiums und hub an: „Machet Euch die Erde untertan, so lautet der göttliche Auftrag an den Menschen. Und Jesus hat uns ermuntert, mit unseren Talenten zu wuchern. Wer seine Talente im Meistern der Herausforderung sieht, wer wachsen will im Erweitern seiner Grenzen, wer am Rande des Abgrundes das Leben immer wieder gewinnen will – für den ist dieser Klettersteig die Chance, die Schönheit der Schöpfung neu zu erfahren. So bitten wir Dich, großer Gott: Segne die Summit

Gorge Ferrata und ihre Begeher und lass sie auf ihren steilen Wegen Deine Nähe spüren und sie zu Dir kommen!" Mit dem Weihwasser-sprengel schlug er das Kreuzzeichen in Richtung der Gästeterrasse, anschließend zur Felswand hin, dann setzte sich die Dreiergruppe über die Wiese in Bewegung. Eine hundert Meter hohe, schwarze Felswand ragte über der Kleingruppe auf, von einer zwanzig Meter breiten Schlucht gespalten wie von einem Schwerthieb, aus dem Spalt schäumte tosend der Hundstalbach.

„Eine schöne Ansprache", bemerkte Silke, „raffiniert wie er die Tou-rismuserschließung zum göttlichen Auftrag umdeutet."

„Du weißt ja: viele Wege führen zu Gott. Einer führt über die Berge."

„Ja – ein falscher Schritt genügt."

„Na, so wird er das >lass sie zu dir kommen< nicht gemeint haben."

Bachlingers Stimme klang wieder aus dem Lautsprecher: „So, Franz, jetzt sind wir gleich am Einstieg; erzähl doch mal unseren Gästen, was sie hier erwartet". – „Ja, Hansi, also mir werrat jetza die Einwei-hungsbegehung vo dem nuie Klettersteig – äh, i moin climbing way, macha. Un hernach gengat unsere Gäscht die Erschtbegehung."

„Du hast als Leiter der örtlichen Bergschule den Climbing Way gebaut; was sind die größten Attraktionen?"

„Also, do honta, da gohts glei los mit ara freistehenda Loitr, nach-erd hanglet mr si nach rechts zur Aussichts- un Fotoplattform am Rand von dr Schlucht. Dort geht die Drei-Seil-Hängebrück frei-schwebend dreißig Meter überm Bach nom – des isch de schpeckta-kulärschte Schtell von allene. Aber henderher kommet noch a paar Schpezialitäte en dr Schlucht, über die will i no gar nix verrote."

„Gut, dann reden wir auch nicht weiter, jetzt sind wir sowieso am Einstieg angekommen", Bachlingers schwerer Atem verriet, dass er darüber offensichtlich erleichtert war, „steigen wir ein. Wie sagt man doch so schön: Berg Heil!"

Und Franz assistierte: „Odr wie bei uns im Steingäu: Haglet it ra!"

Gschloßner prüfte noch einmal die Gurte seiner Begleiter, dann ließ er Bachlinger den Vortritt. Felix war überrascht, wie behände der dicke Manager die senkrechte Leiter hinaufturnte; offensichtlich hatte der zumindest eine alpine Vergangenheit. Der Pfarrer tat sich schon schwerer, sah es aber anscheinend als Ehrensache, die Partie zu begleiten. Der Franze stieg souverän nebenher und redete Hochwürden gelegentlich beruhigend zu; sein Mikrophon hatte er anscheinend abgeschaltet, nur das Schnaufen vom Pfarrer und Bachlinger war aus den Lautsprechern zu hören.

Nach der Hangelstrecke durch die Wand standen die drei vereint auf der Fotoplattform, von der die Seilbrücke über die Schlucht führte, einen schattigen Spalt, durch den der Wildbach donnerte. „Dreiseilbrücke" hieß diese Konstruktion: Ein Drahtseil war für die Füße gedacht, etwas über Hüfthöhe verliefen rechts und links daneben Halteseile für die Hände. Ein viertes Seil war auf Kopfhöhe gespannt; hier wurde das sichernde Klettersteigset eingehängt.

Bachlinger wandte sich an die Zuschauer: „Eine echt spektakuläre Konstruktion hat er da hingebaut, der Gschloßner-Franz. Ihr werdet euch ganz schön umschauen, wenn ihr hier oben steht, wie's da runtergeht in die Schlucht. Aber ich bin sicher, du hast alles solide und stabil installiert, Franz, oder?"

„Ha logisch, Hansi, do kasch oin drauf lasse. Die Seil send so fescht anigschraubt, da kasch an Ochs drahenga!"

„Prima, so hab ich das von dir erwartet. Aber als Ochs seh ich mich weniger, lieber als Stier. Heut fühl ich mich so richtig sakrisch gut, grad wie früher, als wir auf die ganzen Berge hier gestiegen sind. Liebe Gäste, heute könnt Ihr sehen, dass Euer Gastgeber Johann Bachlinger ein echter Bergmensch ist."

Entschlossen marschierte der „climbing way hero" auf dem Drahtseil hinaus über den tosenden Bach. Wenige Meter vor der anderen Seite blieb er stehen und winkte seinen beiden Begleitern: „Kommt mit auf die Brücke; wir bieten unseren Pressegästen ein Gruppen-bild." Felix war fasziniert, wie klar die Headsets die Stimme über-trugen, trotz des Wildbachlärms. Zögernd tastete sich der Pfarrer auf die wacklige Seilbrücke; der Franz folgte seinem unerfahrenen Schützling auf dem Fuß. Nun standen die drei beieinander und winkten ins Tal. Fotoapparate und Handys klickten, piepten oder belegten durch sonstige akustische Signale, dass die digitalen Daten aufgezeichnet und bereit waren, in diversen Internetforen mit der Welt geteilt zu werden.

„Lasst's mich amal in die Mitt'n", forderte Bachlinger plötzlich die beiden auf und hängte sein Sicherungsset aus, damit er sich am Pfarrer vorbeidrücken konnte. Felix zoomte auf, um einen größe-ren Ausschnitt der gesamten Szenerie aufs Bild zu kriegen. Plötz-lich ging ein Ruck durch die Konstruktion. Die drei Menschen auf der Seilbrücke sackten nach unten. Bachlinger umklammerte den Brustkorb des Pfarrers, rutschte aber an der glatten Soutane ab. Ver-zweifelt schnappte er nach dem Halteseil, bekam es mit einer Hand zu fassen, sein Arm wurde nach oben gerissen. Für einen Moment schien es fast, als könne er seinen schweren Körper festhalten, den Sturz in letzter Sekunde abfangen. Sein Gesicht verzerrte sich, als er versuchte, alle Kräfte zu mobilisieren. Doch dann öffneten sich seine Finger, er fiel und verschwand im schäumenden Bach. Der Pfarrer und Gschloßner baumelten hilflos am Sicherungsseil, wie Würste in der Räucherkammer.

40   Montag, 6.Juni, 9 Uhr

Noch war es kühl in Max Haderbichlers Büro. Aber der strahlende Frühlingstag – 30 Grad waren vorhergesagt worden – und der Job würden bald Hitze aufkommen lassen. Die Mannschaft war vollzählig versammelt, und trotz der frühen Stunde schauten alle wach und aufmerksam zu ihrem Chef: Julia frisch und fröhlich wie immer, Rossmeier in Papageienfarben, Kreglinger über seinen Kaffeepott gebeugt.

„Wir haben einen Toten. Aber haben wir auch einen Mord?", begann Haderbichler. „Eine äußerst seltsame Geschichte. Ich nehme an, Ihr habt alle schon gelesen, wie unser Internetfreund Felix Liebergsell die Sache kommentiert hat? >*Naturator-Anschlag fordert Todesopfer – Unfall oder raffinierter Plan?*< Mei, immer diese Gier nach der geilen Schlagzeile. Aber die Analyse stimmt natürlich: >*Hätte Johann Bachlinger nicht seine Sicherung ausgehängt, wäre er noch am Leben. Und damit stellt sich nicht nur die Frage, wer die Seilbrücke sabotiert hat. Sondern vor allem, ob das ein gezielter Mordanschlag war. Denn wie hätte man ahnen sollen, dass Bachlinger sein Klettersteigset ausklinken würde? Wahrscheinlicher ist, dass der Saboteur den Riss des Brückenseils für den Erstbegehungs-Event geplant hat, um dadurch das Image des Tourismusorts Berghausen zu schädigen, und dass Bachlingers Tod doch nur ein Unfall war.*< Wenn wir es nur auch so leicht hätten und einfach nur Vermutungen aufschreiben müssten."

„Vielleicht hod der Liebergsell des alles gschickt eigfadelt und mag jetzt nur ablenken, dem trau i oafach ned übern Weg", grantelte Rossmeier, „und so manche gfrein si ja scho, dass da Bachlinger an Bach obiganga is. Hobts den Kommentar von dem Preissnbasher glesn? >Wird auch Zeit, dass es den Erschließern mal an den Kragen geht!< Des is so a rechta Gesinnungsnazi."

„Ja, die Netikette lässt manchmal Wünsche offen", bestätigte Haderbichler, „aber das ist nicht unsere Baustelle. Ich schlage vor, wir kümmern uns erst mal um die primäre Frage, nämlich wie die Sabotage ausgeführt wurde und wer dazu in der Lage war. Dann können wir nach Motiven schauen und untersuchen, ob die Aktion wirklich gezielt gegen Bachlingers Leben gerichtet war. Also ob wir wegen Sachbeschädigung mit fahrlässiger Tötung ermitteln oder wegen Mord. Was ist denn rausgekommen bei den Untersuchungen seit gestern mittag?"

Kreglinger reckte sich auf seinem Stuhl, nahm einen großen Schluck aus seinem Kaffeepott und fing an: „Also, den Bachlinger, den haben die Kollegen von der Wasserwacht ein paar Dutzend Meter vom Schluchtausgang entfernt aus dem Bach gezogen. Den hat's durch die Schlucht gespült und dann ist er in einem Wasserwirbel bei einem großen Felsbrocken liegen geblieben. War ein Glück, dass es den nicht in den Badesee geschwemmt hat, haben sie erzählt. Der muss nicht mehr gut ausgesehen haben. Irgendwelche Spuren kannst an dem nicht mehr erkennen, sogar die Metallteile vom Klettersteigset waren komplett zerschlagen, obwohl das ja irrelevant ist, weil man auf den Fotos klar erkennt, dass er beide Sicherungskarabiner ausgehängt hatte."

Haderbichler schauderte. Wildbäche mit ihrer unberechenbaren Gewalt gruselten ihn schon immer, und seit Monikas Tod setzte das Stichwort jedesmal die schrecklichen Bilder in seinem Gedächtnis frei. Kreglinger konnte das natürlich nicht ahnen, außer Frieder hatte er sich noch keinem der Kollegen anvertraut. Ruhig bleiben, Max!

„Ja, da hat uns der Liebergsell gut versorgt. Eine perfekte Dokumentation. Wenigstens hat er so viel Anstand gehabt, die Bilder vom Todessturz nicht online zu stellen. Da hätte er ganz schön Reibach machen können. Danke, Benno", ergänzte er, dann wandte er sich Julia zu: „Du warst mit den Bergwachtlern und der Alpinpolizei am Klettersteig?"

„Ja, die Jungs haben mir eine Ausrüstung besorgt, die sind cool drauf, und das Klettersteiggehen ist eine wilde Sache", erzählte sie mit blitzenden Augen, „nur der Anlass ist natürlich nicht so schön. Also, wir sind außenrum hochgelaufen zum Ausstieg des Steigs und haben ihn dann praktisch im Abstieg begangen bis zu der Stelle, wo das Brückenseil befestigt war. Über die nicht gerissenen Seile wollte niemand rüber, weil nicht klar war, ob die noch komplett in Ordnung sind. Man war ja schon froh, dass der Gschloßner-Franz den Pfarrer wieder heil runtergebracht hat."

„Und, was war mit den Befestigungen?" Rossmeier war ungeduldig.

„Da haben wir uns umsonst gesorgt: Die beiden Halteseile und das Sicherungsseil waren solide befestigt. Nur beim unteren Seil, auf dem man geht, waren die Befestigungen gelöst und eine abgerissene Reepschnur ist noch in den Haken gehängt. Der Charlie hat gesagt…"

„Wer ist denn der Charlie?", fiel ihr Rossmeier ins Wort.

„Der Technische Leiter von der Bergwacht. Ihr Kompetenzträger sozusagen. Der hat festgestellt, dass das Drahtseil nicht mehr direkt in den Haken befestigt war, sondern eben mit dieser Reepschnur. Das ist eine dünne Nylonschnur, die aber trotzdem einiges hält, je nach Durchmesser. Der Charlie hat gemeint, das ist gar nicht so einfach auszubaldowern, wie dick sie sein muss – andererseits kann man es wohl mit ein bisschen technischem Verständnis schon hinkriegen. Man hat das Gewicht von dem Drahtseil und eine zusätzliche Vorspannung, damit es nicht zu sehr durchhängt, da bist du so in der Größenordnung von vier-, fünfhundert Kilo, so viel muss die Schnur halten. Und wenn dann ein paar Leute auf dem Seil stehen oder gar sich bewegen, kommt nochmal die gleiche Last dazu, dann reißt die Reepschnur, wenn sie knapp genug ausgelegt ist."

„Wer soll denn auf solche Finessen kommen?", hakte Kreglinger ein, „da musst ja Bergführer sein oder Ingenieur oder am besten beides."

„Hab ich mich auch gefragt – und den Charlie", bestätigte die junge Kollegin, „um das Drahtseil umzubauen, braucht es Fachwissen und ein paar Spezialgeräte, hat er gemeint, aber das sei alles im Web nachlesbar und im Bergsteiger- und Heimwerkerbedarf erhältlich.

Für einen Bergsteiger mit etwas technischem Verständnis soll das wohl kein Hexenwerk sein."

„I sag's ja: der Liebergsell", polterte Rossmeier los, „der kraxelt doch allwei in de Berg rum. Aber warum ham die des ned gseng, dass des Drahtseil ned richtig festgmacht war? Der Gschloßner muss so was doch merken, wann er den Steig selber baut hat."

„Sollte man meinen, ja", Julia hatte offensichlich alle naheliegenden Fragen im Blick gehabt; echt ein helles Köpfchen. „Aber die Befestigung ist in einer Wandeinbuchtung angebracht, damit die Begeher gut von der Brücke runtersteigen können. Und die lag zu der Zeit im Schatten, während die drei auf der Brücke voll in der Sonne standen. Bei den Helligkeitskontrasten war das wahrscheinlich nicht zu erkennen."

„Und wie lange dauert so ein Umbau? Ist ja schon ein Risiko, dass man dabei beobachtet wird", fragte Haderbichler.

„Zwanzig bis dreißig Minuten, wenn man weiß, was man zu tun hat, hat der Charlie geschätzt. Maximal eine Stunde, wenn was nicht auf Anhieb klappt. Der Täter könnte das ja vorher geübt haben, vielleicht hat er in seinem Keller ein Drahtseil gespannt."

„Und er muss bei Nacht gearbeitet haben, denn der Franz Gschloßner hat am Vorabend noch einen Kontrollgang gemacht", wusste Kreglinger.

„Stimmt, aber die modernen LED-Stirnlampen lassen sich ziemlich gut runterdimmen, und die Nische mit der Drahtseilbefestigung ist ein bisschen hinter dem Schluchtausgang, von unten kaum einzusehen. Ich hab mich hingeduckt und rausgeschaut: Nicht einmal die Terrasse des Seerestaurants konnte ich erkennen. Gute Nerven braucht's trotzdem."

„Ok, da haben wir schon ein paar Bausteine für unser Täterprofil: bergsportliche Fachkenntnisse, technisches Verständnis, eine Portion Mut", fasste Haderbichler zusammen, „passt natürlich auch alles zu den Naturator-Anschlägen. Die zweite Frage >Wer hatte die Möglichkeit?< gibt leider nicht viel her, weil der Klettersteig nicht überwacht wurde. Da konnte jeder ran. Also bleibt die Frage: Wer hatte ein Motiv?"

Rossmeier gab den ersten Tipp ab: „I sag's nochmal, bis Ihr's glaubt: Der Liebergsell is der Naturator. Der macht die Anschläg, dass er was zum Schreibn hat und Fotos verkaffn kann. Vielleicht hat er des ned wolln, dass oaner stirbt, und deshalb die Sturzfotos ned veröffentlicht und kein Bekennerschreibn; stattdem schreibt er in seinem Text, dass des wahrscheinlich an Unfall war. Für mi is der die number one."

„Na gut, dann besuch ihn halt mal und frag ihn, wo er in der Nacht vorher war", sagte Haderbichler, „dass er immer vor Ort ist, wenn was passiert, wirkt schon seltsam. Andererseits hat er am Anfang immer die E-Mails bekommen, die ihn hingelockt haben, und jetzt im Frühling waren die Anschläge jedesmal bei öffentlichen Events, wo er als Journalist sowieso dabei war, das ist nicht a priori verdächtig. Gefühlsmäßig seh ich ihn nicht als Täter, aber checken müssen wir ihn. Es könnte ja auch sein, dass die ersten Anschläge tatsächlich der Seegrübler als Tarnung für den Mord am Ratracfahrer inszeniert hat, und Liebergsell jetzt nach Seegrüblers Verschwinden als Trittbrettfahrer weitermachen wollte, um sein Geschäft am Laufen zu halten. Hast du eigentlich was über seine Finanzen rausgefunden, Julia?"

„Ein Ausbildungskollege von mir sitzt in Mingelham in der Elektronik-Abteilung, der hat mir die Klickzahlen auf berge2go.de rausgefischt. Die sind schon deutlich in die Höhe gegangen. Und ein paar Fotos von den Naturator-Aktionen haben's in größere Magazine geschafft. Schon möglich, dass der Liebergsell damit 10.000 Euro an zusätzlichen Honoraren verdient hat. Aber ob es sich lohnt, dafür das kriminelle Risiko einzugehen?"

„Do habn scho welche für weniger gmordet", polterte Rossmeier, „und wann er die Kohle als Bonus für a naturschützerische Überzeugungstat kriagt, werd auch dein junger Indiana-Jones ned nein sogn."

„Für mich ist er eher ein Rausfinder und Dokumentierer als ein Weltgeschichte-Veränderer", wandte Haderbichler ein. „Seine Leidenschaft geht in die Berge und in seine Arbeit." Er schaute auf seine Notizen. „Hat eigentlich mal jemand den Nixlinger besucht?"

„Mei, der war ganz schön giftig, als ich ihn gefragt hab, wo er in den Adventsnächten war", meldete sich Julia, „vor allem weil er kein echtes Alibi hatte. Er sagt, er war immer am Stand der Alpine Wildlife Friends auf dem Steinöder Weihnachtsmarkt, jeweils gegen zehn sei er dann heim gegangen. Allein. Keine Zeugen."

„Das lässt ihm genug Zeit für die Sabotagen", überlegte Haderbichler, „Er soll ein gestandener Bergsteiger sein, hatte also die Kompetenz für die Aktionen, und auch Motive: Naturschutz-Überzeugung oder Aufmerksamkeit wecken für die Ziele seines Vereins. Magst ein bisschen in seiner Vergangenheit und seiner beruflichen Situation wühlen, Julia?"

Sie freute sich sichtlich über das Vertrauen und den Auftrag: „Gerne, Chef. Es könnte ja sogar sein, dass er die Stinkbombe gegen sich selber geworfen hat, um mehr Presse-Echo zu bekommen."

„Wie steht's mit dem Gschloßner?", warf Kreglinger in die Runde. „Der hatte die Technik im Griff und hat die letzte Kontrollbegehung gemacht, eine bessere Chance hatte keiner."

„Aber der wird doch nicht seinen Arbeitgeber sabotieren", wandte Julia ein. „Der hat doch regelmäßig bei Bachlingers Events was verdient."

„Wer weiß wie viel? Und was das für eine Geschäftsbeziehung war? Der Bachlinger scheint mir ein recht hinterfotziger Gesell gewesen zu sein. Vielleicht hat er den Gschloßner mit vielen Aufträgen gelockt, aber nur Hungerlöhne gezahlt. Oder ihn sonst irgendwie unter Druck gesetzt. Da sollte man schon ein bisschen unter die Oberfläche kratzen." So kreativ und engagiert kannte Haderbichler den eher lethargischen Kreglinger gar nicht. Wenn ein Pferd mal lief, sollte man ihm nicht in den Zügel fallen.

„Schön, dann schau doch bitte, ob Du da was rausfinden kannst, Benno. Vielleicht war ja auch die wirtschaftliche Lage der Skiparadies Berghausen-Westerbach GmbH gar nicht so golden. Oder Bachlingers Zusammenarbeit mit seinem Aufsichtsratsvorsitzenden Mittlermeir eher Konkurrenz statt Kooperation. Ich werd mal diesen Herrn besuchen und ganz unschuldig fragen, ob er sich vorstellen kann, wer dem Bachlinger womöglich ans Leder wollte – vielleicht ist er glücklicher über den Tod seines Geschäftspartners als zu erwarten wäre."

41   Donnerstag, 9. Juni, 11 Uhr

Eine schöne Leich hatte er, der Bachlinger-Hans. Alles was im Tourismusgewerbe der Region Rang und Namen hatte, war angetreten, dem Seilbahnmann das letzte Geleit zu geben: der Zacher-Toni, der Lochnow-Iwan, sogar die Seegrüblerin, kürzlich von Iwan zur Geschäftsführerin der Almspitz Skiwelt ernannt (was sie ihm dafür wohl gegeben hatte?). Dazu natürlich die Lokalprominenz aus Politik und Wirtschaft. Trotzdem ging es Wasti Mittlermeir nicht gut. Und das lag nicht am schwarzen Anzug, der von der hoch stehenden Junisonne zum Glühen gebracht wurde. Dass er sich fühlte wie eine Bockwurst auf dem Grill hatte andere Gründe. Genauer: wie ein Hot Dog – eingeklemmt in Rahmenbedingungen, die er selber mit herbeigeführt hatte. Wie sollte er da wieder rauskommen, bevor zugebissen wurde?

Zacher trat nach vorne ans Grab, in das die Leichenträger gerade den Sarg abgelassen hatten, trotz der Hitze im üblichen Lodenjanker, die schweißfeuchte Glatze spiegelnd in der Sonne. Er brauchte keinen Verstärker, seine Stimme war fest und ungebrochen: „Liebe Trauergemeinde. Es heißt Abschied nehmen von einem großen Menschen, einem Verehrer und Förderer unserer Heimat. Hans Bachlinger hat den Einwohnern von Berghausen eine solide wirtschaftliche Grundlage gesichert. Indem er es Naturfreunden aus ganz Deutschland, was sage ich, aus aller Welt, ermöglicht hat, die unvergleichliche Schönheit unserer Berglandschaft hautnah zu erleben. Mit visionärer Kreativität hat er dem Begriff Bergurlaub eine neue Dimension gegeben; sein Name wird auf immer verbunden bleiben mit dem Qualitätssiegel >7/24/360Grad-full-efficient-holidays< und der Maxime >Berghausen: Urlaub mit Garantie<. Doch damit nicht genug: Sein Konzept der Wanderhalle wies in eine Zukunft der Outdoorsport-Erfahrung ohne Naturbelastung, der Haberfeldjet sollte eine geschützte Landschaft berührungsfrei erlebbar machen – >no impact nature experience: genieße die Natur, aber betrete sie nicht<. Die Zukunft der Naturbegegnung liegt in diesem Grab. Lasst Hans Bachlingers Ideen und Energie in uns weiterleben, damit das schändliche Verbrechen, das ihn aus unserer Mitte gerissen hat, nicht alles in Frage stellt, wofür wir uns stark machen – lasst uns den Dienst am Gast weiter pflegen und ausbauen, zum Nutzen der Berge und ihrer Bewohner."

Wäre es nicht eine Beerdigung gewesen, Beifall wäre aufgebrandet, als Zacher zurück in die Trauerreihe trat. Oje! Wie sollte Wasti da nur rauskommen? Ein Klumpen steckte in seiner Kehle, gegen den Marias berühmte Kaspressknödel Wachteleier waren. Aber es half nichts: Als Aufsichtsratsvorsitzender musste auch er seinem Geschäftspartner und -führer Bachlinger eine Rede halten. Die Beruhigungshalbe vom Weißwurstfrühstück half auch nicht, die

Verdauungsenziane hinterher genau so wenig, sie schlugen eher Schaum in seinem Magen. Hilflos taumelte er vor an das gähnende Erdloch mit der blumengeschmückten Edelholzkiste. Spürte wie sich dreihundert Augenpaare in ihn bohrten, wie die Erde unter ihm nachgeben wollte.

„Liebe Freunde, liebe Trauergemeinde." Wie das schon klang! Als hätten sich drei der unsäglichen Reiswaffeln, die seine Sekretärin immer zur Kaffeepause aß, in seiner Kehle quergestellt. Ein Weißbier wäre jetzt recht, alles runterzuspülen. „Hier stehen wir am Grab unseres Freundes, Kollegen, Inspirators Hans Bachlinger und sind sprachlos." Was sollte er denn auch sagen? Wenn er den Hardliner gab, wurde er vielleicht das nächste Opfer, zog er den Schwanz ein, war seine geschäftliche Zukunft in Gefahr. Der Reiswaffelklumpen hatte sich im Magen mit den Weißwürsten vollgesogen und drängte machtvoll zurück ans Tageslicht. Scheiß drauf! Das war ihm alles zuviel!

„Vielleicht zeigt uns der schmerzhafte Tod von Hans Bachlinger, dass mit Technik nicht alles kontrollierbar ist. Vielleicht müssen wir auf die harte Art lernen, dass wir die Natur nicht endlos ausschöpfen sollten. Vielleicht wäre es besser, wenn wir auf die Erschließung des Haberfeldjets verzichten würden."

Es war draußen! Wasti taumelte vom Grab weg, von sich selbst erschrocken, bahnte sich einen Weg durch die überraschten, entsetzten, empörten Gesichter, nur weg von hier! Torkelte über den bekiesten Friedhofsweg, stolperte ein paar Treppenstufen hinauf, bog um die Ecke der kleinen Andachtskapelle und kotzte sich die Seele aus dem Leib. Wären doch nur die Sorgen auch mit rausgekommen!

Schwer atmend saß er auf einem Mäuerchen. Kamen da Schritte über den Kiesweg? Eine mächtige Figur baute sich über ihm auf. Toni! Was wollte der?

„Wasti! Was ist los mit dir?" Zacher beugte sich zu ihm herab, schüttelte ihn an den Schultern.

„Ach lass mich doch, Toni! Es hat ja eh keinen Zweck."

„Was faselst du da? Was ist denn in dich gefahren, dich plötzlich öffentlich gegen unser Projekt zu stellen?"

„Ich hab Angst, Toni."

„Angst? Wovor denn?"

„Dass ich der nächste bin, den der Naturator umbringt."

„So ein Quatsch. Das war einfach Pech, dass der Hansi sein Sicherungsset ausgehängt hat."

„Das hat der Kommissar auch gesagt." („Wir ermitteln wie bei Mord. Aber ich gehe eigentlich von einem Unfall aus. Sie sollten sich nicht zu viele Sorgen machen, Herr Mittlermeir." Der hatte leicht reden. Er stand ja auf keiner Abschussliste.) „Aber ich glaub das nicht. Weil der Naturator mit Gewalt gegen Sachen nichts bewegt hat, wendet er sich jetzt gegen Menschen. Und da sind wir seine Ziele. Zuerst der Seegrübler; du hast ja gesagt, dass dein Förster nichts damit zu tun hatte. Jetzt der Hansi. Als nächster vielleicht du. Oder eher ich; am Sonntag ist die Einweihung unseres Edelweiß-Express, das stinkt doch nach einem Anschlag."

„Mei, Wasti, mach dich nicht verrückt. Das grenzt ja an Verfolgungswahn. Bleib ruhig! Und vor allem: Schmeiß nicht alles über den Haufen, worauf wir hinarbeiten! Der Haberfeldjet ist der goldene Trittstein in eine neue Dimension des Tourismusgeschäfts. Das kannst du doch nicht in die Tonne treten in deiner Panik!" Zachers Augen bohrten sich in Wastis Kopf wie der Borkenkäfer in den Baumschößling.

„Ich kann nicht, Toni. Wenn die Angst da ist, ist sie einfach da." Genau: Sie fraß schon wieder an seinem Gedärm. „Ich will nicht sterben. Ich will ein Weißbier. Nächste Woche ziehen wir den Projektantrag zum Haberfeldjet zurück. Aber mir graut vor der Eröffnung des Edelweiß-Express. Ich hab sogar den Haderbichler um Personenschutz gebeten, aber er hat behauptet, das lässt die Faktenlage nicht zu."

Zacher setzte sich neben ihn, legte ihm den Arm um die Schulter. Die Stimme, die sonst so hart und herrisch sein konnte, wurde warm und eindringlich. „Mensch, Wasti, natürlich wirst du nicht sterben. Sei doch vernünftig, Herrschaftzeiten! Der Hansi hat Pech gehabt, schad um ihn. Wer soll dir denn was wollen? Da hat der Kommissar sicher recht. Aber weißt was? Ich setz den Schneider-Jürgen drauf an, dass der die Augen offenhält. Der soll in der Nacht vor der Eröffnung heimlich an der Strecke patrouillieren, dass niemand dran rummurkst wie an Hansis Klettersteig. Und wenn der Naturator aufkreuzt, wird der Jürgen ihn nicht davonkommen lassen. Wir kriegen das hin, wir zwei alten Haudegen, komm!"

Es tat gut, im Arm gehalten zu werden von einem alten Kumpel. Das dunkle Tier in seinem Bauch zog sich zurück. In irgendeine Höhle, wo es vielleicht neue Kräfte sammeln würde. Hauptsache, jetzt ließ es ihn in Frieden. „Danke, Toni. Bist an echter Freund."

42   Donnerstag, 9. Juni, 16 Uhr

Hirsch tot! Vertrauter Jagdhornklang tönte aus dem Handy. Jürgen Schneider stöhnte. Konnte man denn nicht in Ruhe seine Büchse putzen, ohne dass einen der Fluch der Erreichbarkeit ereilte? Er hatte es sich so schön eingerichtet in seinem Werk- und Waffenraum, um sein neuestes Lieblingsstück zu verwöhnen: Die Ulrich Take Down „Classic Luxus" war die fünf Mille auf jeden Fall wert gewesen. Schon beim bloßen Anblick wurde es ihm warm ums Herz. Auf Hochglanz poliertes Luxus-Schaftholz mit bayerischer Backe und Doppelfalz, der Lauf perfekt integriert, eine starke Zieloptik drauf,

da passte alles. Und das Ganze schnell zerlegbar und zusammenge-
baut, ideal zum Transport im Rucksack, wenn es hoch hinauf auf die
Gams gehen sollte. Eine wahre Freude, das Teflonöl auf dem kalten
Stahl glänzen zu sehen, das Holz mit Wachspolitur zum Leuchten
zu bringen. Und jetzt trötete das blöde Telefon dazwischen. Sorgsam
legte er die Büchse auf ihre fusselfreie Mikrofaserdecke.

„Schneider."

„Jürgen, grüß dich!" Zacher. Wenn der anrief, steckte selten Erfreu-
liches dahinter. „Komm bitte rüber. Ich hab was zu besprechen."

„Was ist denn los, Toni?"

„Nichts fürs Telefon. Wann kannst du da sein?"

„Passt mir nicht gerade super. Aber ok: Gib mir ne halbe Stunde."

„Na dann!"

Zacher. Was wollte der diesmal?

Es gab ja Jäger, die waren tatsächlich so knallköpfige Idealisten,
von wegen Hege und Pflege für Wald und Wild. Die nahmen ihre
Abschussverpflichtung ernst und reduzierten den Jungtierbestand,
damit die Waldverjüngung nicht am Verbiss scheiterte. Obwohl
doch jeder Depp wusste, dass nur viel Nachwuchs die Chance
sicherte, dass auch mal kapitale Trophäenböcke heranwuchsen, die
man dann teuer verkaufen konnte – oder, besser noch: einem Gönner vors Rohr führen. Idioten!

Für Jürgen war die Jagd Lebenssinn. „Wann mei Stutzerl knallt
und's Gamsei fallt" – dämliche Volksmusikantenstadel-Wilderer-
Romantik! Herr über Leben und Tod zu sein, das erfüllte ihn mit
Freude an der Macht; so ein Büchsenlauf war doch das härteste und
längste Rohr, das ein Mann haben konnte, ein echter Freudenspen-
der. Wenn er den Rückstoß an der Schulter spürte und gleichzeitig
den Hirsch in die Knie gehen sah, spürte er seine eigene Lebendig-
keit tausendfach.

Wer weiß, was aus ihm geworden wäre, hätte er nicht die Jagd als Ventil gehabt. War er nicht über sich selbst erschrocken damals beim Bund, als er den besoffenen StUffz unter sich liegen hatte, wie der Zorn aus ihm herausgebrochen war? Zu Brei hätte er sein Gesicht geschlagen, hätten ihn nicht die Kameraden heruntergezogen. Aber dieser Moment: der Feind am Boden, seiner Stärke ausgeliefert, in seinen Händen das Leben des anderen – allein die Erinnerung brachte seine Eingeweide zum Kochen.

Zacher! Die Sau! Er musste diese dunkle Energie in ihm gespürt haben. Und wie ein dunkler, verführerischer Dämon hatte er sie gefördert. Wenn man eine Karriere so vorantrieb wie Toni, gab es immer wieder Situationen, die beherztes, sozusagen schlagkräftiges Argumentieren erforderten. Zacher hatte dafür gesorgt, dass sein durchtrainierter Jagdaufseher immer ein solides Alibi hatte. Auch damals, als sie im Ansitz auf den ungeraden Sechzehner warteten, den sich Toni zum Fünfziger gönnen wollte, und als plötzlich auf der anderen Seite der Lichtung ein Schatten erschienen war. Mit geschwärztem Gesicht und einem Stutzen in der Hand.

„Halt drauf, Jürgen!" Hatte Zacher es gesagt, mit seiner beschwörenden, tiefen Stimme? Oder hatte er den Befehl nur in seinem Kopf gehört? Der dunkle Schatten, die Nachtzieloptik, der Finger am Abzug: Alles war eins geworden in jenem Augenblick zwischen Leben und Tod – dann spürte er den Rückschlag und sah den Schatten einknicken.

Ein junger Bursch, Anfang zwanzig vielleicht. Wilderer-Romantik? Mutprobe? Scheißegal. Zacher hatte ihm die Hand auf die Schulter gelegt (hatte er etwas wie „sauber!" geraunt?) – dann hatte er gezeigt, warum er so erfolgreich war. Weil er schnell und überlegt handeln konnte. „Wenn wir ihn im See versenken, taucht er vielleicht wieder auf. Er muss unter die Erde. Aber in einem Plastiksack, damit ihn der Fuchs nicht wittert und rausholt." In zwei Stunden hatten sie ihn im weichen Waldboden zwei Meter tiefer gelegt. Würde man einen Wilderer als vermisst melden? Auch egal. Falls jemand fragen sollte: Mittlermeir würde aussagen, dass sie mit ihm auf seiner Wochenend-Alm bei Westerbach gesoffen hatten.

Zacher! Dealer des Bösen. Er ließ Jürgen teilhaben an seiner Macht, gab seiner Sucht nach Gewalt Futter. Dieser Sucht, von der er doch hätte loskommen wollen. Sollen… Dabei wusste er genau, dass er es nie könnte… nie wirklich wollen würde…

Was hatte Zacher diesmal für ihn?

„Wir haben einen Problembären." Zachers Augen funkelten, als er sich in seinem Ledersessel im fensterlosen Besprechungsraum zurücklehnte.

„Wie bitte?"

„Der Wasti hat den Flattermann. Heute morgen, bei der Beerdigung vom Bachlinger-Hans, sagt der doch glatt was von Rückzug aus dem Haberfeldprojekt."

„Wie kommt er denn da drauf?"

„Unser lieber Freund und Weißbiervernichter hat sich in den Kopf gesetzt, dass der Unfall am Berghausener Klettersteig ein gezielter Mord gewesen sein soll. Und dass der Naturator jetzt einen nach dem anderen von uns Erschließungs-Pionieren umlegen möchte."

„So ein Quatsch!", stieß Jürgen heraus, „wir wissen zwar nicht, was mit dem Seegrübler passiert ist, aber ich glaub, dass der sich irgendwo am Berg die Kugel gegeben hat – oder einfach in eine Lawine gekommen ist. Und das mit dem Bachlinger war ein dummer Zufall."

„So sehe ich das auch. Aber wenn sich dem Wasti der Blick vernebelt, ist er für Argumente nicht mehr erreichbar. Ich fürchte, du musst ihn ein bisschen beruhigen."

„Wie meinst du das, Toni?"

„Das überlasse ich dir und deiner langjährigen Erfahrung. Jedenfalls habe ich ihm gesagt, dass ich dich beauftrage, vor der Eröffnung am Sonntag den Edelweiß-Express zu bewachen. Wir wollen ja schließlich nicht, dass irgend jemand dran rumschraubt und womöglich einen tödlichen Unfall provoziert. Oder, Jürgen?"

Zachers dunkle Augen bohrten sich in seine. Der Boden schwankte unter seinen Füßen. Seine Eingeweide begannen sich zu verflüssigen. „Nicht irgend jemand, meinst du, Toni. Sondern ein Experte."

„Was ich an dir mag, ist deine Fantasie, Jürgen. Aber wenn der Wasti nächste Woche eine Pressemitteilung gegen den Haberfeldjet rausgibt, kann das unseren langfristigen Projekten richtig wehtun."

„Wer weiß davon?"

„Ich hab dem Wasti gesagt, er soll es niemandem erzählen, dass du in der Nacht auf Sonntag Streife läufst. Sonst wird der potenzielle Täter womöglich gewarnt… Du hast freie Bahn. Und wenn jemand meinen sollte, dich gesehen zu haben, dann warst du mit mir im Ansitz – ein Hirschrücken vom Schmalspießer ist was feines, und da jetzt im Juni die Jagd aufgegangen ist… Waidmannsheil, Jürgen!"

Jürgen war entlassen. Langsam zog er die Tür hinter sich zu und tappte den Gang entlang. Die Sache mit dem Wilderer war lange her. Außerdem war das im Affekt gewesen, aus der Situation heraus: Nacht, Dunkelheit, der Schatten am Waldrand… Dieser Auftrag war etwas anderes. Gezielt. Und auch noch gegen Mittlermeir. Den alten Spezl und Kumpan. Zacher war wirklich ein Teufel. Ein Dämon, der genau wusste, welchen Hebel er bedienen musste, um bei Jürgen die Sperren zu öffnen.

„Hallo Jürgen! Besprechung zu Ende? Worum ging's denn?" Es war zum Kotzen! Jedesmal wenn er Jeannie sah, gab es ihm einen Stich ins Herz. Schon vorhin, als er gekommen war, und jetzt wieder.

„Hi Jeannie. Streng geheim, weißt du doch. Deshalb muss man ja alle Kommunikationsgeräte abgeben, wenn man mit Toni in den Stillen Raum geht." Er nahm die Stahlbox entgegen, die Jeannie ihm hinschob, und setzte Akku und Simcard ins Handy ein. „Aber ich kann's dir verraten, Toni würde es dir ja auch sagen: Saturday night fever – wir gehen auf die Jagd."

„Hui! Na dann, wie sagt man: Waidmannsheil!"

Elendes Weibsstück! Fröhlich, unverkrampft. Als ob nie was gewesen wäre. Und er hatte mal geglaubt, sie sei seine Rettung. Was konnte er schon dafür, dass ihm bei Frauen immer wieder seine Veranlagung querkam? Sex und Gewalt, diese Kombination gefiel nicht jeder Frau. Und so sehr er sich zu beherrschen versuchte, irgendwann war es immer schief gelaufen.

Außer bei Jeannie. Nicht wirklich eine Schönheit, aber hinter ihren Augen verbargen sich Abgründe, in denen er sich verloren hatte. Frag nicht, welche Kindheitsgeschichten dahintersteckten, jedenfalls hatte sie seine Ausrutscher verziehen. Ja, ihm war es so vorgekommen, als ob sie sie sogar genossen hätte. Was für ein Glücksfall! Bis sie einen noch versierteren Meister gefunden hatte. Er sah es vor sich wie auf einer Kinoleinwand. Wie er damals in Zachers Vorzimmer gewartet hatte, auf der Hirschlederchaiselongue. Und wie sie dann aus dem Chefbüro hereinkam, die Haut gerötet, der Lippenstift verschmiert, ein feuchter Fleck auf dem schiefsitzenden Kragen ihrer weißen Bluse. Wie sie ihn angesehen hatte: etwas beschämt zuerst, dann provokant: „Jetzt bist du an der Reihe. Darfst reingehen."

Zacher. Immer wieder Zacher. Dabei hatte der das doch gar nicht nötig. Eigentlich jagte er immer nur der unerreichbaren Sabine Seegrübler nach; all seine Trophäen waren nur Ersatz. Ob er Jeannie nur aus Gewohnheit genommen hatte? Wegen ihrer dunklen Seite? Oder um seinen Jagdaufseher unter Hormondruck zu halten? Wie auch immer: Der Dämon musste ausgetrieben werden. Vielleicht würde das sogar ihm selber Erlösung bringen. Und wenn nicht, war eh alles egal. Aber Zacher war unangreifbar. Allein die Sicherheitsmaßnahmen im „Stillen Raum", wo die spannenden Aktionen besprochen wurden. Wenn Handy, Uhr, Kameras und ähnliches draußen deponiert werden mussten, war es unmöglich, einen verfänglichen Satz Zachers zu dokumentieren.

Denkst du, du Arschloch! Jürgen tastete nach dem Hirschhornknopf an seiner Trachtenweste. Ein raffiniertes Teil, das er erst vor kurzem im Spezialbedarfshandel erworben hatte. 15 Minuten Speicherkapazität, Hifi-Qualität. Konnte sicher nichts schaden.

43   Sonntag, 12. Juni, 10 Uhr

Ein vielzipfliger Felskamm zersägte den strahlblauen Junihimmel, die Almwiesen waren buntgetupft in Blau, Rosa, Gelb von Enzian, Mehlprimeln und Trollblumen. Der Steinbergkamm über Westerbach war ein echtes kleines Natur-Idyll. Neben dem Stahlkonstrukt der Sesselbahn-Gipfelstation wiederholte sich das Farbenspiel im Blau, Rosa und Gelb der neuesten Outdoor-Kollektionen, die vom Eröffnungspublikum ausgeführt wurden. Über ihnen dräute ein gletscherweiß und felsbraun bemalter Kunststoffberg, von dessen Gipfelplateau zwei glänzende Edelstahlschienen herabführten und sich parallel laufend hinunterzogen über die Wiesenhänge, wie eine stählerne Schlange, die sich in Magenkrämpfen windet und krümmt.

Auch Haderbichlers Magen wandte sich mit Grausen. Was hatten sie nur aus diesen schönen Bergen gemacht? Eine hochkant gestellte Oktoberfestwiese, mit Fahrgeschäften, Weißbier und Dirndlromantik. Irgendwo hatte dieser Naturator schon recht. Aber wie konnten die neuen „Kunden" sich nur so einwickeln lassen? Hatten sie nie die

Stille gehört, die ihm auf seinen einsamen Skitouren und den ersten Frühlingswanderungen so sanft „Willkommen zurück" zugeflüstert hatte?"

„Hallo Herr Kommissar! Na, gefällt's Ihnen?"

Haderbichler schrak aus seinen trüben Gedanken auf. „Ach, der Herr Webredakteur! Hab ich mir halb gedacht, dass ich Sie hier treffe. Sind Sie wieder auf Fotojagd, damit der Traffic brummt?"

„Ohne Fotos nix los, Herr Haderbichler. Im Internet musst du immer was Neues bieten. Und der Edelweiß-Express gibt sicher was her: >Die neue Dimension im Alpine Coastering – multiply yourself!< Wenn das kein cooler Werbespruch ist. Reichlich fett aufgetragen natürlich, aber so ist das halt heute. Ich möchte erstmal ein paar Bilder vom Herrn Mittlermeir machen, bevor er zur Jungfernfahrt startet, später werde ich da runter zu der Steilwandkurve wechseln – ich denke, da gibt's heiße Motive."

War der Kerl so cool, dass er einfach an der Oberfläche blieb, oder war er so im Fotografen-Jagdfieber, dass er die Anspielung gar nicht verstanden hatte? Er legte nach: „Müsste ja ganz gut laufen, Ihr Laden, jetzt wo der Naturator wieder für Schlagzeilen sorgt."

„Der Naturator? Hm. Wer auch immer. Ich geb ja schon zu, dass ich Sympathie für seine Erschließungskritik habe. Und auch ein bisschen für seinen schrägen Aktionen. Vielleicht ist ja sogar Mittlermeirs Rückzieher beim Haberfeldjet eine positive Folge davon. Aber den Tod vom Bachlinger kann ich auch nicht gutheißen – wobei der wohl eher unbeabsichtigt war. Und Sie müssen anerkennen, dass ich so anständig war, die Fotos nicht zu veröffentlichen."

„Trotzdem haben sich Ihre Visits in den letzten Monaten verdoppelt, Ihre Page Impressions verdreifacht, hat meine Kollegin herausgefunden."

„Über Geschäfte sage ich nix, Herr Kommissar. Aber Sie werden wohl den Journalismus nicht dafür schimpfen wollen, dass er seiner

Informationspflicht nachkommt? Ich kann ja nix dafür, wenn ein Fanatiker seine Sabotagen durchzieht."

„Wirklich nicht? Mei, Felix, ist Ihnen eigentlich nicht klar, dass Sie wieder im Spiel sind als Verdächtiger? Sie profitieren mit Ihrer Website von den Anschlägen. Sie waren immer ganz früh am Tatort. Die Info-Mails konnten Sie sich selber schicken, dann ist es auch kein Wunder, dass Sie angeblich keine Spuren eines Absenders finden."

Jetzt redete er sich doch tatsächlich in Rage. Hatte Rossmeier ihn schon angesteckt? Aber Liebergsell blieb ungerührt: „Ach, Herr Haderbichler, wollen Sie mir jetzt auch noch auf die Pelle rücken? Ihr Kollege war ja schon zudringlich genug. Aber Sie hatte ich immer für vernünftig gehalten."

War das Frechheit oder Schmeichelei? Oder tatsächlich beleidigte Unschuld? Er wurde einfach nicht schlau aus diesem Kerl. „Und wie war das damals mit Ihrem Kompagnon, der am Knipfelkopf umgekommen ist? Da haben Sie seinen Anteil des Projekts berge2go geerbt."

„Holla, wird das jetzt ein Verhör? Als Verdächtiger oder als Zeuge? Da hab ich leider gerade keine Zeit dafür. Und die Sache mit Elmar ist privat, sorry."

„Na gut, Felix. Dann tun Sie was Sie nicht lassen können. Und passen Sie auf sich auf. Wir tun's auch."

Haderbichler wandte sich ab, der Journalist zückte gleich seine Kamera und ging auf Pirsch. Hatte der Kerl drei Menschen auf dem Gewissen? Lag Rossmeier mit seinem Fanatismus richtig, oder Max selbst mit seiner Sympathie?

Fakt war: Liebergsell hatte Motiv, Gelegenheit und Kompetenz für die Sabotagen. Aber auch die kriminelle Energie? Jedenfalls war es sein Job als Kommissar, auch unangenehme Fragen zu stellen. Das machte ein Journalist ja auch nicht anders, da brauchte er nicht gleich so zickig zu reagieren.

Aber es gab noch mehr zu tun – wenn er schon seinen freien Sonntag investierte. Ah, da vorne standen sie, die verbleibenden zwei aus dem Erschließer-Triumvirat. Zacher mit undurchdringlichem Pokerface; das trug er anscheinend immer. Mittlermeir sah fix und fertig aus. Der Körper hatte jegliche Spannung verloren, so dass die Wampe noch weiter heraushing; das vom Alkohol gezeichnete Gesicht hatte seine ungesunde Röte gegen einen kränklichen Grünton eingetauscht; die Augen waren blutunterlaufen und flackerten.

„Guten Tag, die Herren! Na, alles klar für die große Fahrt?"

Mittlermeir verzog das Gesicht: „Machen Sie keine Witze, Herr Haderbichler. Nur weil Sie den Naturator für harmlos halten, heißt das noch nicht, dass er es auch ist."

„Mei Wasti, werd scho schiefgehn!" Zacher knuffte den Bürgermeister in die Rippen, „mein Kollege bildet sich ein, dass der Tod unseres gemeinsamen Freundes und Kollegen Hans Bachlinger das Ergebnis eines perfiden Plans gewesen ist, Herr Kommissar. Und deshalb ist ihm etwas unwohl beim Gedanken an die Entjungferungsfahrt mit dem Edelweiß-Express, die ihm gleich bevorsteht. Aber eigentlich weiß er, dass nix passieren kann – ist doch so, Wasti, oder?"

Das Zittern, das Mittlermeirs Gestalt durchlief, konnte man auch als Versuch auffassen, wieder Haltung in das marode Gestell zu bringen. „Ich krieg das schon hin, Toni", schnaufte er, „wenn Sie mich bitte entschuldigen, Herr Haderbichler, die Pflicht ruft. Wir können uns ja hinterher noch unterhalten, wenn Sie wollen."

„Kein Problem, Herr Mittlermeir, ich möchte Sie nicht aufhalten. Aber wenn Sie nachher ein paar Minuten erübrigen könnten, wäre ich dankbar. Hals- und Beinbruch derweil!"

„Hau rein, Wasti! Wer bremst, verliert!" Zacher klopfte seinem Kumpan auf die Schulter, der sich in Bewegung setzte, dann rückte er näher an Haderbichler heran. Seine Glatze spiegelte in der Frühsommersonne, sein Rasierwasser fraß sich in die Nase des Kommissars. „Wer bremst, verliert. Das war früher unser Wahlspruch. Als Schulbuben haben wir drei immer Radlstrecken im Wald angelegt, mit Steilkurven und Sprungschanzen. Heute würde man Trail dazu sagen, für uns war es Nervenkitzel und Mutprobe. Sie wissen ja, wie Buben so drauf sind. Einige blaue Flecken haben wir uns geholt. Aber auch gute Nerven. Der Wasti fängt sich schon wieder."

Haderbichler konnte es sich gut vorstellen. Die drei Jungs: der Hans, der Wasti, der Toni – wie sie sich gegenseitig anschoben. Oder eher: Wie der Toni als Spiritus Rector immer neue, immer verwegenere Ideen entwickelte und seine Jünger mitzog. Mittlermeir wirkte auf ihn wie ein Hund, der seinem Meister hinterherläuft, im verzweifelten Vertrauen, dass der ihn aus allen Situationen, in die er ihn hineinstößt, auch wieder heraushaut.

„Na, was Sie heute so machen, ist ja auch nicht wesentlich anders als Ihre Trailbauerei im Wald, Herr Zacher. Hier ein neuer Lift, dort eine Sommerrodelbahn, dann wieder eine Aussichtsplattform. Meinen Sie denn nicht, dass irgendwann mal Schluss sein sollte mit der Möblierung der Alpen?"

„Aber Herr Haderbichler, Sie reden ja fast wie der Naturator! Wissen sie: Übers Geschäft sag ich grundsätzlich nix. Aber auch hier gilt natürlich: Wer bremst, verliert."

„Aber auch mit Vollgas wird man vielleicht von der Realität eingeholt."

„Mei, überlassen Sie das mal uns Experten."

Ein Kratzen und Klopfen übertönte jedes Gespräch; Mittlermeir war ans Mikrofon getreten und hatte eine Funktionsprobe gemacht. Nun räusperte er sich vernehmlich und begann seine Ansprache: „Liebe Bergfreunde, liebe Gäste der Eröffnung unseres Edelweiß-Express. Ganz herzlich darf ich Euch willkommen heißen in unseren schönen Westerbacher Bergen. Die heute um eine sensationelle Attraktion reicher werden. Der Edelweiß-Express definiert den

Begriff des Alpine Coasters neu. Mit etwas so Antiquiertem wie einer Sommerrodelbahn hat das nichts mehr zu tun. Bisher haben wir uns bewusst mit Details zurückgehalten, jetzt aber darf ich Euch endlich verraten, was Euch erwartet: ein einzigartiges Erlebnis!"

Der Mann war ein Profi, und ein Überzeugungstäter für seine Sache. Das Reden über sein Projekt ließ seine Stimme fester werden, die Gestalt straffte sich. „Hier erlebt Ihr die Begriffe Beschleunigung und Fliehkraft in einer neuen, ungeahnten Dimension. Die steile Startrampe bringt unsere Edelweiß-Coasters in Sekunden auf Höchstgeschwindigkeit, die innovativ konstruierten Steilwandkurven erzeugen Fliehkräfte, die einem Vielfachen der Schwerkraft entsprechen. Deshalb unser Slogan >multiply yourself<. Solche Kräfte erlebt Ihr nicht einmal beim Skifahren. Natürlich sind Bremsen eingebaut, so dass jeder sein individuelles Wohlfühltempo wählen kann, und unser bahnbrechendes velocity control system steuert die Startzeiten so, dass es keine Staus und Kollisionen geben kann. Ich empfehle Euch aber, auf die Technik zu vertrauen und den Rausch der Geschwindigkeit zu genießen; Racing-Gurte garantieren absolute Sicherheit. Und wer aufs Ganze gehen will, kann mit dem accelerator pedal sogar noch beschleunigen. Das rate ich Euch auch, denn ich werde jetzt gleich bei der Jungfernfahrt einen Streckenrekord anpeilen – wer bremst, verliert! Viel Spaß im Edelweiß-Express!"

Die letzten Sätze hatte Mittlermeir fast gebrüllt; wie ein Halbstarker auf Speed schritt er nun breitbeinig auf die erste Coastergondel zu, die oben auf dem Kunstberg am Beginn der Gleise hockte. Sie sah aus wie ein als fliegende Untertasse verkleidetes Mountainbike, dessen komplizierte Räderkonstruktion die Führungsschienen umschloss; nur die Außenschale, die der Blüte eines Edelweiß nachempfunden war, mochte alpine Assoziationen wecken. Der Bürgermeister hievte sich in den Sitz, legte den Gurt an und winkte noch einmal in die Zuschauermenge. Eine rote Digitalanzeige zählte von fünf auf null, die Startschranke klappte nach oben, Mittlermeir trat in die Pedale und ratterte die Startrampe hinab. Die Gondel nahm in Sekundenschnelle Fahrt auf, schon in der ersten Kurve schüttelte es den Fahrer von einer Seite zur anderen, und gleich schoss das rasende Edelweiß in die nächste Kurve. Ein Riesen-Display zeigte die Geschwindigkeit an: 117 km/h. Haderbichler schauderte; dieses Vergnügen würde er sich sparen. Die Pubertät lag weit genug hinter ihm. Jetzt näherte sich Mittlermeirs Geschoss der großen Steilwandkurve unten am Waldrand, die fast senkrecht in den Himmel führte, bevor die Gleise scharf abknickten und zwischen den Bäumen verschwanden. Das Edelweiß raste in die Kurve und flog in einem Blitzen von Metall nach oben, zeichnete eine elegante Parabel in die Luft, schien einen Augenblick lang am Himmel zu schweben, dann verschwand es hinter den Gleisen außer Sicht.

Es dauerte einen Moment, bis Haderbichler klar wurde, was er gerade beobachtet hatte. „Heilige Scheiße", hörte er Zacher hervorstoßen. Da setzten sich seine Beine auch schon in Bewegung; er drängte sich durch die wie erstarrt dastehenden Menschen und stürmte den Hang hinunter. Ein Stück voraus sprintete Liebergsell, die Kamera in der Hand, aus dem Augenwinkel sah er zwei Leute in Rotkreuzuniform rennen. Die steile Wiese war bucklig und mit tiefem Gras bewachsen, er musste sein Tempo kontrollieren, um nicht zu stürzen, das Herz schlug ihm bis zum Hals.

Als er die Unglücksstelle erreichte, hatte Liebergsell schon die Kamera im Anschlag und fotografierte das Szenario. Über ihnen ragten die Enden der Gleise ins Himmelsblau, grotesk zerrissen und verbogen, als die Edelweißgondel gewaltsam ihre Bahn verlassen hatte. Nun sah er auch, wo sie gelandet war: Sie hatte sich im Flug gedreht und genau den stählernen Arm einer Kunstschnee-Schneilanze getroffen. Er ragte aus Mittlermeirs Bauch heraus wie die Stecknadel aus der Fliege in einer Insektensammlung.

„Moin, Jungs und Mädels. Tut mir Leid um Euren verhagelten schönen Sonntag, aber so langsam wird die Situation rasant. Der zweite
Tote, innerhalb einer Woche."

„Des is ja a richtige Vendemmia", fiel Frieder Rossmeier seinem
Chef ins Wort.

„Ja, der Tod hält große Ernte. Lasst uns mal zusammentragen, was
wir bisher haben", fuhr der ungerührt fort.

Frieder verzog innerlich das Gesicht. Haderbichler hatte gut reden.
Verhagelter Sonntag! Wo er zum ersten Mal die Julia zu einem Bade-
ausflug hatte überreden können. Die machte im Bikini noch mehr
her als in Uniform; dass sie ein bisschen Babyspeck hatte, störte
ihn nicht. Ihm selbst könnte ja auch ein bisschen mehr Sport nicht
schaden, wenn er seinen Hosenbund wieder zu Gesicht bekommen
wollte. Aber junge Mädels stehen sowieso mehr auf innere Werte
und auf erfahrene Männer, hatte er irgendwo gelesen – in der Pra-
line oder im Playboy? Egal, man sollte die Hoffnung nie aufgeben.
Das war doch immerhin schon ein guter Anfang gewesen, mit der
flotten Kollegin am Badesee. Und dann hatte sich dieser Fettarsch
aus der Schlittelbahn katapultiert! Den ganzen Tag lang hatten sie
untersucht, vermessen und Zeugen befragt. Klar, das war der Job.
Aber doch nicht gerade zu diesem Zeitpunkt!

„Unter welcher Prämisse ermitteln wir überhaupt?" Mei, der Kreglinger musste sich wohl profilieren mit einem modernen Fremd-
wort, das er jetzt hinter seinem Kaffeeeimer hervorschoss. „Unfall,
Kollateralschaden bei Sabotage oder gezielter Mord?"

„Unfall können wir ziemlich sicher ausschließen. Oder, was meinst
du, Frieder?"

Er zwang sich zur Ruhe. Wenn die das Offensichtliche nicht sehen
wollten, musste man ihm halt Schritt für Schritt entgegentriet-

scheln. „Ja, i hob mit dem verantwortlichen Ingenieur der Herstellerfirma gsprochen, der bei der Eröffnung vor Ort gwesn is. Er hod die Anlag am Samstag abgnommen und a paar Probefahrten machen lassen, dabei hod ois problemlos funktioniert."

„Und er war auch zusammen mit der Spurensicherung am Unglücksort", ergänzte Julia. Wenigstens hatten sie den Rest des Tages teilweise gemeinsam verbringen können, wenn auch nur beruflich. Sie leuchtete schon wieder wie der Frühsommermorgen draußen. „Das war definitiv kein Unfall", berichtete sie weiter. „Die Schrauben, die die Konstruktion der Steilwandkurve halten, waren nur am vordersten Rand des Gewindes verzogen. Jemand muss sie fast vollständig herausgedreht haben, so dass die Schienen praktisch am seidenen Faden hingen. Als dann die Gondel mit hundert Sachen in die Kurve geschossen ist, hat es alles zerlegt."

„Ok, hätte mich auch überrascht, wenn es anders gewesen wär'", knurrte Haderbichler, „schließlich hat man heute Erfahrung genug mit solchen Anlagen, wenn auch eher vom Jahrmarkt und nicht aus den Bergen. Aber der Unterschied verschwindet ja zusehends." Aha, war auch nicht gut drauf, der Chef. „Apropos Schrauben: Der Ratrac in Kirchgaden apert bei der Hitze zusehends aus; ich hoffe, dass wir den bis Ende der Woche bergen können, dann erfahren wir vielleicht, ob dort Ähnliches dahintersteckt." Interessiertes Kopfnicken der Kollegen quittierte die Nachricht, Haderbichler redete weiter: „Beim Edelweiß-Express haben wir es also jetzt schon klar: Es war Sabotage, in der Nacht von Samstag auf Sonntag. Stellen sich die nächsten Fragen: Wie aufwändig war die Aktion, und wer hatte die Gelegenheit dazu?"

Rossmeier zog den Bauch ein und drückte die Brust raus. „Bsonders schwierig muss des ned gwesn sein, die Schraufn ham a ganz normals Gwind und an dreiazwanzger Kopf, de konnst mit am normalen Schraumschlüssl aufdrahn. Muasst natürlich wissn, welche die wichtigen san, und a wengal obacht gebn, dass dir ned der ganze Kladderadatsch überm Kopf zsammfoit. Aber mit an gsunden Heimwerkerverstand kriagst des in zwanzg Minuten hi, hod da Ingenieur gmoant." Dass das auf den Liebergsell natürlich zutraf, konnten sie sich hoffentlich selber denken.

„Aha, danke, Frieder. Und wer hatte Zugang zum Gelände?"

„Für die Sicherheit am Gelände ist der technische Leiter der Bergbahnen verantwortlich", meldete sich Kreglinger, „der sagt, dass Überwachung zum Schutz vor Sabotage in seinem Gewerbe nicht üblich ist – >soin ma eppan bei an jedn Liftmasten an Boddigard hischtelln?<, hat er sich ausgedrückt."

„Aber nach dene Anschläg vom Naturator und dem Bachlinger seim Tod hättens doch a wengal genauer hischaun kennan!", protestierte Frieder.

„Magst schon Recht haben", räumte Kreglinger ein, „aber die Personaldecke in dem Laden scheint im Sommer relativ knapp zu sein; sie haben es halt einfach nicht gemacht."

„Das heißt, jeder hätte Zugang gehabt, um die Schrauben zu lockern", fasste Haderbichler zusammen, „und dort oben am Waldrand würde wohl auch eine Stirnlampe nicht groß auffallen. In der Bergstation ist ja nachts niemand."

Benno nahm einen tiefen Schluck aus seinem Kaffeehumpen und konstatierte lapidar: „Freier Zugang, keine Beobachter, das ist das Problem bei Outdoor-Morden." Julia kicherte. Mist, dieser Joke ging an Kreglinger.

„Ob es ein gezielter Mord war, ist die nächste Frage", nahm Haderbichler dem Kollegen etwas Wind aus den Segeln. „War denn so klar planbar, dass das Attentat Mittlermeir treffen würde?"

„Ich denke schon, Chef", meldete sich die Julia. Wenn Frauen so schlau waren, das irritierte Frieder schon immer ein wenig, aber solange sie auch hübsch waren… „Das stand schließlich im Internet und sogar auf den Plakaten, die noch an den Seilbahngebäuden hingen: Bürgermeister Sebastian Mittlermeir persönlich eröffnet den Edelweiß-Express mit der Jungfernfahrt."

„Ok. Also dann: Wer konnte Mittlermeir den Tod wünschen?"

So eine saublöde Frage! Kapierten die es denn gar nicht? „Jo mei, i sogs grad nochamal: Da steckt überoin der Naturator dahinter. Konn sei, dass des mit dem Bachlinger koa Absicht ned gwesn is, aber vielleicht is er dadurch auf an Gschmack am Umbringen kemma un hod si denkt, an Rhythmus verschärfn schodt nix. Und der Naturator is der Liebergsell, wannst mi frogst. Der hod beim Bachlinger seim Unfall wieder koa rechtes Alibi ghabt. Mit dera Bergführerin, die damals de Drahtseil putzt hod, waar er zsammgwesn, hod er gsagt. Aber vielleicht steckt die mid eam unter mehr ois oana Decken."

„Also wenn das Alibi stimmt, finde ich das eher entlastend", widersprach Benno, „Bergführer sind zwar Naturfreunde, profitieren aber von Klettersteigen. Warum sollte sie helfen, sie zu sabotieren?"

„Wenn der Naturator am Werk ist", kam jetzt auch noch Julia daher, „dann würde ich eher Nixlinger favorisieren." Musste sie ihm jetzt auch noch in den Rücken fallen? „Der hat früher anscheinend ziemlich gut verdient als Gutachter. Aber seit ein paar Jahren wird er praktisch nicht mehr engagiert, weil er anscheinend Daten manipuliert hat. Das zeigt zumindest, dass sein Gewissen dehnbar ist."

„Danke, Julia", sagte der Chef, „eine interessante Perspektive. Dass der Naturator hinter allen Anschlägen steckt, ist durchaus eine Option, die wir im Auge behalten müssen. Schließlich passt die Sabotage auch irgendwie in die Reihe. Wer das ist, wäre dann die zweite Frage. Aber diesmal gab es wieder kein Bekennerschreiben. Und wir dürfen uns nicht von anderen Möglichkeiten ablenken lassen. Wie steht's denn mit der Familie des Opfers?"

„Familie konnst vergessen. De Großen Drei, Bachlinger, Mittlermeir, Zacher, san alle Single – seriell polygam soit ma vielleicht song, wenn aa aus unterschiedlichen Gründen. Am Mittlermeir sei Oide is eam davoglaffn, wahrscheins hod er ihra zviel gsoffn. De Frau vom Bachlinger is an Krebs gstorbn, so vor fünf Johr. Und der Zacher hod seine in d'Klapsmühln gsteckt. I moan eh, dass die Burschn öfter mal im Iwan seim Vögelnest auf Bsuach ganga san. Eifersüchtige Oide gibt's jedenfalls koane. De Weiber, de wo die ranlassn, de schaung blos aufs Geld, ned auf tiefe Gefühle."

„Und wie steht's mit der Firma? Benno, hast Du was rausgefunden über die wirtschaftliche Situation der Seilbahngesellschaft? Vielleicht hat sich ja der Mittlermeir als Chef Feinde gemacht."

„Als Chef vielleicht; diese Skigebiete reduzieren im Sommer den Personalbestand, weil im Sommertourismus weniger Gäste die Anlagen nutzen und der Pflegeaufwand geringer ist; das sogenannte Sommerloch. Aber die Liftboys arbeiten im Sommer oft auf dem Bau, sind also nicht unbedingt arbeitslos. Finanzen? Dazu hab ich schon nach Bachlingers Tod ein bisschen recherchiert. Die Bilanzen von Berghausen-Westerbach wie von Steinöd sehen nicht schlecht aus; die Investitionen sind solide finanziert, Gästezahlen und Umsätze klingen plausibel. Finanzielle Abhängigkeiten scheiden für mich als Motiv aus. Und Konkurrenzneid? Der Seegrübler ist tot, der Zacher arbeitet mit den beiden zusammen – hat gearbeitet. Was sollte der ihnen wollen?"

„Vielleicht rechnet er sich Chancen auf eine Übernahme aus, wenn die Geschäftsführer weg sind" – mei, die Julia entwickelte ganz schön kriminelle Energie beim Ausdenken von Motiven.

„Aber das waren doch Schulfreunde – und außerdem waren sie nicht nur geschäftlich verbandelt, sondern auch als Jagdfreunde und Saufkumpane und wer weiß was noch alles", gab Kreglinger zurück, „ich glaub, dass der Zacher lieber mit denen weiter gekungelt hätte als sich zwei zusätzliche Regionen ans Bein zu binden, für die er dann neue, unbekannte Führungskräfte hätte einstellen müssen."

„Der Zacher ist direkt neben mir gestanden, als Mittlermeir aus der Kurve geflogen ist", sagte Haderbichler, „und er hat echt erschrocken gewirkt. Da müsste er schon ein ziemlich guter Schauspieler sein. Andererseits: Sonderlich unter Skrupeln zu leiden scheint er mir nicht. Wie wär's, Julia? Magst Du mal die Wirtschaftsexperten in Mingelham bezirzen, ob sie die Geschäftsbeziehungen von Zacher und seinen beiden toten Freunden durchleuchten können?"

„Klar Chef, ich versuch mal, was ich erreichen kann."

Plötzlich zuckte der Chef zusammen: „Mei, grad fällt's mir wieder ein: Der Liebergsell hat was gesagt, dass der Mittlermeir sich definitiv aus dem Haberfeldjet-Projekt zurückziehen wollte – das war dann nicht nur ein spontaner Ausrutscher bei Bachlingers Beerdigung. Und es wäre vielleicht ein Grund für Zacher, ihn zum Schweigen zu bringen, um das große Projekt zu retten. Frieder, magst den Liebergsell mal fragen, wo er das herhat?"

„Is scho recht, i schaug mal, ob er mir was sagt."

„Und du, Benno: Kannst du bei der Firma, die den Edelweiß-Express gebaut hat, nachfragen, wer an der Bahn gearbeitet hat, und die alle auf einen Fingerabdruck zu uns einladen? Vielleicht findet die Spurensicherung ja einen fremden Abdruck an der Sabotage-Stelle."

„Kann ich schon machen. Allerdings wird der Kerl Handschuhe angehabt haben."

„Davon müssen wir leider ausgehen. Aber jetzt haben wir zwei Tote, da müssen wir alle Möglichkeiten ausnutzen, die uns zur Verfügung stehen. Und das sind nicht so viele."

Was für eine Energievergeudung! „Mei Max, i versteh ned, warumst ned de oafachste nutzt: Den Liebergsell verwanzen. Der war oiwei dabei, wann was passiert is, dem sei Webseitn profitiert wia d'Sau von de News un de Buidln, sei ehemaliger Kompagnon is bei ara gemeinsamen Tour tödlich abgestürzt und hod eahm sein Anteil vererbt – noch mehra stinkn konn doch a Sach gar ned!"

„Auf die Fragen mit der Website und mit seinem Kompagnon hab ich ihn am Sonntag vor dem Unfall angesprochen. Und er hat quasi die Antwort verweigert. Aber das reicht noch nicht, um eine Telefonüberwachung oder eine Abhöranlage genehmigen zu lassen. Außerdem hat er mir vor dem Unfall schon gesagt, dass er Fotos an der Steilkurve machen will, wo der Mittlermeir zu Tode gekommen ist. So cool kann er doch nicht sein, dass er mich vorab auf seine eigene Sabotageaktion aufmerksam macht. Und auch diesmal hat er sich mit den Bildern wieder halbwegs zurückgehalten und nichts von der Leiche veröffentlicht. Aber meinetwegen, fahr halt nochmal hin zu ihm und frag ihn, wo er in der Nacht von Samstag auf Sonntag war."

„Also, ich glaub auch nicht, dass der Felix der Naturator ist oder den Mittlermeir auf dem Gewissen hat. Das sagt mir mein Bauchgefühl", stimmte Julia zu. Jetzt fiel ihm die schon wieder in den Rücken! Unglaublich! Und mit einem „Bauchgefühl" für den jungen Kerl!

„Na, lehn dich mal nicht allzu weit aus dem Fenster, junge Kollegin", besänftigte Haderbichler, anscheinend mit einem Anfall von Restvernunft, „im Auge behalten müssen wir auch den Liebergsell. Aber die anderen Optionen eben nicht vergessen. Hat jeder seine Agenda für heute klar? Dann los, Leute! Ich selber werd mich mal bei der Liftgesellschaft umhören, wie der Mittlermeir als Chef war; vielleicht gab's da persönliche Animositäten."

Das konnte er genauso gut bleiben lassen. Für Frieder stand fest: Der Liebergsell war's: der Naturator und der Mörder. Und das würde er ihnen beweisen, diesen Ignoranten! Wenn der Chef nicht imstande war, eine Abhöranlage zu beantragen, dann gab es auch andere Wege als den Dienstweg. Er war ja nicht auf der Brennsuppn dahergeschwommen! Carpe canem, oder wie man so schön sagte.

„So ein Ninormalnyj!", fluchte Iwan, „ein Schwachkopf; muss doch wissen, dass im Tourismusgeschäft jeder Kopf, den man abschlägt, nachwächst wie bei dieser Hydra damals." Sein Fausthieb auf die Schreibtischplatte ließ die Fische im Aquarium erzittern.

Boris hatte ihm gerade die Aktualitäten aus der Tagespresse vorgesetzt. Mittlermeirs Tod hatte es auf die Titelseiten der Regionalblätter geschafft, und sogar in der weltweit verbreiteten Hauptstadtzeitung war eine Meldung zu finden.

„Der erreicht überhaupt nichts mit seinen Aktionen, dieser Naturator. Nur lästig ist er; bis sich so vertrauensvolle Beziehungen wie mit Bachlinger und Mittlermeir eingestoßen haben, braucht es Zeit. Ich chabe keine Lust, irgendwelche grünen Jungs anzufüttern, von denen man nicht weiß, ob sie überhaupt richtig funktionieren. Wenn es jetzt auch noch den Zacher erwischt, wird es richtig mühsam. Chast du schon was rausgefunden mit deiner elektronischen Überwachung?"

„Tut mir Leid, Iwan. Wir haben so was wie eine Fangschaltung eingerichtet, aber seit Bachlingers Tod sind keine Bekennermails mehr eingegangen bei dem Online-Journalisten. Aber ich versprech Dir: Wenn der sich noch einmal meldet, dann haben wir ihn an den Eiern."

Iwan grinste schmerzlich. „Wenn es nicht sogar der Liebergsell selber ist, der uns nur was vorspielt mit diesen Mails. Ein cleverer Bassran, das Jungchen." – „Ich behalte ihn im Auge, Chef. Auf jeden Fall ist er unser einziger Verbindungspunkt zum Naturator. Die Polizei weiß auch nicht mehr; das hat Sergej ja rausgefunden, als er sich in ihre Datenbank gehackt hat."

„Und dann champelt auch noch dieser Nixlinger cherum, mit seinen Protestaktionen gegen den Speicherteich. Der Bauauftrag wäre unser größtes Projekt zur Zeit. Nicht dass es mir ums Geld geht – aber ums Prinzip. Dass den der Zacher noch nicht auf Linie gebracht chat!"

„Bei manchen Leuten hilft eben die Kunst der Überzeugung nicht weit, da braucht es härtere Maßnahmen – oder auch endgültige. Ich habe sowieso den Verdacht, dass unser Steingäuer Umweltschützer sich nicht viel aus Frauen macht."

„Dann soll er ihm chalt einen Chorknaben besorgen!", brüllte Iwan, und sein Gesicht färbte sich bedrohlich rot, „Der wird ja wohl imstande sein, so einen Deppen auszurichten! Aber halt dich zurück mit deinen Maßnahmen. Geben wir dem Toni noch ein paar Tage Zeit, dass er ihn zum Spuren bringt. Und jetzt schick mir bitte Ludmilla in den Wellnessbereich. Ich muss mich entspannen."

„Bist du sicher, dass das eine gute Idee ist?", fragte Boris vorsichtig, „Du weißt, dein Herz…"

„Ach Boris, mein Sohn. Mein Herz hat andere Probleme. Weißt du: Irgendwann ist alles nur noch lästig. Geschäft, Sex, das Leben. Und der schönste Tod für einen Mann ist doch auf einer Frau."

Mit einem Kloß im Hals drehte Boris ab. So melancholisch hatte er seinen Chef noch nie erlebt. Seinen Förderer. Seinen … Freund? Wie ein Vater fast hatte Iwan ihn aufgebaut, als er nach der unehrenhaften Entlassung aus dem Militärdienst (diese Idioten: zu gewaltbereit? In Russland?) in ein Loch gefallen war. Iwan hatte Boris die Finessen des Geschäfts beigebracht, seinem Leben eine Richtung verliehen. Und jetzt schien sein eigener Lebenspfeil an Geschwindigkeit zu verlieren. Iwan, Väterchen, ich werde dich wieder zum Lachen bringen. Ich weiß besser, was gut für dich ist …

Iwan sah seinem Adlatus nach, wie er breitbeinig und -schultrig aus der Tür stapfte. Boris! Fast wie ein Sohn war ihm der Junge ans Herz gewachsen, oder an das, was da in ihm für Gefühle verantwortlich war. Die beiden Kinder: Boris und Natascha. Werkzeuge auch, und Spielzeuge – aber da war noch mehr. Und trotzdem: Der Junge hatte zuviel Temperament. Wenn einer sein Imperium weiterführen könnte, wenn er selber einmal nicht mehr war (wie lange würde das noch dauern?), dann dieser Schrank von einem Kerl. Aber gleichzeitig sah Iwan seine Schwächen: zu impulsiv, unbeherrscht, von Emotionen getrieben. Eiskalt wenn es um Gewalt ging, aber nicht beim Denken. Das war nicht das Format, das nötig war für einen Job dieser Komplexität. Nein: Nach Iwan dem Schrecklichen würde nur noch die Sintflut sein. So Leid es ihm tat für Boris. Und für Natascha. Er hatte sogar schon dran gedacht, das Mädchen zu seiner Nachfolgerin zu machen. Die würden schauen! Eine Frau an der Spitze der Black Hole! Das Hirn dazu hatte sie. Aber nicht Boris' Härte. Und mit ihren männlichen Geschäftsgegnern würde die nötig sein. Nein: Sein Imperium würde zerfallen. Und die beiden Kinder würden sich schon durchbeißen. Ganz mittellos würde er sie ja nicht zurücklassen. Aber eigentlich war doch alles ziemlich scheißegal. „Sind Sie glücklich, Iwan?" hatte Sabine Seegrübler gefragt. Dirmo! Was war sein Leben wert? Gewesen?

Die Hitze des Juninachmittags hatte dunkle Gewitterwolken am Himmel aufgetürmt. Die Abkühlung würde gut tun, wenn sie auch zu spät kam. Im dunklen VW-Bus mit getönten Scheiben schmorte Boris im eigenen Saft. Endlich! Die Tür ging auf; mit einem Rucksack auf den Schultern trat der Journalist ins Freie, schwang sich auf sein Rad und strampelte davon. Zum Einkaufen wahrscheinlich. Eine halbe Stunde sollte das dauern; Zeit genug für sein Vorhaben. Doch halt: Aus einem betont unauffällig gefärbten Audi stieg ein vollschlanker Kerl mit Kinnbart, dessen gesucht sportliche Kleidung das kleine Bäuchlein nicht wirklich verdecken konnte, und öffnete mit geschickten, aber nicht mit einem Schlüssel zusammenhängenden Handbewegungen die Tür zu Liebergsells Mietshaus. Den kannte er! Hatte er doch schon so ein Gefühl gehabt, dass das ein Bullenauto war. Die hatten den Webredakteur also auch im Visier – waren doch nicht ganz so blöd. Aber warum klingelte er nicht einfach? Abwarten. Der Schweiß rann ihm den Rücken herunter und durch die Arschfurche. Nach einer Viertelstunde kam der Bulle wieder heraus, schaute sich flüchtig um, stieg in den Audi und brauste davon.

Jetzt aber los! Die Haustür stellte für Boris auch kein größeres Hindernis dar als für den Bullen, Liebergsells Wohnungstür genauso wenig. Schlafzimmer, Bad, Wohnküche, das typische Kabuff von jemand, der versucht, mit ehrlicher Arbeit durchs Leben zu kommen – ein armseliges Schicksal, das Iwan ihm erspart hatte. Die Proletenbude machte es leicht, den optimalen Lauschplatz zu orten: die Lampe über dem Tisch in der Wohn- und Arbeitsküche. Ha! Was war das? Da steckte doch tatsächlich schon eine Wanze unter der Kabelabdeckung. Die musste der Bulle gerade installiert haben. Beamte! Mussten mit minderwertiger Technik arbeiten. So ein abgefacktes Modell hatte Boris seit fünf Jahren nicht mehr in der Hand gehabt. Weg damit! Und stattdessen das neueste Hochleistungstool aus Iwans Technik-Department platzieren. Schön, wenn sich so einfach das Nützliche mit dem Angenehmen verbinden ließ. Ob er die Bullenwanze woanders montieren sollte? Auf dem Bahnhofsklo vielleicht? Oder im Pornokino? Da hätte der Grüne wenigstens was zu hören. Ach was! Ein leises „Knack" kündete vom Ende des Low-Tech-Abhörgerätes. Technisches Versagen konnte schon keinen falschen Verdacht wecken.

Vom Paulus zum Saulus? – Nixlinger befürwortet Haberfeldjet

Nach den ungeklärten Todesfällen zweier Seilbahnchefs gibt es nun eine neue Überraschung in der derzeitigen Erschließungsdiskussion: Der Geologe und Naturschutz-Aktivist Stefan Nixlinger spricht sich in seinem offiziellen Gutachten für die Seilbahn durch das Naturschutzgebiet Haberfeld aus. [+ mehr ...]

Quer durch das Naturschutzgebiet Haberfeld soll eine Gondelbahn die Verbindung zwischen den Liftgebieten von Steinöd und Berghausen-Westerbach herstellen. Ein Projekt, gegen das viele Naturschutzverbände Sturm laufen [wir berichteten hier]

Zum gesetzlichen Genehmigungsverfahren gehört die Einholung eines Gutachtens zur Umweltverträglichkeit. Mit diesem Gutachten beauftragt wurde Stefan Nixlinger, als Vorsizender der Umweltschutzgruppe „Alpine Wildlife Friends" (AWF) ein vermeintlich eher kritischer Experte.

Sein Testat, das heute morgen veröffentlicht wurde, dürfte jedoch die meisten Beobachter sehr überraschen: Den Eingriff ins Naturschutzgebiet bezeichnet Nixlinger als „gering", eventuelle Bauschäden würden schließlich „Renaturierungsmaßnahmen unterzogen".

Um „möglicherweise doch auftretende geringfügige Schädigungen naturräumlicher Gegebenheiten zu kompensieren", schlägt Nixlinger als Ausgleichsmaßnahme vor, das Klettergebiet „Kreizteifiwand" bei Kirchgaden zu sperren, weil „das Einbringen stählerner Sicherungs-

haken und der Gummiabrieb der Klettersohlen das che-
mische Gleichgewicht des Felsbiotops aus der Balance"
bringe. Außerdem müssten, wenn es um das Gemein-
wohl gehe, alle ihre Opfer bringen.
Damit schlägt, so meint berge2go.de, der bisherige
Umweltschützer dem Fass den Boden ins Gesicht. Herr
Nixlinger, legen Sie den Vorsitz der AWF nieder! Ihre
Glaubwürdigkeit haben Sie verloren, wenn nicht ver-
kauft!
Für eine Stellungnahme war der Autor des Gutachtens
bisher leider nicht zu erreichen.

Zum Wortlaut des Gutachtens [hier]
Kommentarfunktion seit 05.06. deaktiviert

„Das kann doch wohl echt nicht wahr sein!" Silke konnte und wollte
sich einfach nicht beruhigen. Eine stürmische Begrüßung und ein
Menü, in dem Felix seine Kochkünste auf die Spitze getrieben hatte,
hatten zwar ihren Hormon- und Kalorienspiegel ins Lot gebracht.
Aber diese Infamität ließ ihr keine Ruhe.
„Dieser miese Dreckskerl! Ich bin sicher, der ist gekauft! Das hättest
du ruhig noch deutlicher schreiben können!"
„Ganz deiner Meinung, Süße", versuchte Felix zu beschwichtigen,
„aber selbst in einem schnelllebigen Medium wie dem Internet musst
du aufpassen, dass du nicht gleich eine Klage am Hals hast, die dich
ruiniert. Und ich bin leider sicher, dass der Zacher den Nixlinger
dabei unterstützen würde."
„Das ist es ja gerade, der Zacher ist der wahre Teufel, der hinter
allem steckt. Der Nixlinger hat ja noch nie einen Fuß auf den
Boden gebracht, der würde seine Schwiegermutter versilbern, wenn
er einen gnädigen Gönner finden würde. Warum hat der Naturator

nicht den Zacher abgemurkst, sondern nur seine Marionetten?"

„Wer weiß, vielleicht tut er's ja noch", munkelte Felix. „Jedenfalls wollte ich bei dem Bericht nicht gleich alles Pulver verschießen. Ich hoffe immer noch auf ein Interview mit dem Nixlinger; dem kann ich dann einen gepfefferten Kommentar gegenüberstellen. Du weißt ja: Eine gute Geschichte musst du Bissen für Bissen zerschneiden und vermarkten."

Er mochte ein guter Liebhaber und Koch sein, vielleicht auch ein guter Journalist, aber im Umgang mit Menschen wirkte er manchmal ein bisschen naiv. Was zwar süß sein konnte, aber auch schädlich. „Pass nur auf, was du tust. Dem Nixlinger darf man nicht über den Weg trauen. Und wenn er auch noch mit dem Zacher zusammensteckt…"

„Ach Süße, ist ja lieb, dass du dich so um mich sorgst." Felix' lächelte unschuldig wie ein Kind vor dem Christbaum; man könnte sich glatt verlieben, wenn's nicht schon geschehen wäre. Und wenn er nicht so uneinsichtig wäre. „Aber es geht doch nur um ein Interview – journalistisches Alltagsgeschäft."

„Unterschätze mal nicht, wie sehr Fragen weh tun können, selbst wenn sich jemand freiwillig drauf einlässt. Mir ist der Kerl einfach zuwider. Glaubst du überhaupt, dass der dich wirklich zurückruft? Eine kleine Internetklitsche wie dich?"

Autsch, da hatte sie wohl einen empfindlichen Punkt getroffen: Felix zog einen Flunsch. „Ja, meine Liebe, das glaube ich. Immerhin ist berge2go.de durch die Naturator-Berichterstattung ein Primärmedium geworden. Meine News werden sogar in den überregionalen Magazinen zitiert. Und dem Nixlinger ist eh jede Publicity recht, dem alten Loser."

Das Telefon dudelte die Titelmelodie von „Bonanza"; dieser süße Spinner wechselte anscheinend täglich seine Klingeltöne. Gestern war es noch „Mission Impossible" gewesen, vorgestern „Kill Bill".

„Liebergsell? … Ah, schön, dass Sie zurückrufen!" Ein triumphierender Blick, den Apparat weit vom Ohr gehalten; bis zu ihr herüber tönte ein steingäuerisch gefärbtes Geschimpfe.

„Mei, jetzt beruhigen Sie sich doch bitte. … Das ist kein Schafscheiß, den ich geschrieben habe, das ist teilweise wörtlich aus Ihrem Gutachten zitiert. … Natürlich liegt es mir vor, Sie können gerne den Wortlaut vergleichen. Das Landratsamt als Auftraggeber hat den Text veröffentlicht. … Deshalb habe ich ja mehrfach versucht, Sie zu erreichen, der journalistische Grundsatz ›audiatur et altera pars‹ ist mir sehr wohl bekannt. … Nein, was geschrieben steht, bleibt geschrieben. Aber ich gebe Ihnen gerne die Möglichkeit, in einem Interview Ihre Aussagen nochmals zu begründen und Stellung zu den Vorwürfen zu nehmen, die auf anderen Webseiten schon gemacht wurden. … Ja, ein Exklusiv-Interview mit Stefan Nixlinger. … Gerne, Ihre tiefe Verbundenheit zur Natur darf darin durchaus zum Ausdruck kommen. … Wissen Sie was? Ich habe einen schönen Vorschlag. Morgen wollte ich mit der Bergführerin Silke Dingler – ich glaube, Sie kennen sich flüchtig – den Hallelujagrat begehen. Sie sind ja auch nicht schlecht alpin zu Fuß, wie man so hört. Und von dort sieht man prächtig aufs Haberfeld hinunter, das gäbe schöne Fotomotive. Sollen wir den Grat zusammen gehen und uns dabei in aller Ruhe unterhalten? Oder ist Ihnen das zu anspruchsvoll? … Schon gut, ich wollte nichts unterstellen. … Dann treffen wir uns bei Betriebsbeginn um neun Uhr an der Talstation der Gründeltalspitz-Bahnen, ok? … Schönen Abend, Herr Nixlinger!"

„Ist das dein Ernst? Du willst uns den Grat mit diesem Arschloch versauen?" In Silke brodelte es. „Hab ich nicht gesagt, dass ich mit ihm nix zu tun haben will?" – „Ich kann ja schauen, dass ich immer zwischen Euch bin und dass du nicht mit ihm reden musst."

„Und wenn er den frechen Journalisten vom Grat schubst? Dem traue ich alles zu!"

„Dann ist ja meine berühmte Bergführerin als Bodyguard dabei."
Starrsinn, dein Name ist Mann! Für seine Website tat der wohl alles.
„Na wenn du dich mal nicht täuschst. Und für das blöde Interview sollen wir tatsächlich diesen prächtigen Sommertag und unsere gemeinsame Tour opfern?"
„Nicht böse sein, bitte. Ich glaube, dass dieser Typ sein alpines Können genauso überschätzt wie seine Intelligenz und Bedeutung. Und wenn er in dem Kraxelgelände kräftig gefordert ist, hat er vielleicht seine Sprache nicht mehr so im Griff und ihm rutscht manches raus, was er sonst nicht so leicht sagen würde. Dann bist du als Zeugin dabei."
„Ojeoje, das klingt ja richtig nach Enthüllungsjournalismus!"
„Mal sehen, was dabei rauskommt. Enthüllung hört sich jedenfalls schon mal ganz gut an. Es soll sich ja lohnen für dich, wenn du schon extra am Vorabend der Tour zu mir kommst."
Das Brodeln legte sich und machte einem anderen Gefühl Platz, einer Art Kribbeln.
„Na, dann komm halt rüber, Herr Pulitzer! Für so ein Opfer darf frau wohl ein bisschen Gegenleistung erwarten"

47   Mittwoch, 15. Juni, 10 Uhr

Diese Weite! Diese Einsamkeit! Dieser Scheiß-Bröselfels!
Stefan Nixlinger war ja ganz froh gewesen, als ihn um fünf vor neun die SMS von Felix Liebergsell erreichte: „Leider verschlafen, sorry. Gehen Sie ruhig gemütlich voraus, wir kommen hinterher und versuchen, Sie einzuholen." Diesen miesen Schreiberling musste er hier nicht unbedingt von Anfang an dabeihaben. Auch wenn eine Veröffentlichung auf berge2go.de mittlerweile durchaus nicht geringzuschätzen war.

Aber er brauchte auch etwas Zeit zum Nachdenken. Über Zachers Angebot, das der ihm am Montag in seinem „Stillen Raum" unterbreitet hatte (was für ein Verfolgungswahn: das Handy abgeben!). Aufsichtsratsvorsitzender der Skiparadies Berghausen-Westerbach GmbH sollte er werden. Mittlermeirs Nachfolger. Eine gesicherte Existenz, achttausend cash auf die Kralle jeden Monat. Seine Bedenken, ob er dafür geeignet sei (man musste ja Bescheidenheit zeigen, natürlich hatte er das drauf!), hatte Zacher vom Tisch gewischt: „Als Aufsichtsratsvorsitzender musst du nix von der Sache verstehen, nur die Hand und den Hosenlatz aufmachen."

Die erste Bedingung hatte er schon erfüllt, sie war ja schon länger vereinbart gewesen, zu anderen Konditionen („den Bonus behältst du natürlich"): Das Gutachten zugunsten des Haberfeldjets. Da gehörte immerhin schon einiges an Mumm dazu, so wie der Naturator derzeit die Seilbahnchefs ausknipste. Aber Stefan lieferte ja nur das Gutachten, war nicht der Erschließer persönlich. Auch den zweiten Teil der Abmachung würde er einhalten, und das war sogar etwas Gutes für die Natur: Mit den Alpine Wildlife Friends den Pumpspeichersee am Sonnenkopf verhindern, dessen Fallrohre Zachers Jagdgebiet zwischen Sonnenkopf und Tiefensee durchschneiden würden. Aber auch da hatte sich der Naturator auf der anderen Seite positioniert; die Schande des Stinkbomben-Attentats nagte immer noch an ihm. Zacher behauptete ja, der Tod von Bachlinger sei ein Unfall gewesen, und „zum Edelweiß-Express hat die Polizei auch noch nichts von Mord gesagt". Machte er sich also umsonst Sorgen? Schließlich stand er ja als AWF-Vorsitzender prinzipiell auf der richtigen Seite.

Aber wenn er jetzt komplett die Fahne wechselte? Vom Paulus zum Saulus gewissermaßen? Wie es dieser unverschämte Journalist geschrieben hatte? Der jetzt mit der Dingler rummachte, dieser miesen Tussi? Eigentlich waren die Alpine Wildlife Friends fast die gelungenste Idee seines Lebens gewesen. Er hatte mit den Naturschutz-Aktivitäten bisher mehr Publicity erzielt als ihm jemals vorher gelungen war. Und von den Sponsorgeldern, die sie für ihre Aktionen eintreiben konnten, ließ sich verblüffend problemlos ein nettes Schärflein abzweigen. Das müsste er aufgeben für den Aufsichtsratsvorsitz, samt so ungreifbaren, unbezahlbaren Dingen wie Glaubwürdigkeit. Unbezahlten Dingen vor allem …

Und er würde natürlich als Aufsichtsratschef der Seilbahn die Naturschutz-Deckung verlassen und eine Zielscheibe für den Erschließer-Killer abgeben. Das musste gründlich durchdacht sein …

Drecksgelände! Schon wieder so ein Steilabbruch. Eine mit Rollsplitt-Schotter bedeckte schräge Platte führte steil abwärts zu einer Kante, wo die erste Drahtseilbefestigung lockte, dahinter brach der Gratturm ab in die bodenlose Tiefe der Nordwand, die den ganzen Grat links flankierte. Scheiße! Worauf hatte er sich da eingelassen. Das Haberfeld erstreckte sich zur Rechten, eine hirnlose Wüstenei aus nacktem Fels und vereinzelten verzweifelten Grasflecken. Einzigartiges Biotop! Da gehörte viel Begeisterung dazu, so was schön zu finden. Trotzdem wäre ihm diese Armageddon-Welt lieber gewesen als der Reitgrat, auf dem er sich jetzt hinunterhangelte.

Endlich! Einmal ein paar Meter, die man fast als hochalpinen Wanderweg bezeichnen konnte, wenn auch mit Geröll bedeckt und mit Blick über gestufte Steilflanken hinunter Richtung Haberfeld. Ein paar Schritte Entspannung. Wieder drängte sich Zacher in sein Bewusstsein. Und Lochnow; der gehörte ja auch zum Aufsichtsrat. Das Vögelnest… was man sich darüber nicht alles erzählte. Frauen waren ja nicht so sein Ding, aber bei Iwan dem Schrecklichen sollte eigentlich nichts unmöglich sein.

Wieder eine steile Stufe hinunter, griffig aber abgeschmiert, ein paar Meter ging es flach dahin, dann wieder steil nach oben, fünfzig plattige Meter, mit einem Drahtseil und einigen Eisenkrampen gangbar gemacht. Zumindest nicht mehr dieser Bruch. Er packte das Draht-seil und fing an, sich nach oben zu hieven.

Sein Magen verkrampfte sich. Er zuckte zusammen, kauerte sich an den Fels, noch bevor er das unheimliche Surren bewusst verarbeitet hatte. Steinschlag! Knapp neben ihm krachte ein faustgroßer Brocken auf, ekelerregender Schwefelgestank kroch ihm in die Nase. Gut, dass sein Älplerinstinkt richtig reagiert hatte! Er schaute aufwärts. Waren Gämsen dort oben auf dem Gratturm? Oder andere Bergsteiger? Woher sollten die kommen?

„He! Gebbet Obacht det doba, ihr Hamperer!"

Sein Ruf verhallte über der Weite des Haberfelds. Aber was Stefan Nixlinger jetzt sah, nagelte ihn schockgefrostet auf der Stelle fest. Das war kein Steinschlag. Das war ein Bergsturz! Eine Lawine! Felsbrocken von Kopf- bis Koffergröße. Sie kamen direkt auf ihn zu. Etwas in ihm befahl ihm zu rennen. Aber die Beine gehorchten ihm nicht. Er konnte nur hilflos nach oben sehen. Den Einschlag des ersten Steins auf seinem Oberarm nahm er kaum wahr. Auch nicht, wie ihn ein weiterer Treffer, diesmal auf den Brustkorb, aus der Wand wischte. Wie er fast schwerelos durch die Luft schwebte. Und das Adrenalin, das in höchster Dosierung in seinen Kreislauf schoss, ließ ihn auch die Aufschläge nicht mehr spüren auf dem weiten Fall nach unten, Richtung Haberfeld.

Treffer, versenkt! Boris packte die wärmende Primaloft-Jacke in den Rucksack, checkte ob noch irgendwas herumlag oder sonst seine Anwesenheit verraten könnte, und machte sich an den Abstieg. Die „Federmaier-Beinhart" auf der Nordostseite war eine wilde Kletterei aus den 1890er Jahren durch eine immer nasse Geröllschlucht, vor neugierigen Blicken geschützt, ein flotter alternativer Zugang zum Grat und genau sein Niveau – Eliteeinheit Schwarzer Adler. Der Hallelujagrat war was für alpine Normaldeppen. Für solche wie diesen Pseudo-Naturschützer, der jetzt nicht mehr gegen Iwans Bauprojekt am Speicherteich marodieren konnte. Die Wanze hatte er genau zur richtigen Zeit installiert.

Auf diesem Gipfel war wirklich an alles gedacht worden. Jedesmal, wenn sie hier oben war, musste Silke die Toilettenanlagen mit Bidets „für unsere arabischen Besucher" bewundern. Eine Panoramakamera mit angeschlossenem Touchscreen und Gipfelbestimmungs-App stand auf der Aussichtsterrasse, die demnächst durch eine Piratenschiff-Planke über dem Abgrund optimiert werden sollte. Das Gipfelkreuz hatte Gesellschaft von Halbmond, Davidstern und Yin-Yang-Zeichen bekommen. Und trotz der frühen Stunde standen schon jede Menge Japaner und Amis auf der Aussichtsterrasse im Weg zu der Leiter, die zum letzten noch unverbauten Stück vom Gipfel des Gründeltalspitz führte, wo der Hallelujagrat begann.

„War schon gemütlicher früher, ohne Sessellift, als man die achthundert Meter hier rauf noch zu Fuß steigen musste", stöhnte Felix, als sie unter dem riesigen Edelstahlkreuz ankamen.

„Ab hier hast du wieder deine alpine Ruhe", sagte Silke und deutete nach vorne, „da schau!"

Wie eine Woge kurz vor dem Überschlagen lief der Grat vor ihnen weg. Links die dunklen Abbrüche der Nordwand, rechts die gämsensteilen Schrofenhänge über dem Haberfeld, das in der Junisonne vor sich hin dörrte und brutzelte.

„Einfach eine geile Linie!" Felix zappelte geradezu in Vorfreude auf den stundenlangen Felsenritt. „Diesen Grat könnte ich jedes Jahr gehen, der wird mir nie langweilig."

„Und den optimalen Beginn eines Bergtages haben wir uns ja auch schon gegönnt. Das wird auch nie langweilig."

„Korrekt, Süße. Den Nixlinger holen wir sicher leicht noch ein."

Felix bewegte sich nicht schlecht für einen Nicht-Bergführer und

Schreiberling. Dass er Bewegungstalent hatte, war ihr schon bei der gemeinsamen Klettersteig-Putzaktion aufgefallen. Und dass sein Herz für die großen alpinen Unternehmungen schlug, war auch sympathisch. Blieb nur zu hoffen, dass er sich im Lauf der Zeit auch zu einem akzeptablen Sportkletterer erziehen ließe – es musste ja nicht immer das wilde Gelände mit dem ausgefüllten Tagesplan sein. Kleine, aber feste Felsen, steile Löcher reißen, viel Zeit für Kaffee und sonstiges, das hatte auch was für sich.

Obwohl: So ganz locker sahen seine Bewegungen heute doch nicht aus. Reichlich konzentriert, ein bisschen arg angespannt…

„Ist schon cool, dieses alpine Gelände", philosophierte er gerade, als er über eine mit Felskrümeln bestreute Kalkplatte auf eine senkrecht abfallende Stufe zu eierte, „volle Aufmerksamkeit, Achtsamkeit geradezu. Sanft auftreten, weich in der Bewegung, geschmeidig bleiben – Oiii!"

Der Rollsplitt zog ihm die Beine weg, er landete mit dem Hintern auf der Felsplatte, rutschte weiter und verschwand hinter der Kante, die Arme hilflos Richtung Drahtseil streckend. Ein Eiszapfen bohrte sich in Silkes Zwerchfell. „Felix!"

Sie schlitterte auf dem Rollsplitt die Platte hinunter, scannte in Sekundenbruchteilen das Gelände, ließ sich vom Schwung über die Kante tragen, landete mit einem geschmeidigen Satz auf einem Felstürmchen zwei Meter tiefer, federte aus den Knien hoch, ließ sich mit den Händen zurück an die Massivseite fallen und tippelte mit kleinen Spreizschritten an den Wänden des Spalts hinunter an den Fuß des Abbruchs. Ein Stück über ihr hing Felix: Im Fallen hatte er das Drahtseil zu fassen bekommen, an dem er sich nun mit beiden Händen festkrallte, während die Füße am Fels scharrten. Überlebt!

„Wo willst du denn hin? Ich brauch dich noch heute abend."

„Mach keine Witze! Hilf mir lieber, sonst kommt der Abend schneller als mir lieb ist."

„Okay, cool bleiben, chill down, Süßer. Hast dich ja gut gefangen. Jetzt schau nach Tritten, ewig hängen wird auf Dauer zu anstrengend. Bist ja gleich unten auf ebenem Boden."

Es waren tatsächlich nur zwei, drei Schritte, dann stand Felix neben ihr. Aber er zitterte wie ein Quartalssäufer beim Einschenken des ersten Glases. „Was ist los? Alles ok?"

„Wird schon wieder. Irgendwann. Ich hab geglaubt, das war's mit mir. Und hab mich wie von außen gesehen, wie ich über die Kante gegangen bin. Genau so ist mein Freund Elmar abgerutscht, damals am Knipfelkopf. Der hat keinen Eisenstift zu fangen gekriegt."

„Scheiße! Tut mir Leid."

Felix warf den Rucksack ab, setzte sich drauf, schwer atmend. „Kannst du ja nicht wissen. Elmar war mein bester Freund; wir waren an Schule und Uni zusammen, sind in die Berge gegangen. Nach dem Studium hat jeder zuerst eigene Berufserfahrung gesammelt, dann, vor vier Jahren, haben wir gemeinsam berge2go.de gegründet. Ein Jahr später waren wir am Knipfelkopf unterwegs, am Gundolf-Knesebeck-Klettersteig, du wirst ihn kennen."

Silke nickte, aber er sah nicht zu ihr auf, stierte vor sich ins Geröll und berichtete mit leerer Stimme, als würde er eine Gebrauchsanweisung vorlesen. „Beim Abstieg, auf dem roten Wanderweg, ist er bei der Querung über der Steilstufe auf Rollsplitt-Platten ausgerutscht und über die Kante gestürzt. Ich habe es von oben beobachtet und konnte ihm nicht helfen. Der Abbruch ist vierzig Meter hoch. Elmar hatte keine Chance."

Silke setzte sich neben ihn und nahm ihn in den Arm. Worte gab es da keine. Sein Kopf sank an ihre Schulter; sein Zittern ließ allmählich nach. Dann ging ein Ruck durch ihn, er atmete tief durch und sagte: Jetzt lass uns weitergehen, das Adrenalin verheizen."

Bleich war er im Gesicht und reichlich wacklig in den Knien bei den ersten Schritten. Zum Glück war die folgende Passage relativ eben und wenig ausgesetzt. Direkt hinter Felix gehend, beobachtete sie, wie sich allmählich seine Stabilität verbesserte; das Seilstück, das sie wie immer für alle Fälle dabeihatte, konnte im Rucksack bleiben. Allerdings hatte ihr das Erlebnis wohl auf die Blase geschlagen.

„Süßer, ich muss mal für kleine Mädels. Gehst du allein voraus?"

„Schon ok. Kannst dich ja hinter die Steinperson da hocken."

„Steinperson? Ich sag da immer Steinmanndl dazu."

„Ja klar, aber wenn man mit Damen unterwegs ist, muss man sich doch genderpolitisch korrekt ausdrücken – zumal man bei der Steinperson das Geschlecht eh nicht so leicht feststellen kann."

„Blödmann! Mach dass du weiterkommst." Grinsend verzog sie sich hinter den Steinhaufen und erledigte, was zu tun war. Dann ging es weiter, einen kurzen senkrechten Abbruch abklettern, mit dem Gesicht zum Fels…

Unten stieß sie fast mit dem Rücken an Felix. Er stand da wie Frau Lot als Salzsäule – eher wie eine Säule aus Wackelpudding. Sie trat neben ihn, fasste ihn sanft an der Hand und folgte seinem Blick. Seine Augen starrten hinunter, in die Schrofenflanken über dem Haberfeld. Etwa hundert Meter unter ihnen, auf einem schmalen Schuttband, lag eine längliche Form, etwa von der Größe eines Menschen, aber geometrisch völlig anders arrangiert.

„Leck mich am Arsch – wenn das nicht der Nixlinger ist."

Haderbichler erwartete sie am Heli-Landeplatz. Es hatte nach dem Handy-Notruf eine Weile gedauert, bis die Leiche zuerst ausgiebig fotografisch dokumentiert, dann in einem roten Sack abtransportiert worden war und man in einem weiteren Flug Silke und den völlig paralysierten Felix abgeholt hatte.

„Hallo zusammen", grüßte der Kommissar, „es sind wieder mal keine schönen Umstände, die uns zusammenführen. Haben Sie den Nerv für ein paar Fragen?"

Felix ging grußlos an Haderbichler vorbei und setzte sich am anderen Ende des Platzes auf eine Bank. „Seien Sie ihm nicht böse, Herr Haderbichler", versuchte Silke zu beschwichtigen, „das war ziemlich viel für ihn heute. Zuerst ist er selber beinahe abgestürzt, dann sieht er die Leiche von Nixlinger, den er interviewen wollte…"

„Das heißt, Sie wussten, dass der Mann heute am Hallelujagrat unterwegs war?"

„Klar. Sie hatten sich da oben verabredet für ein Interview. Felix und ich wollten den Grat sowieso gehen; gestern abend kam ihm die Idee, dass der Typ da oben vielleicht gesprächiger wäre. Warum fragen Sie?"

„Na, es ist ja nicht unbedingt sicher, dass er durch Stolpern abgestürzt ist. Schließlich hat er sich mit dem Gutachten zugunsten des Haberfelds ziemlich exponiert. Konnte sonst noch jemand davon wissen, dass Nixlinger den Grat gehen wollte?"

„Keine Ahnung! Hey, hören Sie auf, ständig Felix zu verdächtigen! Er hat mir schon erzählt, dass Sie ihm neulich vorgehalten haben, er könnte der Naturator sein und verantwortlich für den ganzen Mist mit den Todesfällen."

„Frau Dingler, die Polizei muss alle Optionen im Auge behalten, und Ihr junger Freund ist eine davon. Können Sie mir sagen, wie Sie die Leiche gefunden haben?"

„Na, ich war pinkeln, dann bin ich über eine Stufe runtergeklettert und da ist Felix gestanden und hat in den Abgrund gestarrt. Dann habe ich unten die Leiche gesehen und gleich befürchtet, dass das Nixlinger sein könnte. Die Bergung hat das ja dann bestätigt."

„Sie waren also nicht dabei, als Felix Nixlinger zum ersten mal gesehen hat?"

„Nee, ich war oberhalb der Steilstufe."

„Das heißt, Nixlinger könnte auch noch gelebt haben, als Felix ihn getroffen hat."

Silkes Gesicht wurde heiß: „Sagen Sie mal, spinnen Sie jetzt, Herr Haderbichler? Wollen Sie sagen, dass Felix ihn runtergestoßen hat?"

„Ihre Ausdrucksweise entschuldige ich mal mit der ungewöhnlichen Stresssituation, Frau Dingler. Aber wenn Sie nicht gesehen haben, was da unten passiert ist…"

„Felix ist kein Mörder! Das wissen Sie so gut wie ich!" Sie musste sich zusammenreißen, um ihm nicht ins Gesicht zu springen.

„Bleiben Sie ruhig. Ich sammle nur Informationen. Theorien erstellen ist ein späterer Schritt, sie zu beweisen dann noch was anderes. Aber haben Sie vielleicht noch weitere Menschen am Grat gesehen?"

„Mit uns ist niemand losgegangen; am Grat habe ich auch niemanden gesehen, soweit man das Gelände überblicken kann. Aber Stefan Nixlinger kann leicht gestolpert oder aus der Steilwand jenseits der Scharte runtergeflogen sein. Das sieht aus wie ein ganz normaler Bergunfall, Sie brauchen nicht überall Mord zu wittern, auch wenn zur Zeit gerade ungewöhnlich viele Leute sterben. Und vor allem: Lassen Sie bitte Felix vorerst in Ruhe. Der ist so durch den Wind, das hab ich noch selten bei jemand gesehen."

„Ist schon gut, ich lass Sie jetzt gehen. Aber ich wäre Ihnen dankbar – Ihnen beiden – wenn Sie sich für weitere Befragungen bereit halten würden. Und wenn Ihnen irgendwas ein- oder auffällt, Frau Dingler: Bitte rufen Sie mich an!"

Er drückte ihr seine Karte in die Hand. Mit einem „Verbindlichsten Dank", drehte sie ihm den Rücken zu und ging zu Felix. Ein Mörder? Wenn der Polizeiprofi doch Recht hatte? Quatsch! Jemand, der seelischen Beistand brauchte.

So hatte Jürgen seinen Chef noch nie erlebt. Wenn er Zacher nicht in etlichen Situationen als eiskalten Hund bewundert hätte, hätte er geschworen, der Glatzkopf habe Angst.

„Schaff mir den Kerl vom Leib!", hatte er so laut gebrüllt, als ob er die Schallisolierung des „Stillen Raums" testen wolle. „Den Liebergsell oder wen auch immer. Mach ihn fertig, bevor er uns fertig macht!"

Er hatte nicht einmal bemerkt, dass Jürgen schon wieder die Weste trug, an der der Hirschhornknopf mit dem Mikro-Aufnahmegerät prangte. Und auf seinen Einwand „Wir wissen ja gar nicht, ob der Liebergsell der Naturator ist oder nur zufällig immer vor Ort" hatte er geschrien: „Scheißegal! Es gibt keine falschen Opfer! Irgendeinen Dreck hat jeder am Stecken! Dann setz ihm zumindest mal eine Wanze ins Nest!"

Zacher! Sein väterlicher Freund, Herrscher und Ausbeuter, ein skrupelloser Marionettenspieler. Ihm war zuzutrauen, dass er Jürgen, wenn der die Drecksarbeit getan hatte, von einem von Iwans harten Jungs ausknipsen ließ. Was soll's. Sein Leben war eh verpfuscht, war hohl und leer. Er machte eigentlich vor allem deshalb weiter, weil ihn das Hochgefühl bei der Jagd aufputschte. Aber wenn Zacher ihn abservieren sollte, dann würde er mit über die Klinge gehen. Denn Jürgen hatte sich aus dem Internet so ein Kinder-Beaufsichtigungsprogramm heruntergeladen: Wenn er nicht täglich zweimal in einem bestimmten Zeitfenster eine SMS an einen sicheren, externen Server schickte, würde der automatisch seinen Datenordner veröffentlichen. In dem hatte er die Aktionen der letzten Monate dokumentiert und was ihn sonst noch mit Zacher verband und den belastete – naja, das wichtigste davon halt. Mit O-Tönen, dem Hirschhornknopf sei Dank. Schließlich war Jürgen Schneider nicht ganz der willenlose Depp, zu dem ihn sein Gönner und Peiniger gerne degeneriert hätte.

Und nun saß er hier, schon seit einer Stunde, in der Dekan-Vogel-Straße, in einem geliehenen Auto mit getönten Scheiben, und wartete darauf, dass die Vöglein ausflogen. Kamen wahrscheinlich nicht aus dem Bett, die Turteltäubchen. Endlich: Eng umschlungen kamen sie aus der Tür, stiegen in Felix' Corsa und tuckerten davon. Der Kerl fuhr genau so lahm wie er heute aussah – entweder schlecht geschlafen oder nicht viel Schlaf gegönnt bekommen von seiner Mieze. Jedenfalls: Wer mit dem Auto wegfährt, geht normalerweise nicht nur Zigaretten holen. Wahrscheinlich mussten sie nochmal bei der Polizei vortanzen, nach der Aktion gestern am Hallelujagrat. War ja groß in allen Zeitungen gestanden. Zeit genug, wenn er nicht rumtrödelte.

Wie man Türen aufmachte, hatte ihm ein Ex-Knacki beigebracht, den er bei einer Aktion „Resozialisierung im Forstrevier" kennengelernt hatte – ein Projekt, mit dem Zacher sich soziale Anerkennung auf seinem Weg zum Bürgermeisteramt erworben hatte. Gleichzeitig hatten sich dadurch einige inoffizielle Berater akquirieren lassen, mit denen Jürgen diverse Trainings-Sessions absolviert hatte, um für Allerlei gewappnet zu sein. Wie jetzt zum Beispiel.

Der beste Platz für eine Wanze war auch offensichtlich: in der Lampenfassung über dem Tisch in der Wohnküche. Holla: Da war wohl schon jemand vor ihm da gewesen. Er pfiff durch die Zähne. Diese Qualität überstieg seine Verhältnisse. Nicht dass er sparen musste. Aber so was war auf dem freien Schwarzmarkt nicht zu bekommen, dafür musste man spezielle Verbindungen haben. Wer war da wohl noch hinter dem Webredakteur her? An Liebergsells Stelle wollte er lieber nicht sein, wenn schon die Technik so mörderisch gut war. Pech gehabt: Wer zuletzt abhört, hört am meisten. Ein leises „Knack" besiegelte das Leben des edlen High-Tech-Produktes, das er später in einen Gully werfen konnte. So leicht ließ sich manchmal das Nützliche mit dem Angenehmen verbinden. Jetzt war nur noch Jürgen Schneider der exklusive Mithörer im Büro von berge2go.de. Da war er doch mal gespannt, ob er mehr zu hören bekam als nur den Bergführerinnen-Schulmädchen-Report.

49   Donnerstag, 16. Juni, 14 Uhr

Silke rieb sich die Augen, räkelte und reckte sich, dann drehte sie sich auf dem Bett so, dass sie in die von der Nachmittagssonne aufgeheizte Wohnküche schauen konnte. Felix saß, genauso nackt wie sie, vor dem Schreibtisch und hackte am Computer herum.

„Hi Schatz", mit einem Lächeln drehte er sich ihr zu, „wieder wach? Du warst großartig. Aber hör dir mal an, was ich hier gefunden habe, während du dich entspannt hast."

Er wischte mit der Maus umeinander, klickte ein paarmal, dann räusperte er sich und las vor:

„Die Religion des Wachstums hält unsere Gesellschaft im Würgegriff. In abgeschlossenen Systemen kann kein dauerhaftes Wachstum möglich sein. Nur nachhaltiges Wirtschaften kann dauerhaft funktionieren.

Bescheidenheit braucht der Einklang zwischen Mensch und Natur. Nicht alles, was gemacht werden kann, ist gut. Wir werden Generationen- und Völkergerechtigkeit nur erreichen, wenn wir unser Wirtschaften auf ein menschlich-natürliches Maß beschränken.

Aber der Markt setzt die Konkurrenten unter Druck wie beim Wettrüsten; sie stecken im Schwitzkasten des Zwangswachstumswahnsinns. Wer zuerst aussteigt, muss Angst haben unterzugehen.

Es braucht einen Menschen mit Mut, wie Gorbatschow, um die Fesseln dieser Spirale zu sprengen. Oder aber eine heilende Katharsis, einen Sturm der Reinigung, ein Aufbegehren der Alpenbewohner gegen die

Tourismusindustrie, die die Grundlagen ihres Überlebens in Gefahr bringt, während sie von Arbeitsplätzen faselt.

In einem System, das in seiner intrinsischen Logik keine Zukunft hat, liegt die Rettung nur in dieser Einsicht und im Ausstieg – mag er auch kurzfristig bedrohlich erscheinen."

Silke setzte sich auf und rieb sich die Augen. „Hey, tu mal langsam! Ein bisschen harter Tobak nach der Siesta. Was ist denn das?"

„*>The wind of change. Sind die Alpen noch zu retten? Wissenschaftliche Arbeit zur Erlangung des Grades Master of Science im Fach Philosophie, vorgelegt durch Achim Volkmann, bei Professor Olaf Niederhuber, König-Ludwig-Universität, Mingelham<.* Hab ich im Internet gefunden: Ich hab ein bisschen rumgespielt, ein paar Schlüsselbegriffe aus den Bekennerschreiben des Naturators in die Suchmaschine eingegeben – Zwangswachstumswahnsinn, Völkergerechtigkeit, Sturm der Reinigung; die kommen alle in diesem Text vor."

Auf einen Schlag war sie hellwach. „Moment mal! Das soll heißen: Diese Arbeit könnte vom Naturator stammen? Wie hast du gesagt, heißt der Autor?"– „Oder der Naturator hat von ihm abgeschrieben. Achim Volkmann heißt er."

„Und wann ist die Arbeit veröffentlicht worden?"

„Hier steht's: Vor zehn Jahren. Aber da steht auch, dass sie abgelehnt wurde, der Autor sie aber trotzdem veröffentlicht hat, mit einer Antwortmöglichkeit, um Menschen für seine Ideen zu mobilisieren."

„Vor zehn Jahren? Scheiße! Dann kenn ich den Typ."

Jetzt wirkte Felix, als hätte man ihm einen Eimer Eiswasser über den Kopf gekippt. „Spinnst Du? Wie das?"

„Ich war damals 25 und im letzten Semester meines Bachelorstudiums. Und da gab es einen Achim Volkmann; der war zwar für Philosophie, Mathe und Betriebswirtschaft eingeschrieben, aber so ein Überflieger, dass er noch in alle möglichen anderen Vorlesungen reingeschaut hat, unter anderem auch zu uns in Geologie. War auch technisch begabt, hat wohl später mit irgendwelchen Programmen oder Internet-Angeboten einen Haufen Geld verdient, hat mir mal jemand erzählt." Felix hing an ihren Lippen, während sein virtueller Fund zu einem konkreten Menschen wurde. „Damals in Mingelham hat er sich in mich verguckt und wollte nicht akzeptieren, dass ich nichts mit ihm zu tun haben wollte – er war so ein bisschen düster, seltsam; fast autistisch in seinem Genie und mit seinen verschrobenen Thesen, die er immer abgesondert hat. Er hat mich ständig bedrängt, mich in der Cafeteria abgepasst, Mails geschrieben, hart an der Grenze zum Stalking. Ich bin dann nach Innsburg gezogen für mein Masterstudium, dann hat das endlich aufgehört."

Felix schluckte, räusperte sich. „Wahnsinn. Äh, ich meine: Tut mir Leid für Dich. Klingt nach einer üblen Geschichte."

„Naja, ich hab keine bleibenden Schäden davongetragen. Handgreiflich ist er ja nicht geworden, war nur lästig." Doch das Adrenalin, das durch ihre Adern pulste, zeigte dass die Geschichte nur kalendarisch in ferner Vergangenheit lag.

„Ok. Dann hoffe ich, dass es Dir nichts ausmacht, wenn ich den Typen mal kontakte. Vielleicht kann er mir erklären, woher die Ähnlichkeit der Formulierungen kommt. Berge2go.de braucht neuen Lesestoff."

Silke stand auf und trat hinter Felix, legte ihm die Arme um die Schultern und schmiegte sich an ihn. „Ich weiß nicht, ob das eine gute Idee ist. Der Kerl war echt ein schräger Vogel. Und wenn er tatsächlich der Naturator ist und die Todesfälle geplant hat? Wenn er auf dich losgeht? Ich möchte dich nicht verlieren – irgendwie bedeutest du mir mehr als guten Sex." Ihre Stimme bröckelte.

Felix stand auf, nahm sie in die Arme und presste sich an sie. Seine Haut fühlte sich verdammt gut an. Und trotzdem fröstelte sie. „Hey, ich glaub, ich habe mich auch in dich verliebt", sagte er. „Aber das hier ist eine andere Sache. Ich muss das einfach tun."

Sie stieß ihn von sich: „Du musst? Was musst du? Dich mit einem Wahnsinnigen treffen? Dein Leben aufs Spiel setzen?"

Felix ließ sich in den Bürostuhl zurückfallen und seufzte. „Es geht nicht nur um mein Leben. Es geht um das Leben meines Freundes. Es ist mit der Website verknüpft."

„Was soll das jetzt heißen?"

„Setz dich hin, Liebling; ich glaube, es ist Zeit für eine Geschichte – für die Geschichte meines Lebens."

Sein bedeutungsschwerer Ton ließ ihren Magen grummeln. Sie zog sich einen Stuhl vom Esstisch, setzte sich rittlings drauf und fixierte ihren Freund, der ihr gerade reichlich fremd vorkam.

„Elmar war schon immer der unternehmungslustigere von uns beiden, auch der risikofreudigere. Er war es, der vor vier Jahren die Idee zu berge2go.de hatte: >Wir machen unser eigenes Ding, Felix!<, hat er gesagt."

„Besser als ein Jodeldiplom" – die Anspielung auf Loriot war ihr fast unwillkürlich rausgerutscht. Felix lachte bitter. „Ich selber hätte mich das nicht getraut; auch am Berg war es eher Elmar, der schwierigere Touren vorgeschlagen hat. Aber wie am Berg hat mich auch bei dem Internetprojekt seine Begeisterung angesteckt und motiviert, und wir haben uns wie kleine Jungs in das Abenteuer und die Arbeit gestürzt. Jeder hat seine Ersparnisse ins Gesellschaftskapital gesteckt, damit wir am Anfang einen Puffer hatten. Und wir haben beide ein Testament aufgesetzt, in dem der andere alle Anteile an der Firma erben würde, falls einer stirbt. Schließlich passieren ja doch immer wieder Bergunfälle, und das gemeinsame Projekt sollte darunter nicht leiden. So wichtig war uns die Geschichte."

Sabine nickte: „Alle für einen, einer für alle – auch wenn ihr nur zwei wart."

„Vollgas gemeinsam. Der Start war gut, alte Kontakte haben uns noch geholfen, aber nach etwa einem Jahr hatten wir eine Schwächel-Phase. Einiges kam zusammen: Ein großer Verlag launchte eine konkurrierende Website; die Hersteller und Tourismusverbände hatten einen Wachstumsknick und reduzierten die Anzeigenbudgets; unsere Starteuphorie war etwas abgeflaut …"

„Kann ich mir vorstellen. Zu der Zeit hatte ich auch nicht so viele Event-Jobs in den Tourismusorten und musste mehr im Ingenieurbüro arbeiten."

„Ich steckte tiefer in den Zweifeln drin; Elmar konnte das besser verdrängen oder war zuversichtlicher oder was auch immer. Nach dem Klettersteig am Knipfelkopf hab ich ihm auf dem Gipfel von meinen Sorgen erzählt und gefragt, ob wir das Projekt nicht einstellen und uns wieder nach solideren Jobs umsehen sollten."

„Und das hat ihm nicht gefallen?"

„Explodiert ist er! >Unser gemeinsames Kind willst du umbringen? Das kannst du mir nicht antun!< Er war immer der Emotionalere von uns, ich die Stimme der vorsichtigen Vernunft. Dann ist er aufgebracht den Weg hinuntergestürmt. Ich bin konsterniert sitzengeblieben und habe ihm nachgeschaut. In fünf Minuten war er unten an der Querung. An den Rollsplittplatten…"

Ein Schluchzen lief durch seinen Körper, er kippte nach vorne, legte das Gesicht in die Hände und weinte. Silke schob ihren Stuhl zu ihm hin und zog ihn an sich. Sein Kopf sank zwischen ihre Brüste, die Tränen liefen ihren Bauch hinab.

„Es ist nicht deine Schuld, Felix. Du brauchst dir keine Vorwürfe zu machen." Ein Berggipfel, nach einer anstrengenden und bewegenden Tour, war vielleicht nicht der beste Ort, um Probleme zu lösen, aber das musste sie ihm nicht jetzt sagen. „Solche Zweifel sind doch ganz normal. Die kann man sachlich durchleuchten und dann in Ruhe eine pragmatische Entscheidung treffen. Wenn dein Freund so emotional überreagiert, darfst du dir keinen Strick draus drehen."

Felix' Stimme zitterte: „So ähnlich hat das die Polizeipsychologin auch gesagt, die mich damals beurteilt hat. Sie hat mir empfohlen, eine Therapie zu machen. Meine Therapie war berge2go.de – unser gemeinsames Projekt zum Erfolg bringen, für Elmar. Und ein bisschen spielte dabei auch mit, dass ich nicht pleite gehen und die Bürgschaft in Anspruch nehmen wollte, die mein Papa für uns gestellt hatte."

Silke seufzte. Männer! Zu schwach, um Schwäche einzugestehen und sich helfen zu lassen. Scheinbare Stärke aufbringen, um vor dem Problem davonzulaufen. Schade, dass Felix in diese Falle getappt war. Aber jetzt war nicht der Moment, daran zu arbeiten. Dafür würde ein andermal Zeit sein – vielleicht. Hoffentlich.

Felix richtete sich auf. Er wischte sich die Tränen vom Gesicht, sah ihr in die Augen: „Deshalb muss ich das Interview machen; die Naturator-Geschichte kann berge2go.de zum Erfolg verhelfen. Außerdem bin ich so tief in der Sache drin, da möchte ich auch rausfinden, was dahintersteckt. Bitte versteh mich!"

„Aber nicht mit diesem Volkmann, diesem schrägen Hund! Ruf ihn bitte nicht an!"

„Leider zu spät, Liebling. Ich habe ihm schon eine E-Mail geschickt, an die Antwort-Adresse, die er damals zu seiner Masterarbeit gestellt hatte, und um ein Interview gebeten. Bin gespannt, ob er reagiert. So wie ich den einschätze, tut er's entweder gar nicht oder sofort."

In diesem Moment verkündete ein leises „Ping" vom Computer die Ankunft einer neuen E-Mail. Felix schwang auf seinem Stuhl herum und klickte sie auf. Silke trat hinter ihn, schaute über seine Schulter und las laut:

„Ich bin bereit. Wenn du es bist. Dort, wo sich der Erschließungswahnsinn konzentriert: am Haberfeld. Triff mich um 18 Uhr am Sommerloch." Sie drehte ihn auf seinem Stuhl zu sich herum, fixierte seine Augen: „Geh nicht hin, Felix, bitte! Oder ruf zumindest die Polizei an, dass die aufpassen."

„Die Polizei? Hast du schon vergessen, wie unverschämt mich vorhin dieser Rossmeier angegangen ist? Das sind die letzten, denen ich was sage. Außerdem können die Trampel doch nicht unbemerkt anschleichen – und wenn Volkmann wirklich der Naturator ist, haut er ab. Dann stehen wir wieder mit leeren Händen da. Und weißt du: Ich glaube nicht, dass der Naturator töten will. Dazu klingen seine Bekennerschreiben zu theorielastig."

„Du kannst doch nicht irgendwelche schriftlichen Äußerungen derart überbewerten!", fast schrie sie ihn an, „was ist mit den vier Toten?"

Felix blieb ruhig: „Ich hab stundenlang gegrübelt, weil ich mich Scheiße gefühlt habe als Sprachrohr eines möglichen Mörders. Und ich bin mir ziemlich sicher, dass der Naturator nur mit kreativem Schabernack weitere Sabotagen von anderen Naturfreunden anheizen wollte. Der Ratracabsturz war meiner Meinung nach ein Unfall, Seegrübler ein Lawinenopfer, Bachlingers Tod nicht gewollt. Und hinter Mittlermeir könnten zum Beispiel auch Zacher oder Lochnow her gewesen sein, weil er sich vom Haberfeldjet distanzieren wollte, von dem die beiden profitiert hätten, als Betreiber und bauende Firma. Wenn Volkmann der Naturator ist, könnte ich ihm ein Forum zur Rechtfertigung und Klärung bieten. Das habe ich ihm auch so geschrieben."

Wie konnte man nur so naiv sein! „Wenn du dich da nur nicht täuschst, lieber Herr Liebergsell. Du kennst diesen Achim Volkmann nicht. Da liegen Genie und Wahnsinn gefährlich nahe beieinander. Aber mach was du willst, es ist dein Leben. Meines muss es ja nicht tangieren. Also wundere dich nicht, wenn du zurückkommen solltest und ich nicht mehr da bin! Ich weiß nicht, ob ich es aushalte, hilflos zu warten!"

Sie stürmte ins Schlafzimmer, schloss die Tür hinter sich ab und warf sich aufs Bett. Ihr Herz klopfte, ein Kloß steckte in der Kehle.

Ihre Gefühle fuhren Karussell: Ärger über Felix' Starrsinn; Mitleid wegen seiner Geschichte mit Elmar; ein Sehnen nach Versöhnung und einer gemeinsamen Zukunft; die schmerzende Einsicht, dass Felix seinen Weg gehen musste; die Hoffnung, er würde trotzdem noch einmal an die Tür klopfen; die Erinnerung an den Wahnsinn in Volkmanns Augen, damals in der Uni; atemlose Wut über ihre Machtlosigkeit, mit der sie nur warten konnte, was nun passieren würde. Nach zehn Minuten hörte sie draußen die Haustür zuschlagen.

50   Donnerstag, 16. Juni, 14.30 Uhr

Boris stand hinter Natascha – Iwans Lieblingsstellung – als sein Handy das Partisanenlied spielte. Scheiße! Er war so kurz davor zu kommen! Aber dieses Signal konnte er nicht ignorieren.

„Sorry Chef, das ist eine ultrawichtige Nachricht von Sergej, die muss ich sofort abklären." Er zog sich aus Natascha heraus, die ihn mit einem wilden Kuss verabschiedete und Iwan bestieg, um auf seine zweitliebste Art weiterzumachen; der Alte sagte nur „Jaaahh" – auch er war schon ganz schön weggetreten, nicht zuletzt von der Line, die sie sich reingepfiffen hatten.

Boris sprang in ein paar Klamotten und rannte durch die Gänge zu Sergejs Revier. Mit dicker Hornbrille und fettigem Kraushaar hockte der zwischen Computern, Bildschirmen, wirren Kabelsträngen und blinkenden Apparatschaften in einem dunklen, überhitzten Kabuff. Äußerlichkeiten waren dem Typ nicht wichtig, ihm ging es nur um die beste Technik und die Spielereien, die er damit verwirklichen konnte.

„Was ist los, Bytefuzzi? Du hast unser Sondersignal gespielt?" Das Partisanenlied, die Hymne ihrer Spezialeinheit: „Die Partisanentruppen werden die Städte einnehmen. Sie werden Legenden bleiben, wie feurige Funken. Die nächtlichen Kämpfe von Spasska, die Tage von Wolotschaewsk." Es war besonderen Anlässen vorbehalten. Sergej drehte sich geruhsam zu ihm um: „Ja, ich habe was für dich."

„Dann spuck's aus, oder muss ich's aus dir rausschütteln?"

„Schon gut, Boris. Beim Liebergsell ist gerade eine E-Mail eingegangen. Aus dem gleichen Adresslabyrinth wie die Schreiben des Naturators. Ich hab dir ja schon gesagt, dass der Typ das Tor-Net zur Anonymisierung nutzt. Zu seinem Pech und unserem Glück ist er dort durch einen Server gegangen, der zu unserem System gehört. Und die jetzige Mail kam auch auf dieser Strecke durch."

„Das heißt, wir haben die Sau?"

„Nicht direkt. Aber er hat dem Redakteur ein Treffen vorgeschlagen. Da schau."

Boris schob Sergej auf seinem Rollenstuhl zur Seite und starrte auf den Bildschirm. „Ich bin bereit. Wenn du es bist. Dort, wo sich der Erschließungswahnsinn konzentriert: am Haberfeld. Triff mich um 18 Uhr am Sommerloch."

In Boris' Bauch ballte sich ein feuriger Klumpen. „Das war ein Fehler, du Sau!", brüllte er, „ich mach dich alle! Gut gemacht, Sergej. Hat die Wanze noch zusätzliche Informationen geliefert?"

Sergej zog ein langes Gesicht. „Nitschewo, nada, niente, absolument rien, tote Hose. Kein Signal, kein Ton. Als ob sie abgeschaltet worden wäre."

„Wer soll denn das gemacht haben, du Technikheini? Wahrscheinlich war doch noch ein Bug in deiner neuen Super-Software. Ich leg dich um, du Versager."

„Langsam, Kollege. Vielleicht hat der Kerl sie auch entdeckt, ist schließlich ein schlaues Bürschchen. Aber wir sind sowieso nicht mehr auf Wanzen angewiesen. Der Junge hat ja sein Handy überall dabei. Das hab ich schon längst gehackt: Wenn es angeschaltet ist, können wir uns einloggen und mithören. Lohnt sich allerdings kaum. Viel Beziehungskram, typisch für Mittelschichtler in dem Alter. Aber eine interessante These hat der Kerl."

Sergej drückte ein paar Tasten und man hörte den Webtyp sagen: „Hinter Mittlermeir könnten zum Beispiel auch Zacher oder Lochnow her gewesen sein." Hey, der wollte wohl weiter schnüffeln! Und womöglich diesen Naturator aus der Verdachtlinie ziehen. Wenn die beiden miteinander verbreiten würden, dass der Saboteur nicht an allen Toten schuld war, und die Bullen anfingen, andere Thesen ernsthaft zu verfolgen, das konnte für einen ruhigen Geschäftsverlauf nicht förderlich sein. Der Naturator musste weg. Allein schon wegen der Autos, da hörte der Spaß schließlich auf, aber auch damit er die Klappe hielt. Und der Schnüffler gleich mit. Der Treffpunkt konnte nicht günstiger sein: Am Sommerloch hatte er sie beide vor dem Rohr, und neben Seegrübler war noch genug Platz.

I ostanutsia kak v skazke, kak maniaschchie ogni – wir werden Legenden bleiben, wie feurige Funken!

„Yeah, du bist doch der beste, Sergej!" Boris schlug dem fettigen Nerd auf die Schulter, dass der zusammenzuckte; dann raste er zurück in den Wellnessbereich. Wie es aussah, war Natascha gerade beim Schlussspurt, Iwan japste und stöhnte. „Iwan! Wir haben ihn! Der Naturator ist geliefert!"

Iwan riss die Augen auf und starrte Boris an, ein Blitz des Verstehens zuckte durch das von Lust verzerrte Gesicht. „Jaaaahhh!" Dann wurden seine Augen leer und sein Kopf kippte zur Seite.

Jäger zu sein hatte doch des öfteren unbestreitbare Vorteile, das musste Jürgen eingestehen. So konnte er dank seiner Fahrgenehmigung über die aus Steuermitteln finanzierte Straße zur Sommerbachalm fahren und vor dem Feind am Schlachtfeld sein. Die alte Soldatenregel: Sei der erste am Platz, mach den Location Check, dann bist du sicher vor Überraschungen. Die Wanze hatte er offensichtlich genau rechtzeitig installiert, um von diesem Treffen zu erfahren – andererseits war es verständlich, dass so langsam Bewegung in die Sache kam. Naja, die letzten Zuckungen vielleicht… Gut dass die Bergführer-Tussi die Mail laut vorgelesen hatte. Ihre anderen Äußerungen, nach dem Mittagessen, waren zwar auch recht anregend gewesen… aber jagen war geiler.

Obwohl er früh dran war, näherte er sich betont vorsichtig dem Sommerloch. Hinter Latschen und Kalkblöcken Deckung suchend, pirschte er sich an den Rand der großen Senke, bis sie sich plötzlich wie ein Krater vor ihm auftat: vielleicht hundert Meter im Durchmesser; von Geröll und Felsbrocken bedeckte, plattige Schrofenhänge fielen mehr oder weniger steil ab zu dem fast zehn Meter messenden schwarzen Loch, das auf dem Grund der Grube klaffte. Schon ein tolles Stück Landschaft. Eine Laune der Natur; so etwas gab es im alpinen Karst wohl sonst nirgends. Ungewöhnlich. Gruslig. Auch geladen mit Energie – aber mit dunkler, negativer Energie. Wie ein schwarzes Loch zog es ihn auf eine unheimliche Weise an. Komm zu Mutter Erde, schien es zu sagen, hier wird alles gut.

Jürgen! Hör auf zu spinnen! Du hast einen Auftrag!

Niemand zu sehen. Gut. So konnte er in Ruhe einen Beobachtungsplatz suchen, von dem aus er alles im Blick – und im Schussfeld – hatte, ohne vom Ankunftsweg aus gesehen werden zu können. Er fand eine geradezu idyllische, mit Gras bewachsene Mulde zwischen großen Steinen am nördlichen Kraterrand, gegenüber dem Punkt, wo der Wanderweg das Sommerloch erreichte. Er legte seine Hundedecke auf die Erdseggenflur, baute die Ulrich Take Down zusammen und legte das Richtmikrofon und das Aufnahmegerät zurecht. Was da geredet wurde, wollte er sich schon eine Weile anhören. Auch wenn es nicht viel Einfluss auf den Lauf der Dinge haben würde …

Max Haderbichler schnaufte und wischte sich die Stirn. Sein körperlicher Zustand konnte noch nicht wirklich mit dem Begriff „Kondition" in Verbindung gebracht werden – es waren einfach zu wenige Bergausflüge gewesen, die der Job zugelassen hatte. Immerhin war er deutlich schneller als Frieder Rossmeier, den trotz seiner fast zehn Jahre weniger das Bäuchlein oder dessen Ursachen deutlich ausbremsten. Weit unten sah er ihn gerade aus der Sommerbachklamm herauskommen. Aber auch er selbst würde es nicht bis 18 Uhr zu dem Treffpunkt am Sommerloch schaffen, eine halbe Stunde später würde er wahrscheinlich dransein. Hoffentlich nicht zu spät. Gut, dass ihn wenigstens die nette junge Bergführerin informiert hatte. „Bitte tun Sie Ihr Bestes, dass Felix lebend zurückkommt, Herr Kommissar", hatte sie gebeten, „unser Abschied war ein bisschen ruppig und es wäre schrecklich, wenn ich ihn ohne die Möglichkeit zur Versöhnung verlieren müsste." Nein. Verlieren wollte ihn Max Haderbichler auch nicht. Auch wenn der Junge mit seinem Eigensinn ganz schön lästig war. Aber irgendwie war in ihm doch eine Menge Sympathie gewachsen für diesen kreativen Querdenker. Und der Schweiß, der ihm vom Schädel und den Rücken hinunter rann, kam nicht nur von der Anstrengung und der Hitze des Frühsommerabends. Da war auch der streng riechende Stress-Schweiß dabei. Und der saure Gestank seiner Angst.

Halb sechs! Er wischte sich wieder die Stirn und versuchte, noch einen Gang zuzulegen.

Scheiß Latschen! Verdorrte Nadeln rieselten Boris in den verschwitzten Halsausschnitt, Harz klebte an seinen Fingern. Dabei mussten die doch absolut präzise funktionieren, wenn sie am Abzug lagen. Aber das Latschenfeld westlich des Sommerlochs war die einzige Möglichkeit, jetzt noch unbemerkt den Treffpunkt zu erreichen. Zehn vor sechs, die anderen waren vielleicht schon da oder konnten jeden Moment eintreffen. Leider keine Chance, die alte Soldatenregel des Location Check umzusetzen; da musste er eben improvisieren. Auch darin war er gut. Das hatte er nach Iwans überraschendem Tod unter Beweis stellen können. Immerhin: „Der schönste Tod für einen Mann ist auf einer Frau", hatte der Alte neulich gesagt. Diesmal war er zwar unten gelegen, aber das kam doch seinem Wunsch schon ziemlich nahe. Boris konnte sich nur noch eine Todesart vorstellen, die schöner war: in einer Schießerei. Wie feurige Funken.

Er kroch unter den letzten Latschen hervor zum Rand der krater artig abfallenden Doline. Jetzt im Sommer sah sie ganz anders aus als damals im Winter. Das schwarze Loch im Grund grinste ihn an wie die Augenhöhlen seiner toten Kameraden damals bei dem missglückten Einsatz in Tschetschenien; als er schwer verletzt, aber irgendwie noch am Leben, morgens mitten im Leichenfeld aufgewacht war, hatten sich die Raben schon die Leckerbissen geholt. Die restlichen Überlebenden hatten dumm geschaut, als der Totgeglaubte einen Tag später, blutverkrustet und verdreckt, im Lager eingelaufen war – den Orden, den man ihm verliehen hatte, hatte er beim ersten Heimaturlaub im Puff versetzt.

Ein paar Meter weiter links bildeten einige Felsbrocken eine natürliche Brustwehr; das war der bestmögliche Platz unter diesen Umständen. Zwar mit scharfkantigen Steinen als Unterlage, aber Schmerzen auszublenden hatte Boris schon als Kind gelernt, wenn der Aufseher im Waisenhaus mal wieder schlecht drauf war. Er kroch hinüber, baute sein Scharfschützengewehr zusammen, holte Richtmikro und

Fernglas heraus und schaute jetzt einmal gründlich in die Grube. Aha, da saß der Internet-Schlaumeier ein paar Meter vom Rand des Lochs entfernt, an einen großen Felsbrocken gelehnt. Plötzlich stand, wie aus dem Nichts erschienen, ein zweiter Mann neben ihm.

„Hallo Felix!" Eine tiefe, schmeichelnde Stimme riss Felix aus seinen Grübeleien. Woher war der Fremde gekommen, der da plötzlich neben ihm stand? Er hatte doch bei seiner Ankunft niemanden gesehen und noch gedacht, ob Volkmann ihn verarschen wollte.

Achim Volkmann. Wie aus dem Nichts war der Name plötzlich aus den Tiefen des Internet aufgepoppt, und wie aus dem Nichts stand er jetzt auf einmal vor ihm. Ein unauffälliger Typ, mittelgroß, mittelschlank, in mittelmoderne Bergklamotten gekleidet, mittellanges, mittelbraunes Haar. Nichts am Gesicht, an das man sich nach einem Blick erinnern würde. Bis auf die Augen. Dunkle, fast schwarze Augen, tief und saugend wie der schwarze Schlund des Sommerlochs, hinter denen eine verzehrende Energie zu wabern schien.

„Na, hast du mich gefunden? Ich bin Achim Volkmann, neuerdings bekannt unter dem Namen Naturator", lachte er und streckte ihm die Hand entgegen. Zögernd schlug Felix ein: eiskalt und hart war der Händedruck. „Du bist es also wirklich?"

„Ja, ich bin der Naturator", bestätigte Volkmann mit seiner wohlklingenden Stimme, mit der er sofort im Radio oder im Telefonmarketing hätte einsteigen können. „Hast ja ne ganze Weile gebraucht, um meine Achillesferse zu entdecken. So feige, sie zu entschärfen, wollte ich nicht sein. Digitale Spuren zu mir hatte ich natürlich gelöscht, und den E-Mail-Account, den ich damals für Rückmeldungen zu meiner Masterarbeit eingerichtet hatte, habe ich nur über Schleichwege gecheckt. Aber nun zu uns: Was machen wir jetzt?"

„Ich wollte Dir ein Angebot machen", brachte Felix heraus; nach dem überraschend offenen Geständnis zur Begrüßung mussten sich seine Gedanken erst wieder neu sortieren, „ich glaube, du steckst ziemlich tief in der Scheiße. Und ich möchte versuchen, dir wieder rauszuhelfen. Weil ich glaube, dass du mit den Todesfällen nichts zu tun hast. Zumindest nicht absichtlich."

„Soso. Nicht absichtlich." Volkmanns Stimme nahm einen sarkastischen Ton an. „Dann sag mir doch, wie du dir das vorgestellt hast. Wenn dein Plan mich überzeugt, okay. Wenn nicht …" die schwarzen Augen streiften wie beiläufig hinüber zum Sommerloch. Felix' Rückenhaare stellten sich auf.

„Ich glaube, dass deine Aktionen wirklich nur als Gewalt gegen Sachen geplant waren, um weitere Sabotagen zu provozieren und die erschließungsaktiven Tourismusorte zu bremsen", haspelte Felix hervor. „Der Tod des Ratracfahrers war ein Zufall oder Unfall oder was auch immer, mit dem du nichts zu tun hattest und auf den du in deinem ersten Bekennerschreiben nur Bezug genommen hast. Die anderen Sabotageakte waren harmlos, und auch das gerissene Drahtseil an der Summit Gorge Ferrata hätte nur ein blamables Bild ergeben – drei hilflose Figuren baumeln am Sicherungsseil –, wenn Bachlinger sein Klettersteigset nicht ausgehängt hätte. Hinter der entgleisten Gondel des Edelweiß-Express steckt nach meiner Meinung Zacher oder Lochnow."

„Aha. Und wenn ich dir jetzt sage, dass du – zumindest was mich angeht – ganz richtig liegst? Dass ich nur Wespenstiche setzen wollte, um die großen Elefanten zu ärgern und vielleicht einen Wandel zu initiieren? Dass ich Dich als PR-Plattform instrumentalisiert habe, um Öffentlichkeit zu erreichen und Mitstreiter zu motivieren? Weil du meinen Antrieb vielleicht verstehen würdest? Womit ich dich ja nicht ganz falsch eingeschätzt habe, wie deine Anwesenheit hier beweist." Die schwarzen Augen zwinkerten, aber die Mundwinkel zeigten kein Lächeln. „Wenn du die Pläne sehen könntest, die der Zacher mit dem Haberfeld und hier mit dem Sommerloch hat:

Schlecht würde dir werden. Ich habe sie gesehen, als ich sein System gehackt habe. Zacher, diese Sau! Der wahre Teufel hinter allem. Aber was bringt uns das? Wie sollen wir das beweisen? Durch Bachlingers unbeabsichtigten Tod bin ich vom Mahner und Provokateur zum Schwerverbrecher geworden, zum Fall für die Kripo. Und ich lebe allein, in einem einzelstehenden Anwesen, und pflege wenig Kontakt mit Menschen. Ich habe keine Alibis für die Nächte vor den tödlichen Anschlägen."

„Aber zu irgendwas muss die Polizei doch gut sein", stammelte Felix, „die müssen doch herausfinden, wer an der Edelweißgondel geschraubt hat. Wenn du die harmlosen Sabotagen zugibst – auch wenn die am Klettersteig ungewollt tödliche Folgen gehabt hat –, dann muss man dir doch einen Vertrauensvorschuss geben und glauben, dass du in Westerbach nicht aktiv warst."

„Ich fürchte, da schätzt du unsere verehrte Polizei falsch ein, lieber Felix. Die haben es gern so einfach wie möglich. Wenn sie mal einen am Wickel haben, schieben sie dem alles in die Schuhe, was sonst noch so anliegt. Und ich habe keine Lust, meine Bibliothek und meinen Computerraum gegen sechs Quadratmeter nackten Beton einzutauschen." Die schwarzen Augen flackerten, als Volkmann einen Schritt auf Felix zutrat. „Nein, mein Freund. Dein Plan überzeugt mich nicht. Ich denke, ich muss die Taktik wechseln. Wenn man keine Mittäter begeistern kann, muss man selber auf andere Art aktiv werden. War doch kein so ganz schlechtes Gefühl, den Bachlinger abtauchen zu sehen. Für den Zacher wird mir schon was einfallen. Und du stehst mir jetzt eher im Weg. Tut mir Leid. Für dich." Eine rasche Bewegung, plötzlich blitzte ein Rasiermesser in seiner Hand auf.

Felix' Knie wurden weich, der Schweiß auf seinem Rücken gefror. Mit einem so schnellen und negativen Ausgang des Gesprächs hatte er nicht gerechnet. Er machte einen ausweichenden Schritt nach hinten. Bis es ihm heiß in den Magen schoss, als ihm klar wurde, was in dieser Richtung lag. „Silke weiß alles", rief er, „sie kennt deinen Namen, sie kennt dich! Sie wird die Polizei alarmieren! Du kannst dich nicht retten, wenn du mich umbringst!"

Ein Schatten huschte über Volkmanns Gesicht, dann verzog sich sein Mund zu einem höhnischen Grinsen. „Silke Dingler! Diese spröde Sau. Die ist für mich schon gestorben. Und du bald für sie. Ein netter Kollateralnutzen, sie dafür zu bestrafen, dass sie sich damals an der Uni so unzugänglich gezeigt hat. Und glaub nur nicht, dass ich einfach in meiner Bude warte, bis die Herren Bullen kommen, um mich hopszunehmen. Geld ist glücklicherweise kein Thema für mich, und meine neue Existenz ist schon lange vorbereitet. Zwar nicht in den Alpen, aber auch in einem ganz hübschen Land."

Die scharfe Klinge schnitt durch die Luft. Noch einen Schritt machte Volkmann auf ihn zu, Felix musste nach hinten ausweichen. Ein weiterer Schritt. Elmar, ich hab's versucht, schoss ihm durch den Sinn. Und dass es schade war, dass er Silke nicht etwas irgendwie Versöhnliches durch die Tür zugerufen hatte – beim Abschied. Die schwarzen Augen des Naturators fraßen sich in die von Felix hinein, bohrten sich in seine Seele und füllten sie mit eisigem Feuer. Noch ein Schritt…

Plötzlich schienen die Augen in der Luft zu schweben wie schwarze Sterne. Volkmanns Gesicht explodierte in einer Wolke aus Blut. Felix ging zu Boden.

Treffer versenkt. Boris setzte das Gewehr ab und genoss das Hochgefühl, das sich einstellte, wenn er einen Menschen erlegt hatte – nicht namenlose Mengen wie damals in Tschetschenien, sondern individuell und präzise.

Der Naturator war erledigt. Nicht dass es für Iwan noch eine Rolle spielte, und Zacher war ihm egal, Boris war schon auf dem Sprung in ein neues Leben. Aber zumindest die Anschläge auf den Cayenne und den Hummer waren gerächt – beim Auto hörte der Spaß auf. Außerdem gehörte es zu seiner Berufsehre, dass er die Dinge, die er angefangen hatte, ordentlich zu Ende brachte. Und dazu zählte auch dieser Journalist. Schlaues Kerlchen, weiß der Teufel wie er diesen Volkmann entdeckt hatte. Aber Öffentlichkeitsarbeit war ein Metier, das mit dem seinigen keine messbare Schnittmenge hatte. Nur ein schweigender Journalist ist ein guter Journalist. Fast hätte dieser Naturartyp ihm die Beute vor der Kimme weggeklaut. Nun hatte er sie in Ruhe vor sich. Aber solange der Bursche auf dem Boden lag, machte es keinen Spaß – auch da hatte er seinen Ehrenkodex. Er legte das Gewehr zur Seite, rappelte sich auf, zog die Magnum aus dem Schulterhalfter und machte sich auf den Weg in die Grube.

Mist! Den Russen hatte Jürgen kurz nicht beachtet, zu spannend war die Szene am Rand des schwarzen Lochs gewesen. Die Ankunft von Iwans Kerl fürs Grobe war ja unübersehbar gewesen; wenn Wildschweine den Farn im Wald genauso zum Wackeln bringen würden wie dieser eingebildete Ex-Soldat die Latschen, dann wären sie kein Problem für die Forstwirtschaft. Immerhin: Seinen Posten hatte der Kerl nicht schlecht ausgesucht, wenn auch nicht optimal – das Los des später Kommenden am Schlachtfeld. Jürgen hatte zwar keine perfekte Schussbahn auf den Russen, aber er hatte ihn im Blick. Nur war er halt mal kurz abgelenkt gewesen. Und jetzt hatte der Lump ihm das erste Beutestück vor der Kimme weggeschossen. Und war auf dem Weg zur zweiten Zielperson. Von wegen! Jürgen legte die Ulrich an, schwenkte auf den Russen, der nun, aufrecht gehend, ein fast schon zu leichtes Ziel bot, und drückte ab.
Den Rückschlag der Büchse war er vom Ansitz gewohnt, auch den Anblick, den das erlegte Stück Wild bot, wenn es vom Einschlag des

Projektils erschüttert wurde; wie es kurz erzitterte, mit einem fast verdutzten Blick, wie es in die Knie ging, dann vornüber zusammensackte, das letzte Rucken der Glieder. Das Hochgefühl, das sich bei dieser speziellen Art Wild einstellte, war weniger vertraut für Jürgen; die Geschichte mit dem Wilderer war schon lange her, und damals war ja alles so überraschend gekommen. Auch eine Coastergondel entgleisen und den fetten Mittlermeir auf der Schneilanze stecken zu sehen, war ein eher technisch-abstraktes Schauspiel gewesen. Die direkte Interaktion über Kolben, Lauf und Projektil war etwas ganz anderes. Heißes Feuer schoss ihm in den Bauch.

Aber die Sache war noch nicht zu Ende. Er schwenkte die Waffe zurück zu der Stelle, wo die Leiche des Naturators lag – und der Webfuzzi.

„Scheiße!" Fast wäre ihm der Fluch laut herausgerutscht. Der Kerl war verschwunden. Jürgen scannte die Hänge der Doline ab. Niemand zu sehen. Er musste hinter dem großen Felsbrocken stecken, an dem er vorhin gelehnt hatte. Blödmann! Typisch! Hockte sich wie eine Ratte in die Falle und wartete auf die Endlösung. Wenn Jürgen sich über die geröllbedeckten Platten annähern würde, hätte er ständig freies Sicht- und Schussfeld. Alles nur eine Frage von ein bisschen Geduld. Er stand auf, reckte sich und ging, die Waffe in Hüftanschlag, den Hang hinunter.

Der zweite Schuss hatte Felix aus der Schockstarre gerissen, in die er durch den Anblick des zerplatzenden Kopfs von Volkmann gefallen war. Ein Schatten im Augenwinkel – er richtete sich halb auf und sah den Assistenten von Lochnow, den er von seiner Recherche her kannte, in die Knie sacken und umkippen. Wo kam der her? Und wer hatte ihn erschossen? Auf jeden Fall war hier der Boden zu heiß. Deckung! Hastig rappelte er sich auf, stolperte über Volkmanns leblosen Körper weg und warf sich hinter den Felsblock, an dem er vorhin gelehnt hatte. Scharfe Erosionsrillen schnitten ihm in Hände und Knie, aber das war zweitrangig. Fürs erste war er mal aus der Schusslinie. Er lehnte sich an den harten Fels, schloss die Augen und versuchte, den fliegenden Atem unter Kontrolle zu bekommen. Seine Gedanken purzelten durcheinander. Was war da los? Wer hatte den Russen erschossen? Und war der Schütze gekommen, um ihm zu helfen – oder eben nicht? Vorsichtig linste er um die Ecke: Den Typ kannte er auch – Jürgen Schneider, Zachers Jagdaufseher. In Jagdcamouflage pirschte er sich auf dem Schrofenhang heran, ein Gewehr schussbereit vor dem Bauch. Der war hinter ihm her!

Sein Magen krampfte sich zusammen: Er saß in der Falle. Wenn der Kerl mit seiner Waffe um die Ecke kam, war er machtlos. Was konnte er tun? Einen spitzen Stein suchen und versuchen, den Angreifer damit aus einem Versteck niederzuschlagen? Darauf würde der gefasst sein. Tut mir Leid, Elmar!

Er hatte keine Chance. Also musste er versuchen, sie zu nutzen. Flucht? Vielleicht… wenn er es schaffte, hinter dem großen Block zu einem weiteren Brocken zu robben. Ein paar Felsen lagen verstreut am Hang der Doline. Wenn er über die Kante kam, konnte er Gas geben; mit Zickzacksprüngen wie ein Hase konnte er dann vielleicht sogar der Reichweite des Jagdgewehrs entkommen.

Er schob sich vorsichtig an die Kante des Felsens, um zu sehen, wo sein Verfolger steckte. Scheiße: Er war schon auf fünfzig Meter herangekommen; im offenen Gelände hier hatte er ihn voll im Blick, konnte ihn sofort abknallen, wenn er die Deckung verließ. Drei Meter war der nächste Brocken entfernt, da würde er sich unübersehbar exponieren. Jetzt verlangsamte der Angreifer seinen Schritt: Der Hang der Doline versteilte sich vor ihm und bestand aus plattigem Felsboden, mit Gesteinsschutt bedeckt. Heikles Gelände, das keinen Fehltritt zuließ. Da musste sich der beste Bergsteiger konzentrieren, und der Kerl war offensichtlich nur Mittelklasse. Jetzt oder nie! Felix sprang aus der Deckung und erreichte mit zwei großen Sätzen den benachbarten Felsbrocken. Der nächste war wieder drei Meter entfernt, und sein Verfolger hatte anscheinend nichts bemerkt, konzentrierte sich immer noch auf die heikle Querung. Felix, gib Gas! Er sprang auf und hechtete auf den rettenden Felsen zu. Da kippte ein Stein unter seinem Fuß und er fiel schmerzhaft und laut auf den Felsboden.

Steine klackerten, ein plumpsender Ton – der Feind war in Bewegung! Jürgen riss die Büchse hoch und fuhr herum, feuerte einen blinden Schuss in die Richtung, aus der die Geräusche gekommen waren. Durch die Drehbewegung knickte sein Fuß im Schutt weg, der Rückstoß verstärkte den Impuls – er kippte nach hinten und schlug auf das lose Geröll, das sich unter ihm auf der Felsplatte in Bewegung setzte. Die Ulrich in den Händen verhinderte eine rasche Ausgleichsbewegung, um den Sturz zu bremsen, er warf sie von sich, war aber schon selber ins Rollen gekommen. Aus dem Augenwinkel sah er die Kante des schwarzen Lochs näher kommen – dann kippte er ins Leere.
Im freien Fall, schwerelos dem Erdinneren zuschwebend, sah Jürgen, wie das kleine blaue Himmelsauge über ihm immer kleiner wurde. Und sich schließlich barmherzig schloss.

Schüsse! Scheiße! Hoffentlich kam er nicht zu spät! Haderbichler mobilisierte die letzten Kräfte, erreichte schnaufend den Rand der Doline – noch ein Schuss! – und wischte sich den Schweiß aus den Augen. Dann riss er sie weit auf: Da unten rollte ein langer Schatten über Felsen und fiel lautlos in den schwarzen Abgrund. Ein Mensch? „Feeelix!" War dieser verzweifelte Schrei aus seiner eigenen Kehle gekommen? Alle Vorsicht vergessend, stürzte er den Hang hinunter, zu der Stelle, wo er den Schatten hatte verschwinden sehen.

Er war halb unten, da kam eine Gestalt hinter einem Felsen hervor und taumelte auf ihn zu – stand vor ihm, starrte ihn aus leeren Augen an. Blut tropfte von Stirn und Händen. „Alle tot, Herr Kommissar." – "Aber du lebst!" In Haderbichlers Ohren rauschte es. Sein Hals schnürte sich zu. Weinend fielen sie sich in die Arme.

52   Donnerstag, 16. Juni, 19 Uhr

Sieben Uhr. Boris hatte sich nicht gemeldet. Statt dessen flog jetzt plötzlich ein Rettungshubschrauber Richtung Sommerloch. Scheiße! Da musste was ziemlich schief gelaufen sein.

Natascha tippte Boris' Nummer ins Smartphone. Ungewöhnliche Situationen müssen auch mal eine Störung der Funkstille zulassen. Aber er nahm nicht ab. Was war passiert?

„Keine große Sache, aber die muss ich noch erledigen, das sind wir Iwan schuldig", hatte er gesagt. Der Tod des Alten hatte ihn ähnlich getroffen wie sie. Aber das war nun mal nicht zu ändern. Und in ihrer Branche war es üblich, unter Verluste einen Strich zu ziehen und sich um sich selbst zu kümmern. In einer seiner melancholischen Anwandlungen, die ihn in letzter Zeit gelegentlich heimgesucht hatten, hatte Iwan ihnen ein Testament für sie gezeigt, mit einem Barbetrag, der beiden einen entspannten Neustart am Ort ihrer Wahl erlauben würde. „Die Black Hole Holding wird mit Iwan Lochnow in die Grube fahren", hatte er gesagt. So taten sie nur seinen letzten Willen, als sie ihm zum Abschied das Partisanenlied sangen, dann das ihnen zugedachte Geld aus dem Safe nahmen und in ihre ständig bereitstehenden Notfallrucksäcke packten. Boris war etwas nervös gewesen, weil er wegen der Verzögerung ziemlich knapp zu dem Treffpunkt kommen würde. Hatte der Naturator ihn überrascht? Oder war dort noch ein anderer Akteur gewesen?

Raten half nichts. Schadenbegrenzung war jetzt oberste Maxime. Aus der Ferne waren schon Martinshörner zu hören. Zum Glück hatten sie den Cayenne ein Stück abseits des Wanderparkplatzes in den Wald gestellt und Boris war mit dem Klapprad rübergefahren, das sich leicht verstecken ließ. Der Boden hier wurde zu heiß.

Wenn Boris noch am Leben war, würde er mit der eisernen Reserve im Geldgurt – neuer Ausweis, saubere Kreditkarte, Bargeld – über die Berge kommen und am Notfall-Treffpunkt in Norditalien zu ihr stoßen. Wenn nicht? Dann würde Iwans Erbe ihr ein gutes neues Leben erlauben. Vielleicht am Gardasee? Da gab es mehr Sonne als in Steinöd, bessere Felsen, zum Skifahren konnte man in die Dolomiten, und knackige Surfer waren auch unterwegs, die sicher nicht alle nur hohl waren. Und wer weiß: Vielleicht konnte sie sich ja den einen oder anderen kleinen Anschlag auf touristische Erschließungsprojekte einfallen lassen, die auch in Italien die Bergwelt verschandelten. Die Idee von diesem Naturator war eigentlich gar nicht so schlecht gewesen.

Natascha wählte das Präludium in E-Dur von Johann Sebastian Bach am Ipod, ließ den Motor an und genoss die strahlenden Streicherklänge und die Beschleunigung.

53   Montag, 20.6., 11 Uhr

„Chef, die Ergebnisse sind da!" Mit leuchtenden Augen stand Julia Körner in Max Haderbichlers Bürotür und schwenkte zwei Umschläge. Strahlend wie die Göttin Diana im Jagdfieber. Schön, dass er ihr Engagement wahrscheinlich bald belohnen durfte; aus dem Polizeipräsidium in Knaglfing war ihm angedeutet worden, dass man in der Kirchgadener Inspektion eine Planstelle für sie einrichten wolle. „Na endlich! Dann ruf doch bitte die Kollegen zusammen!"

Bald hatten alle ihre gewohnten Plätze eingenommen; die dramatischen Ereignisse und teilweise anstrengenden Einsätze der letzten Tage standen jedem ins Gesicht geschrieben.

„So, Leute, hier sind die Ergebnisse unserer Kollegen von der Technik aus Knaglfing. Sie haben tatsächlich einen Zahn zugelegt für uns. Vielleicht kriegen wir jetzt endlich mehr Klarheit, nachdem uns die Ereignisse so überrollt haben. Aber zuerst soll Frieder erzählen, was sein Ausflug in den Steinöder Wald gebracht hat."

„Jo, ihr habts es ja mitkriegt, dass der Schneider, dem Zacher sein Jagdaufseher, so a Alarmschaltung eingrichtet hat, und dass die, wo er sich nimmer gmeldet hat, uns an Satz Dokumente zugspielt hat. Eins davo war de Gschicht, dass er auf am Zacher sei Veranlassung an Wilderer daschossn hod; mit GPS-Daten, wo's eam verbuddelt hom. Jetz war i gestern mit Kollegen aus Steinöd und von da Spusi drausd im Wald – und mir ham tatsächlich Reste von ara menschlichen Leichn gfunden. Gruslig, sog i Eich."

„Der Haftbefehl gegen Zacher ist schon beantragt", ergänzte Haderbichler, „sobald er eintrifft, sollen die Kollegen in Steinöd zuschlagen."

„Wenn der sich nur nicht schon lang vom Acker gemacht hat", unkte Kreglinger hinter seinem unvermeidlichen Kaffeepott herüber, „der wird doch mitgekriegt haben, dass da was schiefgelaufen ist mit seinem Jäger."

„Schneller ging's leider nicht", musste Max bitter zugeben, „der Staatsanwalt hat mich eh ganz schräg angeschaut, als ich ihm von Zacher erzählt habe und wie wir an die Dokumente gekommen sind. Der Kerl ist politisch gut vernetzt, da müssen wir formal extrem sauber arbeiten. Aber den lass ich nicht laufen. Den jag ich über alle Berge, und wenn's mich meinen Job kostet!", brach es aus ihm heraus. Dann schob er nach: „Im Zweifelsfall mit medialer Unterstützung einer namhaften Internetseite."

„A propos: Wie geht's denn dem Felix jetzt?", fragte Julia lebhaft. Rossmeier verzog das Gesicht.

„Ich habe vorhin mit Frau Sedlbacher-Miesmann telefoniert, der Polizeipsychologin aus Knaglfing. Natürlich darf sie nicht viel rauslassen, aber sie hat angedeutet, dass er zwar heftig traumatisiert ist, aber wieder auf den Damm kommen sollte. Sie kriegt sowieso demnächst noch eine spannende Aufgabe." Alle schauten ihn interessiert an. „In Schneiders Dokumenten stand ja auch etwas zu der Geschichte über den Tod von Zachers Eltern, die Julia schon aufgefallen ist. Zacher hat Schneider wohl erzählt, dass er damals die Bremsen des Autos manipuliert hat, mit dem seine Eltern abends auf ein Konzert gefahren sind, während er mit einer vorgetäuschten Grippe auf der gemeinsamen Berghütte blieb. Eine ähnliche Geschichte hatte Zachers Frau erzählt; jetzt wird das Gutachten, das sie damals deswegen für unzurechnungsfähig erklärte, revidiert. Ich rechne damit, dass die arme Frau endlich rehabilitiert wird – und Zacher seine gerechte Strafe findet."

„Das gönn ich ihm, diesem arroganten Strippenzieher", sogar der sonst so lethargische Kreglinger konnte sich mal aufregen und schwenkte sein Kaffeehaferl wie eine Waffe, „aber jetzt mach schon die Post mit den Ergebnissen auf, Max! Was ist denn mit dem Seegrübler?"

Haderbichler nahm den Umschlag zur Hand; aus dem Augenwinkel sah er, wie Julia sich aufrichtete. Sie hatte Seegrüblers Leiche am Donnerstagabend gefunden; mit dem Bergwacht-Hubschrauber war sie zum Sommerloch gekommen und hatte sich gemeinsam mit dem Einsatzleiter in die schwarze Tiefe abgeseilt, um nach Schneider zu sehen. Ganz schön gruslig, die hatte echt Mumm in den Knochen! Unten hatten sie dann in einem durch die Höhlenkälte konservierten Altschneekegel die halb ausgeaperte Leiche von Seegrübler gefunden. Mit einer Schusswunde in der Brust.

Er schlitzte den Umschlag auf, nahm den Bericht der Ballistik heraus und überflog ihn routiniert. Dann pfiff er durch die Zähne: „Wir haben Glück, Leute! Sie konnten die Kugel zuordnen. Sie stammt aus dem Scharfschützengewehr, mit dem Boris Petrenko am Sommerloch auch Achim Volkmann erschossen hat."

„Des hob i mir doch glei denkt, dass der Russ no mehra Dreck am Stecken hod", polterte Rossmeier, „so wie der ausgrüst' war! Dad mi ned wundern, wann der aa den Naturschützer vom Hallelujagrat gstoßn hätt. Des hob i im Urin, wannsd mi frogst."

„Tja, ich fürchte, für diesen Todesfall müssen wir es bei der Einstufung als Unfall belassen. Wo kein Zeuge und keine Spuren, da haben wir nicht viel Chancen. Und der potenzielle Täter ist ohnehin tot. Aber sei mal vorsichtig mit deinem Ermittlungsinstrument, Kollege", lachte Max, „beim Liebergsell hat es dich auch gründlich getäuscht. Wer weiß: Vielleicht stimmt mit deinem Urin etwas nicht? Wärst eh im besten Alter für einen Besuch beim Urologen."

Rossmeier verzog pikiert das Gesicht. Als aber Kreglinger zu prusten anfing und auch Julia das Kichern nicht mehr beherrschen konnte, lachte er mit – und auch Haderbichler stimmte ein. Gemeinsam lachen im Angesicht des Schreckens war manchmal das beste, was man tun konnte.

Schließlich fing sich Rossmeier wieder und sagte versöhnlich: „Is scho guad, Max, woast, i bin hoid a wengal energetisch, oder wia ma sogt."

„Schon recht, Frieder, bleib nur so." Friedensangebot akzeptiert. „Und heut abend trinkst du auf meine Kosten. Und ihr anderen auch. Aber vorher werde ich nochmal zu Seegrüblers Frau müssen und ihr berichten, wie und durch wen ihr Mann umgekommen ist."

Dass er tot war, wusste sie schon. Noch am späten Donnerstagabend hatte er sie zusammen mit Julia besucht. Eine starke Frau. Den Schmerz, der durch ihre dunklen Augen zuckte, als er ihr die

Gewissheit überbrachte, spürte er in seiner eigenen Erinnerung widerhallen. Monika! Die Wunde war verheilt, die Narbe würde er immer spüren. Auch bei Sabine Seegrübler würde das Wissen um die Endgültigkeit des Todes den Startpunkt für einen Heilungsprozess markieren – er wünschte ihr, dass es ihr gelingen möge. Irgend etwas schien zwischen ihnen zu schwingen; ihre herzliche, gelassene Art setzte eine Wärme in ihm frei, die er lange nicht mehr gespürt hatte. Nur nicht zu energetisch, Herr Kommissar!, ermahnte er sich. Die Zeit würde es weisen.

„Einen hammer noch, Leute. Die waren echt flott, die Kollegen." Er schlitzte den zweiten Umschlag auf. Am Freitag hatten sie endlich den Ratrac aus dem Trieblahnergraben ziehen können, und die Kollegen von der Spusi hatten die abgerissenen Schraubenköpfe aus der Karosse untersuchen können. „Leck mich am Arsch, das wird ja immer verrückter! Wisst Ihr, was da steht?" Natürlich wussten sie es nicht, woher denn? Da hätte auch echt keiner drauf kommen können: „Die Schrauben, mit denen die Seilwinde am Ratrac befestigt war, waren aus minderwertigem Stahl, die sind schon bei einem Drittel der ausgewiesenen Maximalkraft gerissen. Der Tod von Heiner Kniebrich war kein Mord, sondern ein stinknormaler Unfall durch technisches Versagen – aber aufgrund von Pfusch. Oder Geiz? Und hört mal, wer die Schrauben geliefert hat: die Winterl Metall GmbH. Die Firma hat mal Zachers Frau gehört; durch die Scheidung und ihre Einweisung in die Psychiatrische hat er sie sich unter den Nagel gerissen. Immer wieder dieser Zacher."

„Da werden wir wohl mal nachfragen müssen, wer die Produktion zu verantworten hat", sagte Kreglinger, und seine Augen blitzten.

„Das denke ich auch, Benno. Wenn du willst, kannst du dich mit den Kollegen in Steinöd drum kümmern. Den andern wünsch ich eine schöne Mittagspause – und heute abend lade ich euch alle ein in den Alten Wirt."

Draußen im Flur fasste sich Frieder Rossmeier ein Herz: „Julia?"

„Ja, was ist, Frieder?" Diese blauen Augen! Die blonden Haare! Die runden Backen! Seine Knie wurden weich, aber diesmal würde er es schaffen! „Host scho was vor am Wochenend? Magst mit am Berg? Mia kanntn oan vo dene Klettersteig in Berghausn geng und danoch im Schnieblerweiher badn."

„Tut mir Leid, Frieder. Ich bin schon verabredet."

Verabredet. Das klang verhängnisvoll. Ein Semmelknödel steckte in Frieders Hals. „Ach, schad." Mist, klang eher gepresst als beiläufig, „mit wem nachherd?"

„Mit dem Charlie von der Bergwacht, weißt eh, der mit dem ich ins Sommerloch abgeseilt bin. Wir waren schon ein paarmal in der Kletterhalle zusammen, und er meint, ich bin talentiert. Jetzt wollen wir an die Kreizteifiwand gehen. Ist zwar unwahrscheinlich, dass der hirnlose Sperrungsvorschlag von dem Nixlinger durchgeht, jetzt wo er tot ist und ein neues Gutachten gemacht wird, aber man weiß ja nie so ganz sicher, hat der Charlie gemeint, und in der Wand hat er selber einige Routen eingebohrt, die muss man gemacht haben, sagt er. Bin schon ganz gespannt, ob ich einen Siebener am Naturfels hochkomme, aber der Charlie hat immer super Tipps, wo man hingreifen soll und so."

Es sprudelte nur so aus ihr heraus. Diese jungen Mädels! Gleich hin und weg, wenn einer ein paar Muskeln hat. Konnte er sich gut vorstellen, dass der ihr Tipps geben würde, wo sie hingreifen sollte. Da konnte er mit seinen inneren Werten nicht dagegen anstinken. Durfte der Max halt ein bisschen tiefer in die Tasche langen heute abend – etwa so tief, wie er ins Glas schauen würde. Mit den Frauen und ihm, das wurde einfach nix. Das hatte er im Urin. „Na dann, viel Spaß! Und bis heit auf d'Nacht! Da wern mer gscheid ein disgustiern, heit obend."

„Ja, ein Schlückchen in Ehren ist nicht zu verachten."

„Stand!" Platzend vor Stolz und Freude richtete Felix sich auf dem Gipfelplateau – eher einer Bergwiese – auf und begann das Seil einzuziehen. Seine erste Klettertour im Gebirge, und gleich die Schwierigkeit VI+, früher die „Grenze des Menschenmöglichen" – „heute eher die untere Grenze des Menschenmöglichen", witzelte Silke immer. Tatsächlich: Mit seiner Bergerfahrung und nach einigen Trainingseinheiten in der Kletterhalle war es ihm nicht sonderlich schwer gefallen. Zwar nicht ganz so spielerisch wie Silke, die wie eine Gämse die schwarzen Platten hinauftänzelte, aber immerhin ohne großes Stocken. Und die letzte Seillänge, im vierten Grad, war er sogar selber vorgestiegen. So einen fantastischen Fels musste man aber auch erst mal finden: bombenfester, dunkelgrauer Dolomit mit herrlichen Löchern und Leisten, und alle paar Meter ein solider Bohrhaken. Und rundum stiegen gelbrote Felsburgen in den Lämmchenwölkchenhimmel. Plaisir pur. „Ich möchte jetzt auch mal genießen und einfach unbeschwert Meter abspulen", hatte Silke gesagt, nachdem sie zuerst zwei Wochen lang mit Gästen durch die Westalpen gestapft war und letzte Woche für Sabine Seegrübler neue Plaisirklettereien an der Gelbschrofenwand über Kirchgaden eingerichtet hatte.

„Schon eine coole Frau", murmelte er vor sich hin. „Danke!" Silke kam über die Kante geklettert (er war kaum mit dem Seileinziehen nachgekommen) und fiel ihm um den Hals – nach drei Wochen Trennung taten die Küsse doppelt gut. „Hab nicht dich gemeint, Süße", gab er zu, und als sie einen Flunsch zog, präzisierte er: „du bist schließlich nicht nur cool, du bist einfach super." Sie strahlte, und in seinem Herzen ging die Sonne auf. „Danke, Schatz! Aber wer ist denn noch cool?"

„Na Sabine halt."

„Oh ja, da hast du Recht. Die ist sogar fast mehr als cool. Allein dass die den Iwan dazu gebracht hat, die Almspitz Skiwelt in eine gemeinnützige Stiftung umzuwandeln mit üppiger Kapitalausstattung und dem Stiftungszweck, Kirchgaden als anerkanntes Bergsportlerdorf in die Zukunft zu führen."

„Ja, und diesen Job macht sie echt nicht schlecht. Hast du schon überlegt, ob du ihr Angebot annehmen willst?"

Silke setzte sich ins weiche Gras, das fast direkt am Rand der Felswand wuchs, und riss sich die Kletterschuhe von den Füßen. „Schon sehr verlockend. Eigentlich ziemlich genau die Mischung, die ich jetzt schon lebe: Konzepte entwickeln, geologisch und naturschutzfachlich begutachten, Infrastruktur wie die neuen Plaisirrouten gestalten, und vielleicht ein bisschen Führungs- und Kursarbeit mit den Gästen. Wenn wir uns über Zeiteinteilung und Bezahlung einig werden können ... aber da hab ich eigentlich kaum Bedenken. Und wie steht's mit Dir?"

„Hmm, klingt ja nicht schlecht: ein PR-Beratervertrag mit freier Arbeitsgestaltung und großzügiger Pauschalvergütung. Das hat sie schon richtig erkannt: >Gute Arbeit allein reicht heute nicht – man muss auch drüber reden. Und Internet und Social Media sind dafür die besten Multiplikatoren.< Ich hab nur den Verdacht, dass sie da nicht ganz von alleine drauf gekommen ist." Er zwinkerte ihr zu, Silke lächelte sphinxhaft. „No comment. Aber Empfehlungen sind nun mal genau so wertvolle Ergänzungen von Arbeitskompetenz wie PR-Arbeit. Ohne Max wäre der Kontakt zwischen uns und Sabine wohl nicht so schnell entstanden."

„Ja, der Max. Der ist auch schwer in Ordnung."

„Wie der gekämpft hat, als die Untersuchungen gegen Zacher von oben niedergeschlagen wurden, weil die Dokumente von seinem Jäger angeblich unzuverlässig seien, und auf unrechtmäßige Art zur Polizei gekommen."

„Und der Schraubenpfusch von seiner Metallfirma hat dem Zacher auch nichts geschadet. Da ist nur der Geschäftsführer hopsgegangen. Dabei gab es doch das Protokoll aus der Aufsichtsratssitzung, wo Zacher persönlich fünfzehn Prozent Wachstum gefordert hatte und dass man das durch Sparen am Material realisieren solle. Bei so überzogenen Vorgaben muss ja die Qualität in den Keller gehen."

Barfuß stand sie in der Blumenwiese und schoss die Seile auf. Bergführerkrankheit: immer was wursteln. Und Multitasking-Frau: weiterreden dabei. „Aber dann war die Kopie plötzlich nicht mehr zu finden in der Steinöder Polizeiinspektion. Tja, so einer wie Zacher ist derart gut vernetzt in unseren heimatlichen Institutionen von Wirtschaft und Politik, dass er immer davonkommt. Gut, dass du wenigstens die ganzen Dokumente auf berge2go veröffentlicht hast und ein paar große Magazine darüber berichtet haben. So kommt er zumindest imagemäßig nicht ganz ungeschoren davon."

„Aber der Verlierer wird wohl doch Max sein. Auch wenn er kämpft wie ein Löwe – gegen einen Tyrannosaurus Rex hat er wenig Chancen. Und dass er mir die Dokumente zugespielt hat, könnte ihm das Kreuz brechen, auch wenn die Dienstaufsicht erst später aktiv wurde."

„Dann wird ihn Sabine auffangen. Die zwei passen gut zusammen. Sie haben beide ein großes Herz – und einen breiten Rücken. Der Max kennt sich mit Dienstwegen gut aus, das hat man bei den Formalitäten rund um Seegrüblers Tod gesehen. Und wenn Sabine ihn in den Aufsichtsrat holt, kann er sicher viel helfen in den ganzen Rechtsfragen und wenn es drum geht, mit dem DBV und den Nachbarorten über Anerkennungen und eine mögliche Ausweitung des Bergsportlerdorf-Konzeptes zu verhandeln. Vielleicht kann sie ihn sogar dazu bringen, dass er sich traut, wieder den Kontakt zu seinen Kindern zu suchen. Ich glaube, das würde allen gut tun." Sie öffnete die Schnalle ihres Klettergurts und ließ ihn zu Boden gleiten. „Weitermachen!", rief Felix und klatschte in die Hände, „ausziehen!"

Sabine lachte und schob ihren Hosenbund ein winziges Stück nach unten. „Nur Geduld! Hier auf dieser Wiese im Nirgendwo kommt den ganzen Tag keiner vorbei. Aber lenk nicht ab: Wie soll's mit Dir weitergehen, Felix?"

Er schluckte trocken. „Sabines Angebot ist schon gut. Ich habe mich ja häufig gestresst gefühlt, wenn die Umsätze mit berge2go. de geschwächelt haben. Momentan läuft's super, nach dem ganzen Naturator-Trouble komm ich kaum nach, die externen Anfragen zu befriedigen. Aber das wird nicht ewig so gehen. Und ich hab einfach nicht den Optimismus und die Risikotoleranz wie Elmar."

„Stehst du immer noch unter dem Druck, das gemeinsame Projekt zum Erfolg zu bringen? Ich habe Angst, dass du daran zerbrichst"

„Das hat mir die Psychologin auch schon gesagt, die mir die Doppelnamen-Frau von der Polizei empfohlen hat. Die hat echt was drauf und ist eine sehr sympathische, pragmatische Frau. Sie sagt, wenn ich das Trauma mit Elmar nicht im Positiven abschließen und hinter mir lassen kann, werde ich immer wieder an eine Wand laufen."

„Weil sich jeder Selbstzweifel und jeder kleine Misserfolg durch ein schlechtes Gewissen und Schuldgefühle potenzieren werden."

„Ich weiß, Liebling. Aber das geht nicht von heute auf morgen. Es fällt mir einfach schwer, das gemeinsame Kind in die Tonne zu treten und in ein neues Leben zu starten."

„Und wenn es im neuen Leben ein anderes gemeinsames Kind gäbe?"

Felix' Knie wurden weich. Er setzte sich auf den Rucksack. „Wie meinst du das?"

„Na, ich hab mir gedacht, wenn ich jetzt schon einen festen Job annehme, könnte ich ja auch auf anderer Ebene solide werden. Mit Dir könnte ich's mir vorstellen. Die letzte Pillenpackung ist demnächst verbraucht – was meinst, sollen wir uns das Geld sparen?"

„Heiliger Strohrum! Die Abenteuer hören nicht so bald auf."

Epilog

Samstag, 16. Juli, 15.20 Uhr

Eine blühende Wiese über dem Abbruch einer senkrechten Dolomitenwand. Darauf verstreut Seile, Kletterzeug und zwei Menschen.
„Ich hätte nie gedacht, dass mir das auch gelingen könnte: im senkrechten Fels so tänzerisch steigen wie du", sagte Felix und streichelte Silkes Haar.
„Manchmal muss man eben die Ängste fallen lassen, dann wird man aufgefangen."
„Ein bisschen wie in der Liebe", Felix Hand war tiefer geglitten und schob zentimeterweise Silkes T-Shirt nach oben, „aber schöne Griffe sind auch was wert."
„Wenn sie dir nicht zu rund sind", seufzte Silke, zog Felix das Hemd über den Kopf und presste sich an ihn. „Aaah, Haut! Haut und Fels, die zwei Materialien, die ich am liebsten berühre!"
„Ich kann auch nicht genug bekommen, weder von Dir noch vom Bergsteigen. Ist das schon Sucht?"
„Solange es kein Missbrauch ist … Gier muss ja nichts schlechtes sein."
Ihre Körper stießen ineinander wie eine Naturgewalt.
Danach lagen sie da, die Finger verschränkt, spürten das Gras und die Sonne auf der Haut.
„Am Berg ist mein Herz angefüllt bis zum Platzen – und doch will ich immer noch mehr davon haben", seufzte Silke.
„Im Tiefschnee lasse ich mich fallen und werde getragen, bin mal Herr meiner Aktion und mal willenlos aufgelöst", hauchte Felix.
„Es ist die perfekte Welle, ob im Powder oder im Flow am Fels, Aufgehen im Rhythmus."

„Du gibst alles, verausgabst dich bis du nach Luft ringst, und bekommst doch so viel mehr zurück."

„Es ist wie eine Reise mit schlechter Landkarte, vielleicht wie ein Buch zu schreiben: Du hast eine ungefähre Vorstellung, aber wo genau es dich hintreiben wird, erfährst du erst, wenn du aufbrichst."

„Und es gäbe noch so viel zu tun – die Ideen, was ich mit dir anstellen könnte, wirbeln daher und davon und es nimmt seinen eigenen Gang."

„Und alle Lust will Ewigkeit."

„Und dennoch weißt Du: Irgendwann ist es zu

ENDE."

„Und auch das wird gut sein."

Nachwort

Liebe Les*,

(ich hoffe, dass Sie dank dieser Schreibweise Ihre Freiheit ausleben können, sich in dem Geschlecht angesprochen zu fühlen, für das Sie sich unabhängig von gesellschaftlichen oder biologistischen Zuschreibungen selbst entscheiden möchten,)

vertragen Sie noch ein paar Zeilen? Also dann:

Wollten Sie ein Sachbuch lesen oder einen Roman? Na also. Und sind nicht all unsere Wahrnehmungen, ob mit den eigenen Sinnen gemacht, erzählt oder gelesen, nur platonische Schatten an der Wand? Wenn Wahrheit nur ein idealisiertes Konstrukt ist – dann braucht ein Bergkrimi auch keine real existenten Gipfel, Orte und Landschaften.

Dennoch sei Ihnen die Freiheit unbenommen, liebe Les*, in den geschilderten Bergen selbst Erfahrenes und Ergangenes wiederzuentdecken. Und falls Ihnen die beschriebenen Geschehnisse übertrieben vorkommen sollten – siehe oben…

Dass jedenfalls die Handlung irgend einen Bezug zur Realität hätte, der über das Zufallsprinzip hinausgeht: Diesem Vorwurf würde ich gerne mit aller Entschiedenheit entgegentreten können.

Danksagungen

An meine Vorgesetzt* beim Alpenverein; sie legen Wert auf die Feststellung, nie genau gewusst zu haben, was ich da schreibe, so dass dem DAV keinerlei Bezug zu diesem Machwerk anzulasten sei.

An meine Frau, die freiwillig und gern die Test-Zuhörerin gegeben hat und fast meistens behauptete, es gefalle ihr – sofern ich noch ein paar kreative Auswüchse rausschmisse. Man weiß ja: Hinter jedem überforderten Mann steht eine Frau, die an ihn glaubt.

An die Visionäre der Tourismuswirtschaft und ihre innovativen Marketingexperten, deren nimmermüde Fantasie dazu anregt, nur ein, zwei Schrittchen weiterzudenken. Letzten Endes wird man dann ja doch immer überholt.

An Achim Pasold vom Panico Verlag, der meinen wüsten Fabeleien eine Plattform gegeben hat, in der Hoffnung, sie würden – nun ja: zu Ihnen finden.

An Sie, liebe Les*, die Sie jetzt tatsächlich bis zu den letzten Worten durchgehalten haben. Merci für Geduld, Humor und Verständnis. Oder für Kommentare auf
andidick.de (wo Sie noch ein paar Bonus-Einheiten finden).

Übrigens: Ich hoffe ja nicht direkt, dass Sie sich von den Aktionen des Naturators inspiriert fühlen. Und zu Straftaten aufzurufen, ist nicht in meinen Sinn. Aber wenn Sie – wie auch immer – dazu beitragen hülfen, dass nicht alle Erschließungsvisionen im Alpenraum verwirklicht werden, dann werden Sie den wertvollsten Dank direkt spüren: in der Begegnung mit nicht-kommerzialisierter Natur.